LOS FUTUROS MOVIMIENTOS DE DIOS

BILL HAMON

PENIEL
Buenos Aires - Miami - San José - Santiago
www.peniel.com

Las citas bíblicas fueron tomadas de la Santa Biblia, Nueva Versión Internacional, a menos que se indique otra versión.

EDITORIAL PENIEL
Boedo 25
Buenos Aires, C1206AAA
Argentina
Tel. 54-11 4981-6178 / 6034
e-mail: info@peniel.com
www.peniel.com

Diseño de interior y adaptación de cubierta:
ARTE PENIEL • arte@peniel.com

Hamon, Bill
Los futuros movimientos de Dios. - 1a ed. - Buenos Aires : Peniel, 2009.
272 p. ; 21x14 cm.
Traducido por: Abigail Mlacker
ISBN 10: 987-557-239-X
ISBN 13: 978-987-557-239-3
1. Profecías. I. Mlacker, Abigail, trad. II. *Los futuros movimientos de Dios.*
CDD 236

Impreso en Colombia / Printed in Colombia

Dedicatoria

Este libro está dedicado a la gran compañía de Profetas y Apóstoles que Dios levanta en estos días finales. Es mi deseo que sea iluminador y facilitador para todos aquellos que son llamados y escogidos para colaborar con Cristo en el cumplimiento de los movimientos futuros de Dios. Es para todos aquellos que están comprometidos a preparar un pueblo y preparar el camino para que todas las cosas sean restauradas. Esto le permitirá a Cristo ser liberado del cielo para regresar por su Iglesia y establecer su Reino sobre toda la Tierra.

Agradecimientos

Vayan mis agradecimientos sinceros a mi junta directiva de Christian International (CI) quienes, mediante su dedicado ministerio y apoyo, hicieron posible que su obispo pudiera tomar el tiempo necesario para sus incesantes viajes ministeriales y así cumplir su mandato de parte de Cristo, y a la vez quedarse en casa para finalizar este libro desesperadamente necesario. Mi sincero aprecio sea dado a mi esposa, Evelyn, por alentarme a terminarlo, y al equipo de CI y los ministros de CINC por llevar adelante el ministerio mientras su obispo escribía.

Uso de mayúsculas

El Dr. Hamon ha tomado como prerrogativa del autor el poner en mayúsculas ciertas palabras que usualmente no se escriben así según las reglas gramaticales generales. Esto fue hecho con el propósito de brindar mayor claridad y énfasis. Las referencias a la Iglesia /Novia están con mayúscula por causa de su unión con la Deidad a través de Jesucristo. El término Escrituras va con mayúscula cada vez que indica que nos referimos a La Biblia. La palabra Iglesia es usada al referirnos al Cuerpo de Cristo, mientras que la iglesia en minúscula indica una congregación o iglesia local. *Logos*/palabra es usado para hablar de toda La Biblia, aunque *rhema*/palabra se trata de escrituras individuales o palabras proféticas.

Las referencias a los apóstoles y profetas están en mayúsculas y muchas veces en negritas para realzarlas y enfatizar el tema central de este libro.

Índice

Recomendaciones

ORAL ROBERTS, Universidad Oral Roberts, Tulsa, Oklahoma
"Quiero confirmar mi amor y mi confianza en ti, ya que caminas en santidad y guía divina delante del Señor. Tienes un corazón tierno, pero a la vez una firme presentación de tu conocimiento y experiencia en el uso de los dones ministeriales de apóstoles y profetas, y cómo ellos están conectados entre sí y con los cinco ministerios.
Bill: ¡presentas verdades muy necesarias para el Cuerpo de Cristo! La mano del Señor ciertamente está sobre ti. Te admiro por ser valiente, en su nombre, acerca de lo que sientes que va a ser concretado a través de sus apóstoles y profetas en el movimiento de Dios. Oro que Dios multiplique tu ministerio, el cual es tan necesario hoy".

DR. HENRY RAMAYA, Grace Assembly, Fasan, Malasia
"Es un honor y privilegio escribir esto en nombre de la Iglesia de Asia. El reconocimiento y la aceptación mundial del Obispo Bill Hamon como padre del Movimiento apostólico-Profético hablan por sí mismos.
"La bravura del león ha conducido al estadista, apóstol y profeta a audiencias con presidentes, primeros ministros y reyes con el 'Así dice el Señor' para las naciones.
"El apóstol es el vehículo de invasión de Dios, como la luz invade las tinieblas, y el profeta es el arma central de Dios para la guerra espiritual. Este Movimiento apostólico-profético de los tiempos finales, alcanzará su clímax en el Apocalipsis con un estallido espontáneo de gozo, porque el mandato misionero será cumplido".

CINDY JACOBS, Generales de Intercesión, Colorado Springs, Colorado
"Esta revelación de parte de Dios, *Los futuros movimientos de Dios*, es una palabra de lo más novedosa y vanguardista para prepararnos para el nuevo milenio. El Obispo Hamon ha sido usado por Dios para 'reunir las piezas' de modo que aquellos llamados a la función de apóstol/profeta puedan cumplir su oficio con conocimiento y entendimiento".

APÓSTOL EMANUELE CANNISTRACI, Pastor principal, Evangel Christian Fellowship, San José, California
"¡Bill Hamon lo ha hecho otra vez! Su libro, *Los futuros movimientos de Dios*, es un panorama general sobre los cambios relevantes que deben tener lugar en la Iglesia, los cuales la completarán y perfeccionarán, apresurando la venida del Señor Jesucristo por su Novia —adornada en santidad, pureza y rectitud— listo para reinar. Este libro inspirará y desafiará a todos los que desean ver el orden divino en la Iglesia".

TAN KHINA SENG, Christian Growth Ministries, Singapur
"Basado en los muchos años de experiencia como un ungido profeta apostólico, el Obispo Bill Hamon combina la perspectiva bíblica con el *rhema* personal para brindar una tesis equilibrada sobre los oficios de apóstoles y profetas. Académico y exhaustivo en su contenido, *Los futuros movimientos de Dios* está escrito con claridad y sensibilidad, de modo que es fácilmente entendible para los ministros y laicos. El lector está protegido por la sabiduría de este libro al presentar ambos oficios (apóstoles y profetas) junto a los otros oficios quíntuples. Esto salvará al Cuerpo de Cristo, evitando muchos de los dolores de cabeza por los excesos que los nuevos movimientos tienden a producir. Enriquecido con muchas verdades transformadoras de vidas, este libro le saca una cabeza de ventaja al resto. Como un libro de lectura obligada para cada cristiano, está destinado a ser un clásico junto a los otros libros escritos por el Obispo Hamon".

RICHARD SHAKARIAN, Presidente, Hombres de Negocios del Evangelio Completo
"El Dr. Hamon hace sonar la campana con este libro, una emocionante revelación de los dones proféticos y apostólicos. El Dr. Hamon, quien desarrolló una de las mejores universidades por correspondencia, toma este mismo abordaje en profundidad, y con sus dones proféticos le revela al Cuerpo de Cristo la próxima ola de gloria. El 'don apostólico' sobre los hombres comunes como en el tiempo de Cristo".

ROGER WHEELER, Pastor, Iglesia Cuadrangular Santa María, Santa María, California
"El Dr. Bill Hamon le ha hado a la Iglesia un don invaluable de visión profética para la era de ministerio apostólico que se aproxima. Su innegable erudición en el área de la historia de la Iglesia lo ha calificado para la tarea de interpretar los anteriores movimientos del Espíritu de Dios, pero su don y oficio profético-apostólico le ha permitido a la Iglesia Eterna de los últimos tiempos, recibir un mapa de ruta para el emocionante y desafiante viaje que se encuentra por delante. Los pastores y líderes a quienes les importa el futuro y el destino de la Iglesia necesitan tener una copia de este libro y devorar su contenido".

DR. FRED ROBERTS, Pastor, Red del Centro Cristiano Durban, Durban, Sudáfrica
"El Dr. Bill Hamon vino por primera vez a Sudáfrica en el año 1982. Mientras ministraba en nuestra iglesia, profetizó que compraríamos un terreno adyacente a una carretera principal y construiríamos un gran edificio con el techo redondeado que albergaría como mínimo a cinco mil personas. Ahora mismo estamos en nuestro nuevo terreno junto a la carretera. Estamos en el proceso de finalizar el edificio que cumplirá la profecía en detalle. En 1992 el Dr. Hamon vino cuando la nación estaba atravesando la posibilidad de una gran revolución con la que correría mucha sangre. El profeta Hamon profetizó en la principales iglesias a lo largo de toda Sudáfrica, que si la Iglesia intercedía haciendo guerra espiritual y adoración, entonces Dios causaría una transición gubernamental no revolucionaria y sin sangre. Sucedió tal como él lo dijo.

El Dr. Bill Hamon es un apóstol-profeta moderno, plenamente calificado para escribir un libro sobre la restauración de los apóstoles y profetas y los movimientos finales de Dios que traerán nuevamente a Jesús como Rey sobre su creación. Es un libro desesperadamente necesario para este día y esta hora".

DR. RON SAWKA, Japan Ministries, Director de CI de Asia
"El Dr. Hamon ha demostrado tener el oficio de Profeta y Apóstol por muchos años. Su nuevo libro ayudará a traer revelación y a activar a los profetas y apóstoles de Dios a través de todo el continente asiático. La restauración de los profetas y apóstoles será el instrumento de la transformación de la Iglesia en Asia y traerá la gran cosecha de almas destinadas a ser recogidas en estos tiempos finales".

DR. DAVID CANNISTRACI, Copastor, Evangel Christian Fellowship, San José, California
"Hay pocos hombres vivos que poseen el conocimiento profético que el Dr. Hamon ha demostrado tener en las últimas décadas. Este libro tan perspicaz seguramente se levantará como una señal para el actual peregrinaje de los movimientos apostólico y profético".

Prólogo por el Dr. C. Peter Wagner

Los días en que vivimos no son tiempos normales. Las extraordinarias obras de Dios en cada continente del mundo me han hecho, al igual que a muchos otros líderes, elevar nuestras voces en adoración por el supremo privilegio de ser un cristiano en esta generación tan destacada.

Una de las principales figuras a quien Dios ha estado usando para moldear esta generación de creyentes es mi amigo, el Obispo Bill Hamon. Debo confesar que todavía tengo un sentido de admiración cuando llamo a Bill Hamon "amigo". Durante muchos años él fue, para mí, una celebridad cristiana distante, cuyo nombre había visto y oído con frecuencia y a quien admiraba grandemente. Sus libros estaban entre los más influyentes en cuanto a nutrirme en lo que yo llamo mi "cambio de paradigmas" del cristianismo tradicional, a una apertura a la persona y ministerio pleno del Espíritu Santo. Nunca fui lo bastante presuntuoso como para imaginar que algún día lo conocería personalmente, muchos menos desarrollar la relación sólida que hoy tenemos.

Su libro, *Profetas y profecía personal*, fue el único libro que pude hallar durante los años ochenta que, según mi parecer, recreó el sentido bíblico y práctico del don y el oficio de profeta en la Iglesia actual. Mi ejemplar está tan marcado, subrayado y con las puntas de las hojas tan dobladas como cualquier otro en mi biblioteca. Me he referido a él muy a menudo en mis escritos y lo he recomendado insistentemente a mis estudiantes.

El nuevo libro del Obispo Hamon, *Los futuros movimientos de Dios*, es emocionante. ¡Es tan oportuno! Dios no ha estado cruzado de brazos. El Espíritu Santo continúa hablándoles a las iglesias, y el Dr. Bill Hamon es alguien que tiene oídos espirituales para oír lo que Dios está diciéndole a la Iglesia.

Como un profesional en el área del crecimiento eclesiástico, se me ha vuelto evidente que el crecimiento más rápido en el cristianismo mundial está en lo que yo llamo la Nueva Reforma Apostólica, a la que anteriormente nos referíamos como iglesias independientes o no denominacionales o pos-denominacionales o locales con cualquier otro nombre. Cualquiera sea la forma de llamarlo, el hecho es que estamos viendo, delante de nuestros ojos, el cambio más radical en la manera de hacer cristianismo desde la Reforma Protestante. Los cambios son obvios en cada continente, y hay muchas cosas en común entre ellos.

Como el nombre lo indica, uno de los mayores rasgos de la Nueva Reforma Apostólica, que la aparta de las versiones más tradicionales de la cristiandad, es el reconocimiento emergente del rol de los apóstoles en el Cuerpo de Cristo. Porque esto es una llave para extender el Reino de Dios y porque la noción de los apóstoles contemporáneos es tan nueva para muchos de nosotros, incluyéndome a mí, existe la necesidad urgente en nuestro tiempo de un liderazgo sabio y reconocido de parte de quienes Él ha estado hablando y obrando por algún tiempo. Bill Hamon es uno de los que Dios ha levantado para suplir esta necesidad. A fin de ayudarnos a entender el rol del Apóstol en la actualidad, así como nos ha ayudado a comprender el del profeta hace una década.

A medida que lea este libro, sentirá un sentido de excitación sobre lo que Dios hace por y a través de su pueblo. Antes de que acabe, ya no querrá ser un simple espectador, sino que querrá lanzarse en forma personal a esta nueva corriente del Espíritu Santo. Usted no encontrará un navegante mejor que Bill Hamon para este emocionante viaje.

C. Peter Wagner
Seminario Teológico Fuller
Colorado Springs, Colorado

Introducción

Los cristianos en el Cuerpo de Cristo tienen una extraordinaria necesidad de conocer lo que el Espíritu Santo ha sido comisionado a lograr dentro de la Iglesia. Una obra de restauración más importante está llevándose a cabo en la actualidad. Jesucristo está conduciendo a su Iglesia progresivamente hacia una meta final. No se está conduciendo sin rumbo hacia la eternidad sino que es dirigida de acuerdo al propósito eterno de Dios. Jesús ha predestinado que su Iglesia/Novia esté en gloria y victoria cuando Él regrese por ella para que reine juntamente con Él. Es esencial que los cristianos entiendan el propósito progresivo y final que Cristo tiene para la Iglesia y el planeta Tierra.

La Iglesia ha permanecido en un continuo estado de restauración desde el período de la Gran Reforma que comenzó hace algunos cientos de años. Descripciones detalladas y verdades de los ministerios restaurados en la actualidad, se hallan en el libro sobre la restauración de la Iglesia llamado *The Eternal Church* (La Iglesia eterna). Todo lector no familiarizado con el ministerio de restauración del Espíritu Santo dentro de la iglesia debería leer el libro para ser beneficiado con esta realidad fundamental.

La Iglesia de Cristo tiene dos movimientos de restauración que le restituyen dos ministerios importantes. Jesús dio al profeta y al apóstol los dones de la ascensión de Cristo para que sean una parte vital de su Iglesia hasta su segunda venida. Sin embargo, los teólogos eclesiásticos, que no tienen entendimiento acerca del completo propósito de Dios para los apóstoles y profetas, no los tienen en cuenta en la Iglesia de hoy. Los sitúan en la fundación de la Iglesia y han reducido dispensacionalmente su participación activa dentro de ella. En este libro, cubrimos todo el pensamiento religioso que ha hecho que tomen esta decisión. Sin embargo, el Nuevo Testamento no prescinde de ellos. Por lo tanto, el Espíritu Santo toma este momento presente en la historia de la Iglesia para restablecer el ministerio del profeta y el apóstol, con el propósito que Cristo tuvo originariamente para ellos.

Aliento a aquellos que no están familiarizados con la terminología actual apostólica y profética, tal como *ministerios quíntuples*, a leer con atención la sección final de este libro llamada "Definiciones de los términos proféticos/ apostólicos".

Este libro abarcará lo que está sucediendo hoy en la Iglesia y explica la diferencia entre el movimiento soberano y refrescante del Espíritu Santo y el movimiento restaurador de Dios. Ambos movimientos están desarrollándose en la actualidad; creo que todos los cristianos necesitan ser parte de ambos. Dios tiene un propósito divino para el movimiento refrescante del Espíritu Santo que es reanimar a los santos, limpieza y sanidad interior, renovación del gozo del Señor y un mayor amor y apreciación de la presencia sobrenatural de Dios. No obstante, este movimiento no está diseñado para ser algo temporal sino que prepara a los santos para el siguiente movimiento restaurador de Dios.

La mayoría de los cristianos no tienen una buena comprensión del propósito progresivo y final de Dios. La sección sobre los futuros movimientos de Dios ilustra e instruye al lector acerca de lo que sucederá a la Iglesia a medida que nos acercamos al final de los tiempos.

Estoy seguro de que Dios quiere que esta verdad sea conocida mundialmente a través de la Iglesia. Oro para que todo aquel que lea este libro tenga oídos para oír lo que el Espíritu Santo tiene para decirles sobre el contenido de esta obra. Que la oración que el apóstol Pablo hizo por los cristianos en Éfeso sea cumplida en su mente, corazón y todo su ser (Efesios 1:18-23).

Dr. Bill Hamon

1

¿Por qué un libro que hable sobre apóstoles?

¿Por qué hace falta un libro acerca de los apóstoles? ¿Por qué ha sido el Espíritu Santo comisionado en este tiempo para restaurar completamente a los profetas y apóstoles con sus ministerios proféticos y milagrosos? Existen muchas razones por las cuales daremos declaraciones abreviadas en el capítulo inicial. En el cuerpo del libro se presentarán pruebas escriturales y una cobertura más detallada.

Jesús escogió de entre sus doce discípulos a quienes llamó Apóstoles. Les fue dado una misión especial y un destino para alcanzar en la Iglesia de Cristo (Efesios 4:11-13). Ellos fueron una extensión de Cristo Jesús, los grandes apóstoles. Los apóstoles expresan la naturaleza apostólica, el poder y la unción de Jesucristo tanto como los pastores, profetas, evangelistas y maestros; cada uno representa su quíntuple regalo respectivo en la ascensión de Cristo.

El apostolado era un nuevo ministerio que nunca antes había sido mencionado o demostrado. Por lo tanto, Dios se especializó en el ministerio de los apóstoles en el libro de *Los hechos de los apóstoles*, el cual describe la actividad histórica del primer siglo de la Iglesia. Jesús dio cinco dones en su ascensión para algunos creyentes, para representar su naturaleza quíntuple: apóstol, profeta, evangelista, pastor y maestro.

Los apóstoles, juntamente con los otro cuatro, fueron dados a la Iglesia hasta que esta alcance la plenitud de la madurez y el ministerio de Cristo. Jesús no puede volver a trasladar a su Iglesia hasta que ella obtenga y complete todo lo que las escrituras proféticas declaran. Esto no sucederá hasta la última década de la Iglesia mortal. Los apóstoles juegan un rol vital en el ministerio a la Iglesia (Hechos 3:19-25).

El apóstol fue el primer ministerio de los cinco que fue establecido en la Iglesia, y el último en ser restaurado con completo reconocimiento, aceptación, ubicación y poder. Ellos son restaurados de acuerdo al principio divino que dice que "... *muchos de los primeros serán últimos, y muchos de los últimos serán primeros*" (Mateo 19:30).

Cuando los apóstoles estaban activos, en la primera generación de la Iglesia, se obtuvo una gran cosecha de almas. Cuando ellos sean restaurados completamente, ahí sucederá la más grande cosecha de almas que haya existido. Creo que más almas serán salvadas en los últimos cien años de la Iglesia que en todos los otros años de su existencia. "*El esplendor de esta segunda casa* (la Iglesia del último siglo) *será mayor que el de la primera* (la iglesia del primer siglo) *dice el Señor Todopoderoso. Y en este lugar concederé la paz, afirma el Señor Todopoderoso*" (Hageo 2:9).

Todo el mundo será afectado cuando los apóstoles y profetas sean completamente restaurados. Sus palabras proféticas sobrenaturales y apostólicas marcarán el levantamiento y aún la caída de muchas naciones y pueblos. Ellos serán un instrumento para determinar las naciones cabras y ovejas para que cuando Jesucristo venga, pueda poner las naciones-oveja a su derecha y las naciones-cabra a su izquierda.

No pasará mucho tiempo antes de que los cristianos se den cuenta cuán poderosamente les afectará a ellos y a la Iglesia como cuerpo la restauración de los profetas y apóstoles. Cuando la verdad realmente les amanezca, millones de santos comenzarán a hacer un clamor continuo hacia el cielo: "Dios, reactiva a tus Profetas y Apóstoles en tu Iglesia para que todas las cosas puedan estar listas, y la gente esté preparada para tu segunda venida".

Los ministerios quíntuples serán pronto restaurados y unidos en espíritu y verdad. Se relacionarán como cinco expresiones de su Señor y Salvador, Jesucristo. Funcionarán sabiendo que tienen una interdependencia, y no independencia uno del otro. Cuando alcancen este estado, se liberarán los tres siguientes movimientos de Dios, los que alcanzarán su clímax con la venida de Jesús y el establecimiento de su Reino en toda la Tierra.

Para el momento en que hayas terminado este estudio sobre los apóstoles y profetas de Dios de estos últimos tiempos, un clamor comenzará a levantarse dentro de tu corazón por el Espíritu Santo, para que se acelere el proceso de restauración de los santos apóstoles y profetas de Dios.

La Iglesia está comenzando a reconocer la necesidad de apóstoles y profetas. Algunos artículos han aparecido en muchas revistas cristianas con preguntas como: "¿Dónde están los Apóstoles de los días modernos? ¿Quiénes son? ¿Fueron quitados de la Iglesia o siguen activos en la Iglesia hoy?"

Justo cuando estaba terminando este libro, un artículo escrito por Jim Buchan apareció en la revista *Ministries Today* (Ministerios Hoy). Se titulaba "¿Adónde están los apóstoles hoy?" Las tres páginas y media revelan el interés de la Iglesia en el ministerio de los apóstoles en la actualidad. Él dio una muy buena presentación de las seis funciones clave y ministerios de los apóstoles de La Biblia. Buchan luego desafía a los lectores sobre el hecho que estos ministerios sean necesarios hoy.

Seis funciones principales de los apóstoles del primer siglo

1. Llevar el Evangelio a áreas no alcanzadas (Romanos 15:20).
2. Plantar iglesias sobre la base de Cristo y ayudar a las iglesias establecidas a volver a este fundamento escritural (1 Corintios 3:10-11; Gálatas 1:6-10; 3:13; Apocalipsis 2:15).
3. Designar y entrenar a los líderes iniciales de una iglesia (Hechos 14:21-23; Tito 1:5).
4. Tratar con problemas específicos, falsas doctrinas o pecados (1 Corintios 1:1; 16:24; Hechos 15).
5. Promover la unidad en el Cuerpo de Cristo y la creación de redes de Iglesias (Efesios 4:1-16; Hechos 11:27-30; Romanos 15:25-27; 1 Corintios 16:1-4; 2 Corintios 8:9).
6. Demostrar e impartir la dimensión sobrenatural del Reino de Dios (2 Corintios 12:12; Hechos 4:33; 8:4-20; 10:44-46; 19:16; 2 Timoteo 1:6-7).

Apóstoles mencionados en La Biblia

Las siguientes personas son reconocidas como apóstoles en el Nuevo Testamento, por haber sido llamadas apóstoles de nombre o identificadas por asociación, implicación o la raíz del significado de la palabra.

Los doce apóstoles originales comisionados por Jesucristo

1. **Andrés**, el apóstol que trajo a su hermano, Simón Pedro, a Cristo.
2. **Bartolomé o Natanael**, el apóstol ganado por una palabra de conocimiento.
3. **Santiago**, el hijo de Alfeo, el apóstol más joven que hizo obras poco conocidas.
4. **Santiago**, el hijo de Zebedeo, el apóstol Santiago el mayor, que era hermano de Juan.
5. **Juan**, el amado, el apóstol profético, quien escribió el libro de Apocalipsis.
6. **Judas Iscariote**, el apóstol que traicionó a Cristo y perdió su apostolado.
7. **Mateo**, el apóstol que escribió el primer libro de los evangelios en el Nuevo Testamento.
8. **Pedro**, el apóstol que respondía muy rápido, a quien Jesús le cambió el nombre de Simón a Pedro.
9. **Felipe**, el apóstol amigable que traía recursos y gente a Jesús.
10. **Simón**, el apóstol zelote con celo entusiasta, revolucionario por producir cambios.
11. **Tadeo**, también llamado **Judas** y **Lebeo**, el joven, apóstol casi desconocido.
12. **Tomas**, el devoto, apóstol melancólico; "muéstrame y pruébalo, y creeré".

El círculo expandido de otros apóstoles del Señor

1. **Matías**, el discípulo escogido para completar el apostolado vacante de Judas.
2. **Bernabé**, el apóstol del trabajo en equipo, quien trajo a Pablo ante los doce y a Antioquía.
3. **Pablo**, el apóstol elegido sobrenaturalmente para los gentiles, y para la revelación dada de la Iglesia.
4. **Santiago**, el medio hermano de Jesús, apóstol (pastoreó la iglesia en Jerusalén; escribió el libro de Santiago).
5. **Silas**, el profeta establecido, el primero en tener doble ministerio como profeta-apóstol.
6. **Apolos**, el apóstol elocuente; apóstol por asociación.

7. **Andrónico**, un apóstol digno entre los hermanos.
8. **Epafrodito**, el fiel, apóstol de sacrificio, supervisor de la iglesia filipense.
9. **Junias**, la única mujer apóstol mencionada (basados en la interpretación del nombre).
10. **Timoteo**, el apóstol entrenado y comisionado por el apóstol Pablo.
11. **Apóstol sin nombrar**, *"al hermano que se ha ganado el reconocimiento de todas las iglesias por los servicios prestados al evangelio"* (2 Corintios 8:18b).
12. **Apóstol sin nombrar**, *"a nuestro hermano que nos ha demostrado con frecuencia y de muchas maneras que es diligente"* (2 Corintios 8:22b).

El Señor Jesucristo, el único Apóstol de apóstoles y el verdadero ejemplo para todos los apóstoles santos de Dios. Jesús ama a sus ministros quíntuples como a sí mismo. Ha comprendido todos los ministerios de la Iglesia en estos cinco ministerios. Aun así, Él continúa su ministerio de interceder por todos sus santos (Romanos 8:34).

Se han escrito libros que revelan el fin de cada uno de los doce apóstoles y del apóstol Pablo. La leyenda y tradición histórica declara que todos estos apóstoles fueron martirizados en las diferentes naciones donde ministraban. Pablo fue decapitado en Roma.

Las dos excepciones son los apóstoles Juan y Judas Iscariote. El apóstol Judas traicionó al Señor por treinta piezas de plata, perdió su apostolado y murió ahorcándose. El apóstol Juan fue puesto en una gran olla de aceite para ser hervido hasta morir. Se dice que nadaba dentro de la misma como en un refrescante baño, mientras al mismo tiempo renovaba su juventud. Entonces, fue desterrado a la isla de Patmos, donde recibió y escribió *El Apocalipsis*. Luego escapó y retornó a Éfeso, donde tuvo una muerte natural en su novena década de vida. Los apóstoles realmente cumplieron en sus días la profecía que Jesús dio: *"Por eso yo les voy a enviar profetas, sabios y maestros. A algunos de ellos ustedes los matarán y crucificarán; a otros los azotarán en sus sinagogas y los perseguirán de pueblo en pueblo"* (vea Mateo 23:34).

Ahora ya tenemos una introducción de todos los apóstoles mencionados en La Biblia. Si alguno quiere hacer un estudio con todas las referencias de Las Escrituras, marco histórico y significado del nombre de los apóstoles, los detalles están en el libro de 270 páginas de Herbert Lockyer, titulado *All the Apostles of the Bible* [Todos los Apóstoles de La Biblia]. Publicado por Zondervan.

Averigüemos ahora qué pasa actualmente en la Iglesia a través del mundo. Hay cosas específicas que Dios hace para preparar la restauración total de sus apóstoles.

Necesitamos continuar hasta que estemos afirmados en toda la verdad actual y el ministerio presente del Espíritu Santo dentro de la Iglesia.

2

¿Qué sucede ahora?

La oración de Jesús acerca del Reino está en sus últimas etapas de cumplimiento. *"Venga tu reino. Hágase tu voluntad en la tierra como en el cielo"* (Mateo 6:10). Su Reino es establecido primero en la Iglesia. Tenemos que darle a Él el dominio pleno como Rey y Señor de nuestras vidas. El Avivamiento Refrescante está activando nuestro primer amor por nuestro Rey Jesús y su presencia personal. El Movimiento apostólico liberará el dominio poderoso del Rey. Cuando le permitamos al Rey ejercer su derecho de dominio dentro de nosotros, entonces sus poderosas obras de dominio se manifestarán a través de nosotros.

La santidad y justicia son establecidas conforme a la plomada de Dios. El viento de Dios está soplando sobre la Iglesia para más propósitos que solo bendecir y refrescar. El Espíritu Santo ha sido comisionado para empezar a separar el **trigo** de la **paja**, lo **profano** de lo **puro**, la **carne** del **Espíritu** y la **falsedad** de la **verdad**. Dios estará purificando la vida interior y el flujo profético de los Profetas y Apóstoles, separando las ideas religiosas del hombre de las palabras puras del cielo. Él va a separar las **acciones activadas por nosotros mismos** de las **manifestaciones del Espíritu Santo**; los **ministerios de servicio para nosotros mismos** de los **ministerios de sacrificio**; los **ministerios de nuestros reinos personales** de los del **Reino de Dios**. La verdad actual de la Iglesia no será una multitud mezclada, sino un ejército disciplinado bajo un dominio. Será como en los tiempos de Israel, después de tres meses de liberación soberana de Egipto y de manifestaciones sobrenaturales como el Mar Rojo abierto, la sanidad en las aguas de Mara y la caída diaria del maná del cielo. Habían tenido que hacer la transición de ser separados en tribus, puestos en orden divino alrededor del Tabernáculo y que a todos se les dieran direcciones y designaciones para su área de responsabilidad y ministerio. Durante la primera parte del gran movimiento de Dios fueron una multitud mixta. Estuvieron gozosos en su liberación, señales, maravillas y la provisión sobrenatural de sus necesidades por parte de Dios. Pero vagaban sin rumbo y sin saber qué vendría luego, qué papel debían jugar en el propósito progresivo de Dios en todo lo que ocurría.

Ahora es el tiempo de que el pueblo de Dios acampe alrededor del Monte de Dios hasta que cada uno sepa su llamado, ubicación, ministerio y relación con el propósito mayor de Dios dentro de su Iglesia local y universal. No debe haber más mezclas entre la carne y el Espíritu en una persona o movimiento profético. Dios está separando y llamando a su Iglesia para salir del sistema religioso de Egipto/Babilonia, y conocer su llamado y membresía en el Cuerpo de Cristo, la Iglesia.

Un movimiento de Dios de restauración contra una renovación y refrigerio del Espíritu Santo. Hay un propósito diferente para cada una de esas visitaciones divinas. Un movimiento de restauración es cuando Dios soberanamente escoge restaurar ciertas verdades fundamentales, ministerios y experiencias espirituales que no han estado activas desde los primeros años de la Iglesia. Con la renovación o refrigerio del Espíritu Santo, Dios envía su lluvia espiritual refrescante para preparar a su pueblo para el próximo movimiento de restauración de Dios. Nos referimos generalmente a estos movimientos del Espíritu Santo como avivamientos, por ejemplo el avivamiento de Gales. Se llama "renovación" cuando el Espíritu Santo sopla en cada denominación para actualizarla en todas las verdades, ministerios y experiencias espirituales restauradas al presente, como ser la Renovación Carismática. Los refrigerios y renovaciones del Espíritu Santo no restauran verdades o ministerios fundamentales a la Iglesia como cuerpo, sino que traen experiencias sobrenaturales a las vidas de los creyentes individuales. Los avivamientos, renuevos y refrigerios suceden justo antes de un movimiento de restauración.

El Espíritu Santo está llevando actualmente a la Iglesia por un proceso de transición, preparación y progreso hacia el Movimiento apostólico y los movimientos finales de restauración de Dios. Todos los que ahora participan en el avivamiento refrescante deben mantener su gozo, liberación y transformación divina. Al mismo tiempo debe efectuarse una respuesta apropiada al desafío del Espíritu Santo de ser establecidos en todas las realidades que Dios ha restaurado en lo profético y restaurará en el Movimiento apostólico.

Los ministerios que nacen para cumplir Malaquías 4:5-6

El ministerio "Guardadores de Promesas" (*Promise Keepers*) nació del Espíritu Santo para cumplir el propósito profético declarado en Malaquías. Ellos hacen volver los corazones de los hombres de todas las edades a Dios. Esto provoca que los corazones de los padres se vuelvan a los hijos, y los de los hijos se vuelvan a sus padres.

El ministerio de los Generales de Intercesión, dirigido por Cindy Jacobs, también es parte del cumplimiento de esta profecía. Cindy, a menudo acompañada por el Dr. Peter Wagner, y otros, van a las naciones para enseñar y activar a miles de ministros en "la oración de guerra intercesora profética". Les demuestran a los líderes nacionales cómo discernir "el hombre fuerte" sobre la nación, y luego destruir ese principado de maldad. Este ministerio ayuda a la nación a convertirse en una nación oveja. También hace que los corazones de los líderes se vuelvan al pueblo y los corazones del pueblo hacia los líderes. Cindy, que ministra con su poderosa unción apostólico-profética, ha demostrado que esto funciona tanto para regiones, ciudades, ministerios nacionales como iglesias locales.

El evangelismo masivo con obras sobrenaturales de Dios ha sido reactivado por hombres tales como Benny Hinn y Reinhard Bonke. Son los dos ministros internacionales más reconocidos que han tenido decenas de miles en sus campañas evangelísticas. Muchos evangelistas nacionales hacen lo mismo en sus países. Preparan el camino para que se levanten los apóstoles en cada nación para establecer a los convertidos en un fundamento firme, y edificarlos en una Iglesia poderosa para Jesucristo.

¿Una nueva Reforma apostólica?

El Simposio Nacional sobre la Iglesia Pos-denominacional convocado por el Dr. C. Peter Wagner en el Seminario Fuller, del 21 al 23 de mayo de

1996, fue una ocasión histórica en los anales de la historia de la Iglesia. Fue orquestado proféticamente por el Espíritu Santo para cumplir el propósito progresivo de Dios de llevar a la Iglesia a su destino final. Numerosos representantes de denominaciones estuvieron presentes, y muchos delegados de otros países. Los panelistas acordaron que todavía hay apóstoles y profetas en la Iglesia, y hay un Movimiento apostólico emergente que será tan grande como la primera generación del Movimiento apostólico. La primera generación de apóstoles y profetas de la Iglesia pusieron el fundamento de ella. Ahora, la Reforma Apostólica de los últimos días pondrá los toques finales en la Iglesia.

También traerá cambios revolucionarios como aquellos que el Movimiento Protestante trajo a luz en sus días. El Movimiento Protestante comenzó la era de la gran reforma de la Iglesia. El nuevo Movimiento apostólico acelerará la gran obra de restauración final del Espíritu Santo, haciendo que se logre en una generación. La Gran Reforma comenzó en la Iglesia su proceso de restauración de todas las verdades, experiencias y ministerios que estaban en la Iglesia primitiva. El propósito de Dios para los aproximadamente quinientos años de la reforma fue llevar a la Iglesia a un lugar de pureza, ministerio y madurez, como está declarado en Efesios 4:13; 5:25,27.

La obra de restauración continuará hasta que los miembros del Cuerpo de Cristo sean enseñados, entrenados, activados y madurados en manifestar sus ministerios. Hay muchos millones de almas listas para ser cosechadas para el propósito de incorporarlas al Cuerpo de Cristo. Dios ha predestinado a cierta cantidad de miembros con cualidades semejantes a las de Cristo, para el pleno funcionamiento de su Iglesia eterna. Jesús compró, produjo y está progresivamente perfeccionando su Iglesia, para poder presentársela a sí mismo como una Iglesia gloriosa. Su propósito es usar a la Iglesia para colaborar con Él en su ministerio eterno (Efesios 3:21; Romanos 8:17).

Algunos de los cambios revolucionarios que se perciben en relación a este punto

La nueva Reforma Apostólica traerá la remoción de muchas tradiciones humanas dentro de la Iglesia, como ser la distinción entre el laico y el clero, lo espiritual y lo secular, miembros y ministros. Hay miembros de la Iglesia que cumplen su llamado y ministerio en el mundo secular. Sin importar dónde los miembros operan, son ministros en el Cuerpo de Cristo. El gobierno de la Iglesia y los ministerios quíntuples no deben ser quitados, porque hay una estructura y una cadena de mando en el cielo como la hay en la Iglesia.

Sin embargo, la posición que ahora se le designa al pastor de una iglesia será redefinida. Los que ocupen esa posición funcionarán más como el entrenador de un equipo deportivo que como el dueño de él. El entrenador sabe que su llamado es enseñar, entrenar y equipar a cada miembro del equipo para alcanzar su mayor potencial. Tiene que descubrir para cuál posición cada miembro está mejor calificado. Desarrolla las destrezas de cada jugador mientras que, al mismo tiempo, los unifica para que jueguen como un solo equipo. Su objetivo no es solo divertirse, sino disfrutar haciendo cada uno su parte mientras juega para ser ganador por encima de toda oposición.

El dueño está más concentrado en que el equipo gane para poder atraer más participantes que paguen. Está preocupado en figurar en la nómina, obtener ganancia y construir estadios más grandes. Muchos de los predicadores de hoy se desempeñan más como dueños del equipo que como sus entrenadores. Los dueños están interesados en tener un equipo ganador que atraiga grandes multitudes para lograr una audiencia cada vez mayor. El entrenador desea que los números entren, para poder tener un equipo cada vez mejor. El dueño está en el juego de los números para tener una mayor audiencia que lo haga más exitoso. El entrenador está interesado en equipar a cada jugador de su equipo para desarrollar su mayor potencial. La Reforma Apostólica hará que los líderes y pastores de las iglesias estén más comprometidos en levantar un ejército de santos preparados, que atraer una audiencia de espectadores y fanáticos que pagan.

Los grupos celulares en los hogares aumentarán y pasarán por la transición de hacer la obra del ministerio. El pastor se asegurará de que todos trabajen juntos al cumplir la visión para esa iglesia local. El pastor principal ya no será más una orquesta compuesta por un solo hombre, sino que será el director de la orquesta. Trabajará como el director del coro, que supervisa que los miembros no solo canten bien su parte, sino que también estén en armonía con el resto del coro. La Iglesia del siglo XXI ya no funcionará como la iglesia tradicional. Muchos líderes no serán capaces de hacer esta transición por su temor de perder el control o disminuir su posición de autoridad.

La Reforma Apostólica hará que los creyentes manifiesten los dones sobrenaturales y el poder de Dios. El espectáculo unipersonal se terminará. Unos pocos demostradores del poder de Dios se convertirán en millones de demostradores. El mundo no exclamará: "¡qué hombre poderoso!", sino "¡qué iglesia poderosa!" Dios se llevará toda la gloria a través de toda su Iglesia, no solo a través de unos pocos grandes ministros en el mundo.

¿Quiénes serán los líderes en esta Reforma Apostólica?

Los líderes serán los ministros quíntuples que hayan pasado de ser llamados a ser comisionados para su ministerio. Serán mujeres y hombres maduros, experimentados, que tendrán el corazón y la mente de Dios para su Iglesia. El don de la ascensión del apóstol será completamente restaurado durante la Reforma Apostólica, pero los apóstoles no serán los únicos líderes. Habrá líderes proféticos y apostólicos que caminarán en la verdad presente. Tendrán integridad y un carácter como el de Cristo con ministerios poderosos y sobrenaturales conducidos en sabiduría y madurez. Están aquellos que tienen muchas revelaciones y profecías que confirman su "llamado a ser apóstoles", pero no serán inicialmente los líderes apostólicos. Los padres y líderes apostólicos serán aquellos que Dios ha comisionado a ser apóstoles, profetas, evangelistas, pastores y maestros que caminan en todo lo restaurado por los movimientos Proféticos y Apostólicos.

APOSTÓLICO tiene un significado más amplio que simplemente aquellos llamados a ser apóstoles. Lo apostólico incluirá todas las verdades restauradas al presente y todos los ministerios milagrosos con señales, maravillas y milagros, hechos por parte de ministros y miembros de iglesias. Los padres y líderes apostólicos serán los ministros que hayan hecho la transición al nuevo orden divino que Dios establece en su Iglesia.

REDES DE TRABAJO: Habrá un nuevo énfasis, en el liderazgo de denominaciones apostólicas y proféticas, de trabajar juntos. Trabajar en red no implica que todos los grupos deban ponerse debajo de un gran líder apostólico. El trabajo en red está bien ilustrado en la figura de una red de pescar. Cada grupo ministerial o iglesia grande es como uno de los nudos que ata a cada línea. Los que tienen visión, gracia y sabiduría para ponerse en red junto con otras redes, se convertirán en la mayor red de pesca que Dios usará para atraer la gran multitud de almas.

El Simposio Pos-denominacional o el Simposio de la nueva Reforma Apostólica ha provisto un lugar para que todos esos jefes de redes, organizaciones ministeriales y denominaciones se reúnan. Esto le da al Espíritu Santo la oportunidad de traer una mayor unidad y visión de cuerpo dentro del Cuerpo de Cristo.

El punto de encuentro en común y la visión de cuerpo están segando la gran cosecha y proclamando a Jesús como Señor sobre toda la Tierra. Los grupos independientes y las denominaciones que creen el credo de los apóstoles, los fundamentos de la fe cristiana, y caminan en toda verdad restaurada serán los que tendrán más interés en trabajar juntos. Los grupos cristianos religiosos excluyentes y exclusivos, que creen que ellos son el único pueblo verdadero de Dios, no estarán interesados en trabajar en red con otros grupos cristianos. Todos los que están más interesados en adoctrinar a su gente en sus creencias "cristianas" religiosas que en ganarlos para Jesús, tampoco estarán interesadas en trabajar en equipo. Pero hay muchos grupos cristianos que están interesados en establecer el Reino de Dios más que el suyo propio. El Espíritu Santo conectará a aquellos que tienen una visión similar para que formen una relación de red de trabajo para cumplir el propósito eterno de Dios en el Cuerpo de Cristo y el planeta Tierra.

Las redes pueden ser multiniveles y mundiales. Esas mismas redes podrán estar en cada nación y continente de la Tierra. Podría haber una reunión nacional de todas esas distintas redes de todos los niveles. También podría haber una reunión internacional de todos esos líderes de redes para unificar nuestra visión de cuerpo. El trabajo en red promoverá la unidad en el Cuerpo de Cristo, conectando grupos por medio de intermediarios. Donde dos grupos no puedan caminar juntos, un tercero podría ponerse en la brecha y formar un eslabón compacto entre ellos.

Cada red ordenada por Dios dentro del Cuerpo de Cristo tendrá su parte en cumplir la visión general de Jesucristo, la Cabeza del Cuerpo. Algunas redes harán más de ministerio de mano, otros de ojo, otros de oreja, pies, corazón, etc. Cada miembro principal (de la red) del Cuerpo, podría hacer su propia contribución para el funcionamiento del todo. Los que saben qué parte del Cuerpo son y cuál es su parte en el cumplimiento de la visión de la Cabeza, no serán competitivos, celosos, envidiosos o críticos de los demás. Porque en un cuerpo, el ojo no puede decirle a la oreja, o la boca a la mano: "*no te necesito*". Nos necesitamos los unos a los otros. Una denominación o red nuca será la totalidad del Cuerpo de Cristo. Todos somos miembros del Cuerpo de Cristo, **colectivo, universal y compuesto por muchos miembros**, que está bajo **la dirección soberana de Jesucristo el Señor**. Solo tenemos una Iglesia y un Reino para edificar, y esa es la Iglesia de Jesucristo y el Reino de Dios.

Vemos un modelo para estas redes de redes en la tecnología. Internet es una herramienta revolucionaria para el mundo. Llegó a existir a través de interconexiones, es decir, de proveer vínculos de comunicación entre redes existentes. Esas redes representan varios sectores de la sociedad, como ser el gobierno, la milicia, la educación, la ciencia, el sistema bancario, la actividad fabril, etc. La misma explosión sinérgica de progreso que se ve en Internet puede ser experimentada por la Iglesia como cuerpo en las denominaciones, ministerios, redes, campamentos, fraternidades, etc., cuando comiencen a conectarse para trabajar juntas.

Preparación para los propósitos progresivos de Dios. La Renovación Carismática fue el derramamiento del Espíritu Santo sobre todas las denominaciones. Les hizo comprender que había más que vida eclesiástica histórica y fundamental. Abrió surcos en sus terrenos no labrados y los llevó a las experiencias sobrenaturales tales como hablar en lenguas. Experimentaron la presencia de Dios en la alabanza. Eso renovó su primer amor y les dio un deseo por más de Dios. El avivamiento actual llamado "de la risa, tiempos de refrigerio, tiempo de caídas", etc., es un movimiento preparatorio del Espíritu Santo al igual que en la Renovación Carismática. La Renovación Carismática era Dios que preparaba a la Iglesia para el Movimiento profético. Ahora el actual Movimiento Refrescante del Espíritu Santo prepara a la Iglesia para el gran Movimiento apostólico. Cientos de ministros que caminan en la verdad presente ya proclaman y demuestran que hay apóstoles en la Iglesia de hoy. La completa restauración y demostración de los apóstoles está al alcance.

El oportuno proceso del grupo de guerreros "Gedeón 300" ahora tiene lugar en la Iglesia. Ahora estamos en la etapa progresiva en la que Dios lleva a la Iglesia al río refrescante de la prueba y separación, hacia una mayor responsabilidad de madurez y ministerio. Cientos de miles han venido y continuarán viniendo al río del renuevo y la bendición. Los que hayan sido saturados con su presencia serán desafiados y probados en el río. Beber del agua refrescante no es un fin en sí mismo. Es como el "río" de Gedeón, que era un lugar para probar el compromiso personal, carácter y motivación.

El desafío es mantener la **bendición personal** mientras que uno avanza hacia la **edificación del Cuerpo**. Retenemos lo que tenemos mientras que al mismo tiempo hacemos la transición entre **sumergirnos** y **enviar**, entre el **tiempo en el suelo** al **tiempo de fluir**, de simplemente **empaparnos en su presencia** a **tomar las armas del guerrero**.

De los treinta y dos mil que vinieron al avivamiento refrescante de Gedeón, menos de un tercio permaneció en el río de la prueba. De los diez mil que bebieron en el río, solo el tres por ciento pasó el examen para convertirse en soldados del ejército de Gedeón. Menos del uno por ciento del grupo original hicieron la transición y pasaron a ser parte de los trescientos guerreros poderosos escogidos por Dios.

De los miles que están participando del Movimiento Refrescante del Espíritu Santo, solo un pequeño porcentaje hará la transición para convertirse en los guerreros apostólicos de Dios del tiempo final. De todos modos, Dios levantará a "los trescientos de Gedeón" que Él planea usar para hacer huir al enemigo. Jesús escogerá a aquellos que beben en su río, los que tienen un espíritu y actitud correcta, para ser parte de su "Ejército de Gedeón". Son preparados para la gran batalla del tiempo final contra los "madianitas" que acampan contra su Iglesia.

Una visión profética personal del último capítulo del libro de Dios de su Iglesia mortal

El Señor Jesús me dio una visión mientras lo buscaba en oración y ayuno. Me mostró un gran libro. Su título era *El libro de la Iglesia mortal sobre la Tierra*. Y pasó las páginas del libro hasta que llegó a una página titulada "El último capítulo de la Iglesia mortal". Entonces pasó de a una página a la vez para que yo pudiera ver los títulos de los párrafos. En algunas páginas podía leer la mayor parte del contenido debajo de los títulos, pero en otras solo tenía tiempo suficiente como para leer los encabezados en negritas.

Él dijo que a *algunos de sus ministros* se les mostraría solo una *página* o un *párrafo*, el cual se convertiría en su mensaje principal o ministerio. Ellos tendrían la unción y la responsabilidad de demostrar y establecer esa parte del "último capítulo" de su Iglesia mortal.

Dijo que me estaba mostrando un *panorama general* y los *puntos sobresalientes de todo el capítulo*, porque me daba la responsabilidad de mantener una perspectiva general y de hacer conocer el propósito progresivo de Dios a su Iglesia. Mi ministerio personal se especializaría en los títulos que tienen que ver con la restauración total de los cinco ministerios y su ministerio de equipar a los santos. Sin embargo, la vista panorámica y el destino de la Iglesia de Cristo serían mi mensaje y mi parte a cumplir durante "El último capítulo de la Iglesia mortal".

Las siguientes son algunas de las cosas que se me permitió ver, especialmente aquellas con las que el Espíritu Santo obra actualmente e implementa en la Iglesia.

La Iglesia del último capítulo: decretos divinos y nuevas directivas que se preparan en el cielo

Nuevas tareas para el ejército angelical. Más apariciones de los santos ángeles de Dios y más manifestaciones diabólicas están decretadas desde ahora y para continuar creciendo hasta la venida del Señor Jesús. Habrá cada vez más discusiones sobre ángeles y el mundo espiritual en los programas de entrevistas televisivas hasta que el mundo se obsesione con la idea de seres espirituales de "otro mundo".

Dios soltó al Espíritu Santo para traer sus revelaciones y activación a la Iglesia del tiempo final. Esto dará a luz a la última generación de *gente* mortal con *poder* ilimitado, nuevas *obras* y más *lugares* dedicados a cumplir los propósitos de la verdad presente de Dios.

Ya no habrá más demora con respecto a la preparación final necesaria para que los reinos de este mundo se conviertan en reinos de Jesucristo y su Iglesia (Apocalipsis 10:7; 11:15).

Dios activa la segunda fase de apóstoles y profetas y los restaura completamente a su posición legítima de poder y función. **El Espíritu Santo intensificará el proceso de maduración para aquellos que serán parte.**

Jesús está madurando y motivando a sus ministros quíntuples para intensificar su entrenamiento, y para equipar a los que serán los soldados en el ejército de Dios del tiempo final.

Los pastores locales deberán implementar ministerios que alcancen a los perdidos, y establezcan y activen a los santos mientras los equipan para sus ministerios como miembros en el Cuerpo de Cristo.

El Espíritu Santo ha sido comisionado para acelerar su obra de restauración en la Iglesia. Hay una perspectiva general de lo que significa acelerar la restauración: los movimientos de restauración desde 1500 se han acelerado en su frecuencia, de 300 años, a 100 años, a 50 años, a 10 años durante la segunda parte del siglo XX. Cada uno preparó el camino para el siguiente por los últimos quinientos años. El Movimiento Protestante preparó el camino para el Movimiento de santidad, y así sucesivamente, el Pentecostal para la Restauración de la Lluvia Tardía, para la Renovación Carismática y el Movimiento de Fe para el actual Movimiento profético, el cual en su tiempo preparará el camino para el Movimiento de los santos, el cual capacita a los santos del Altísimo para cumplir Daniel 2:44; 7:18,22,27 y Apocalipsis 11:15; 1:5-6; 5:9-10.

Los apóstoles y profetas se levantan en el mundo de la administración y las finanzas

Ahora es el tiempo de activar a la Compañía de José y Daniel, de apóstoles (José) y profetas (Daniel) dentro del campo de los negocios y el área de la política. La Compañía de Débora y Ester se levanta junto con ellos. Dios prepara una compañía apostólica y profética de gente cristiana de negocios. Ellos no solo traerán las riquezas de los impíos a la Iglesia, sino que, además, afectarán la economía en muchas naciones del mundo. Dios trae la transición de su "Compañía de José" del estado de prisionero al de primer ministro, y su "Compañía de Daniel" del foso de los leones a ser la mano derecha del rey.

Los primeros serán últimos y los últimos serán primeros. Lo que sucedió al comienzo de la Iglesia sucederá también al final de la era de la Iglesia. De hecho, Las Escrituras dicen: "*El esplendor de esta segunda casa* (la Iglesia del tiempo final) *será mayor que el de la primera* (la Iglesia primitiva) *dice el Señor Todopoderoso*" (Hageo 2:9). Jesús escogió doce hombres de entre el mundo de los negocios y los ordenó como apóstoles. No los eligió de entre las escuelas rabínicas o del sacerdocio levítico. Jesús no hizo distinción para llamar y comisionar basado en las profesiones pasadas o posición en la vida. La revelación concerniente a los pensamientos de Dios acerca de los cinco ministerios va a revolucionar el pensamiento y la función actual del viejo orden de la Iglesia. Ningún pasaje bíblico declara que una persona debe ser pastor de una iglesia o tener su propia organización sin fines de lucro para ser llamado apóstol o profeta en el Cuerpo de Cristo. El gobierno y los líderes religiosos han designado quién puede ser reconocido como ministro dentro de la Iglesia. Dios levanta dándoles reconocimiento a su Compañía de José/Daniel – apóstoles/profetas. El sistema del viejo orden de la Iglesia o el gobierno nunca podrá reconocerlos por quiénes son, pero Dios les otorga su reconocimiento y poder para prosperar. En el principio de la Edad Oscura de la Iglesia, los hombres religiosos dividieron al pueblo de Dios en *secular* y *espiritual, clero y laicado, negocios* e *iglesia.* No todos tienen que tener un ministerio de púlpito para ser ministros válidos en el Cuerpo de Cristo. Para fines de este siglo habrá ajustes revolucionarios a la forma en que funciona la Iglesia de Dios sobre la Tierra.

Apóstoles y profetas a las naciones. Los apóstoles y profetas continuarán yendo a las naciones. Serán algunos de los instrumentos principales que Dios usará para recoger la gran cosecha del tiempo final. Sin embargo, la unción primaria para el profeta no se manifiesta a través de evangelismo masivo o misiones. Esa es la misión principal y unción del evangelista. Los profetas y apóstoles son divinamente enviados a dar la revelación y la palabra profética de Dios para la nación. Cómo esa nación responda a la palabra de Dios determinará si será una nación oveja o cabra. Dios continuará aumentando su ministerio de separar las naciones ovejas de las naciones cabras. (Los profetas de CI ya han ido a cuarenta países, y en muchos de ellos la palabra profética de Dios fue declarada a los líderes de esa nación. Muchos profetas de otros grupos hacen lo mismo.)

Realineamiento de las naciones. El cambio y realineamiento de las naciones como aliados y enemigos tiene lugar ahora. Reuniones secretas se dan a puertas cerradas para que estas cosas acontezcan. China y algunas naciones islámicas son parte de este proceso. Las cosas secretas pronto serán descubiertas y se harán públicas. Dios estará realineando a las naciones del mundo progresivamente en preparación para el conflicto mundial final. El resultado final será la exaltación de las naciones justas, mientras que las naciones impías serán sometidas y vendrán bajo el gobierno de las justas.

Las luchas raciales y los disturbios sociales serán reactivados. El diablo tiene planes de reactivar los temas raciales, no solo blancos contra negros, sino otras razas y religiones como ser judíos contra cristianos. El Islam y otras religiones sectarias, y las creencias de ocultismo y humanismo tratarán de que parezca que el cristianismo es el problema y no la solución. Ellos, por supuesto, se presentarán como el verdadero grupo que puede resolver todos los problemas. La supremacía blanca y los grupos separatistas continuarán avivando la llama que hará que comience a arder el fuego. Los radicales islámicos tienen planes de perturbar y esperan derrocar a Estados Unidos levantando un militante negro islámico a continuación. Los cristianos blancos y negros que caminan en la verdad presente se volverán más unificados, mientras que el sistema religioso del Anticristo propagará la división, desunión, odio, enojo y rebelión. La oración de intercesión profética y la alabanza de guerra pueden detener, derribar y revertir los planes del enemigo. Una profetiza internacional dijo que Dios le reveló que si Estados Unidos como nación no se vuelve a Dios como debería, entonces Dios va a permitir que sea regido por el Islam por un período de tiempo. Eso sería peor que el comunismo tomando el poder.

La Iglesia hace su transición hacia la traslación. Una mayor medida de revelación, fe y gracia vencedora es liberada sobre la Iglesia. La Iglesia mortal está en transición y preparación para convertirse en la Iglesia inmortal. La resurrección-traslación de los santos que producirá la redención de sus cuerpos mortales para pasar a ser inmortales e indestructibles, tendrá lugar para que Dios pueda cumplir su propósito mayor para y a través de la Iglesia. Hay un ministerio del tiempo final diseñado para que la Iglesia vencedora alcance en los lugares celestiales y en la Tierra que requerirá que los santos tengan sus cuerpos redimidos. La redención del Cuerpo es el último acto de redención y la última página del *"Último capítulo de la Iglesia mortal"*. Estar en la última fase del propósito de Dios para el tiempo final exigirá una muerte completa al yo y una vida plena en Cristo Jesús. Esto incluye morir a las viejas tradiciones religiosas y vivir en toda la verdad presente. Sométase al proceso de muerte/vida que se intensifica en la Iglesia de Cristo.

3

Perspectivas bíblicas del ministerio de los apóstoles

Hay más textos bíblicos sobre apóstoles y ministerio apostólico en el Nuevo Testamento que del resto de los cinco ministerios. La palabra *apóstol/es* se usa ochenta y tres veces, *evangelista* tres veces, *pastor* una vez y *maestro* trece veces. El término *profeta* es mencionado unas ciento setenta y dos veces, pero solo el veinticinco por ciento de esas veces son en referencia a un profeta activo en el Nuevo Testamento. No obstante, si uno toma el término en el original griego para esos ministerios y los diferentes modos que se usan para transmitir el mismo ministerio, eso cambia un poco. Por ejemplo, si aplicamos la palabra *pastor* al ministerio de pastor, hallamos que es usada veinticuatro veces en el Nuevo Testamento. Pero la mayoría de ellas no describen a un pastor o la obra de su ministerio. También, de las ciento setenta y dos veces que la palabra *profeta* es usada, la mayoría de las veces es en referencia a lo que los profetas del pasado han profetizado. El escritor cita sus profecías para demostrar una verdad del Nuevo Testamento. También hay muchas demostraciones del ministerio de profeta en el libro de los Hechos, el cual es el libro de La Biblia que contiene la historia del primer siglo de la Iglesia.

¿Por qué hay tantas referencias a apóstoles e ilustraciones de sus ministerios en comparación a los otros ministerios quíntuples? Hay varias razones:

1. Jesús escogió a doce discípulos y los llamó apóstoles. Ellos fueron entrenados personalmente por Jesús por tres años y luego, después de su resurrección, los comisionó para ir a todas las naciones a predicar el Evangelio y traer a aquellos que habían de convertirse en miembros de la Iglesia de Cristo. Debían llevarlos a la estatura de la madurez y el ministerio de Cristo. Tenían que presentar la Iglesia a Cristo Jesús en toda su gloria, sin mancha ni arruga, como una Novia adecuadamente preparada y ataviada para el matrimonio con su Novio.
2. La mayoría de las referencias a los apóstoles vienen de los cuatro evangelios, donde se hace continua alusión a los doce apóstoles.
3. Esta era la presentación de un ministerio nuevo. El título *apóstol* nunca antes había sido enseñado, descrito, designado o demostrado. Los líderes religiosos del pueblo de Dios, Israel, estaban familiarizados con el ministerio del profeta como con el de sacerdote, el cual es típico del pastor neotestamentario; el levita, que es típico del evangelista del Nuevo Testamento; y el de escriba es típico del maestro neotestamentario. Pero nadie había oído de los apóstoles como ministros en el tabernáculo. Por lo tanto, era necesario que los apóstoles fueran mencionados y demostrados más que el resto.

En este capítulo vamos a ver diferentes aspectos del ministerio del apóstol como está declarado y demostrado en Las Escrituras. La siguiente presentación es necesaria para impedir que se piense que queremos presentar al apóstol como un ministro todopoderoso, omnisciente y superior por todas las cosas que Las Escrituras revelan de él y que puede hacer. No hay declaraciones en La Biblia que describan lo que algunos de los ministerios quíntuples puede hacer y que los otros no pueden. No hay declaración escritural que diga que los apóstoles hagan esto, pero los pastores no puedan hacerlo, o que los profetas pueden hacer esto, pero los otros no pueden, etc.

Los cinco ministerios son extensiones de la naturaleza quíntuple de Cristo de apóstol, profeta, evangelista, pastor y maestro. Los cinco nacen del Espíritu Santo y son investidos de poder como ministros del Nuevo Testamento del Espíritu y La Palabra de Dios. Todos deben poder predicar La Palabra y ministrar los dones sobrenaturales del espíritu, como sanar a los enfermos, echar demonios y revelar la mente de Cristo con respecto a áreas específicas de la vida del pueblo de Dios. De hecho, Jesús declaró que incluso los creyentes del Nuevo Testamento debían echar demonios, sanar a los enfermos, hablar en nuevas lenguas, profetizar, proclamar y demostrar el evangelio de Jesucristo.

Como todo esto es cierto, ¿entonces por qué Las Escrituras designan diferentes títulos de ministerios en la Iglesia, como los ministerios quíntuples, obispos, ancianos, diáconos y miembros? ¿Por qué Jesús no hizo que todos los que fueran extensiones de Sí mismo hacia la Iglesia sean llamados *ministros* sin ninguna diferencia en el título? ¿No habría eso provocado mayor unidad con menos comparaciones entre ministerios? ¿No habría acaso eliminado el "¿Y yo qué soy: apóstol, profeta o pastor?" O el tema de quién tiene autoridad sobre quién, o qué ministerio es primero y cuál es el último, o cuál es el mayor y cuál el menor. En cada discusión o en cada libro que se escribe sobre los ministerios quíntuples estos temas siempre se presentan. Jesús nunca planeó que hubiera una comparación competitiva de sus ministros. Son simplemente cinco expresiones diferentes del único Cristo. ¿De modo que Cristo está dividido? ¿Cómo puede Él estar en conflicto y comparación consigo mismo? (1 Corintios 3:1-9). Cada uno de los cinco ministerios son dones de Cristo dados a su Iglesia en la ascensión. Ellos fueron dados para complementarse unos a otros y colaborar juntos en edificar la Iglesia de Cristo. Aunque todos los ministros y miembros deben hacer muchas de las mismas cosas, el hecho sigue siendo que Cristo Jesús dividió y designó su ministerio único personal en cinco ministerios, bajo los nombres descriptivos de apóstol, profeta, evangelista, pastor y maestro.

> *Él mismo constituyó a unos, apóstoles; a otros, profetas; a otros, evangelistas; y a otros, pastores y maestros, a fin de capacitar al pueblo de Dios para la obra de servicio, para edificar el cuerpo de Cristo.*
>
> –Efesios 4:11-12

> *En la iglesia Dios ha puesto, en primer lugar, apóstoles; en segundo lugar, profetas; en tercer lugar, maestros; luego los que hacen milagros; después los que tienen dones para sanar enfermos, los que ayudan a otros, los que administran y los que hablan en diversas lenguas. ¿Son todos apóstoles? ¿Son todos profetas? ¿Son todos maestros? ¿Hacen todos milagros? ¿Tienen todos dones para sanar enfermos? ¿Hablan todos en lenguas? ¿Acaso interpretan todos? Ustedes, por su parte, ambicionen los mejores dones.*
>
> –1 Corintios 12:28-31

Los "*mejores dones*" que todo creyente precisa ambicionar, son los que Jesús y su Santo Espíritu han elegido para que posea y manifieste.

En 1 Corintios 12:28 se declara enfáticamente que Jesús estableció en la Iglesia apóstoles, profetas y maestros (que representan a los cinco ministerios). Él estableció dones de sanidad, milagros y lenguas (que representan a los nueve dones del Espíritu). También estableció ayuda y administración (que representan a los muchos ministerios que tiene la Iglesia). Pablo no estaba dando una lista piramidal de los ministerios más grandes y más chicos dentro del Cuerpo de Cristo, sino solamente un resumen de su consignación y entendimiento de los cinco ministerios de Cristo que enseñó a la iglesia de Éfeso (Efesios 4:11), los nueve dones del Espíritu ya los había explicado en su carta a la iglesia de Corinto (1 Corintios 12:8-10) y algunos de los ministerios de la Iglesia los menciona en su carta a la iglesia en Roma (Romanos 12:3-8).

Cada uno de los ministerios quíntuples tiene una similitud en sus ministerios y hasta tienen una unción específica, un ministerio, poder y autoridad que van junto con su llamado individual. Los ministerios de pastor, evangelista y maestro han sido aceptados y reconocidos por sus nombres como ministerios válidos dentro de la Iglesia desde el Movimiento Protestante en los años 1500. Durante la década de los ochenta se han escrito muchos libros sobre el ministerio del profeta. Luego se escribieron muchos sobre el de apóstol. Pero todavía el mundo eclesiástico tiene muy poco entendimiento sobre el llamado y el ministerio del apóstol. Por lo cual es necesario que se dé una presentación bíblica para mejorar nuestro entendimiento de este ministerio.

Qué dice La Biblia sobre los apóstoles. Jesús estableció el ministerio de apóstol cuando llamó a muchos discípulos juntos, escogió a doce de ellos y los llamó Apóstoles. Ese fue el nombre que Jesús eligió para designar a los doce que seleccionó especialmente para su propósito. Un estudio acerca de cómo se usaba la palabra *apóstol* durante ese tiempo y cuál era el significado de su raíz en el griego, nos ayudará a entender mejor el rol de apóstol. Porque la forma en que los griegos la utilizaban no nos brinda todo el cuadro de lo que Jesús quiso transmitir con esa palabra.

Se precisa un estudio completo de los ejemplos de apóstoles del Nuevo Testamento para comprender plenamente el significado de este ministerio dotado que Cristo colocó dentro de su Iglesia. No es simplemente lo que significaba la raíz de la palabra en los tiempos en que la eligió, sino en lo que Él hizo que se convirtiera. Es como la palabra *Ecclesia* que Jesús eligió para identificar a su pueblo escogido, la Iglesia. El significado etimológico del término expresa un grupo de personas llamadas fuera de sus hogares para reunirse en una asamblea especial. Pero Jesús y Pablo le dieron a la palabra Iglesia *(Ecclesia)* mucho más sentido y significado que el que le daban los griegos en su idioma. Por lo tanto debemos ir a La Biblia para descubrir lo que Jesús quiso de veras significar con el término *apóstol*. Parte del propósito de este estudio es traer claridad bíblica para que cuando se haga referencia a los apóstoles, venga a la mente una plena comprensión del llamado, carácter y ministerio de los apóstoles de la Iglesia. *"Al llegar la mañana, llamó a sus discípulos y escogió a doce de ellos, a los que nombró apóstoles"* (Lucas 6:13).

Los doce apóstoles del Cordero. La palabra castellana *apóstol* viene del griego *Apóstolos*, que transmite la idea de "uno que es enviado para un propósito específico o comisión para cumplir una tarea o ministerio específico". Los que cumplen su comisión fielmente hasta el fin de sus vidas mortales serán puestos en posiciones de gobierno y reinado con Cristo en su Reino eterno. Los doce originales, de los que se habla en los evangelios, tenían un destino y propósito que cumplir en la ciudad eterna de Dios. Son llamados los Apóstoles del Cordero y parecen tener un destino que otros apóstoles de la iglesia no tienen. *"La muralla de la ciudad tenía doce cimientos, en los que estaban los nombres de los doce apóstoles del Cordero"* (Apocalipsis 21:14).

La recompensa por la victoria de los doce. Los que fielmente siguieron a Jesus durante sus tres años y medio de ministerio en la Tierra y continuaron hasta el fin de sus vidas, recibieron la promesa de que tendrían la gran recompensa de los vencedores. Se les prometió la posición de ser cabeza de una de las tribus de Israel. Cada uno recibiría un trono y reinaría como rey sobre una de las tribus de Israel. Algunos no lo toman como algo literal pero, aunque lo sea o no, Jesús claramente declaró que habían sido llamados y comisionados para cumplir una obra especial para Cristo. Por su fidelidad se les daría la recompensa de una posición especial y un ministerio en el Reino eterno de Dios.

Les aseguro –respondió Jesús– que en la renovación de todas las cosas, cuando el Hijo del hombre se siente en su trono glorioso, ustedes que me han seguido se sentarán también en doce tronos para gobernar a las doce tribus de Israel.

–Mateo 19:28

... para que coman y beban a mi mesa en mi reino, y se sienten en tronos para juzgar a las doce tribus de Israel.

–Lucas 22:30

Los teólogos de la dispensación, que son religiosos por naturaleza, enseñan que los doce Apóstoles del Cordero eran los únicos apóstoles verdaderamente válidos. Creen que cuando los apóstoles echaron suertes para determinar quién asumiría la posición de Judas como uno de los doce, luego de que Judas renunció a su apostolado, fueron prematuros en su accionar. Enseñan que Dios quería que Pablo ocupara esa posición. Dicen que los doce (incluyendo a Pablo) fueron elegidos para echar el cimiento de la Iglesia del Nuevo Testamento y para escribir La Biblia. Luego de que se logró eso, no hubo más necesidad de apóstoles (también incluyen a los profetas, como no necesarios). Valiéndose de la dispensación los reducen a la posición de ser solo un fundamento no activo. También declaran que ya no había necesidad de obras sobrenaturales del Espíritu Santo. Además afirman que los milagros, sanidades, hablar en lenguas, echar fuera demonios, por cierto, toda manifestación sobrenatural, fue para confirmar la validez de la Iglesia como institución ordenada por Dios. Concluyen diciendo que, luego de que la Iglesia del Nuevo Testamento fue establecida en el primer siglo y La Biblia fue escrita, no hubo más necesidad de apóstoles y profetas o de manifestaciones sobrenaturales.

¡Gloria a Dios que los teólogos nacidos de nuevo, llenos del Espíritu Santo creen que la vida y el ministerio de Jesús y todo lo que ocurrió en el libro de los Hechos son el boceto y patrón para la Iglesia desde el día de Pentecostés hasta la segunda venida de Cristo. Las obras que Jesús hizo nosotros también las debemos hacer, e incluso mayores obras haremos (Juan 14:12). Jesucristo es el mismo ayer, hoy y siempre (Hebreos 13:8). Todo lo que está en el libro de los Hechos debe suceder en la Iglesia hoy. Jesús solamente tiene una sola Iglesia.

La Iglesia todavía está debajo del liderazgo de Cristo y es el mismo

Cuerpo que Él dio a luz el día de Pentecostés. Cada uno de los cinco ministerios que servían activamente entonces, deben ministrar activamente también hoy. Todas las manifestaciones sobrenaturales que estaban activas en ese momento deben ser manifestadas ahora en la Iglesia presente.

Miembros del Cuerpo de Cristo que son apóstoles. Hay más apóstoles de la Iglesia que los doce Apóstoles del Cordero originales. Las Escrituras declaran que todos los verdaderos cristianos son miembros de la Iglesia de Cristo. Todos son miembros, pero no todos tienen el mismo llamado y ministerio. Algunos tienen nombres especiales que designan su posición y función dentro del Cuerpo de Cristo.

Cuando la gente habla de los ojos en el cuerpo humano, saben cuál es su posición y función en el cuerpo. Lo mismo sería cierto si uno dijera mano, nariz, corazón, pie o cualquier otro miembro conocido del cuerpo. Dios hizo que algunos de los miembros del Cuerpo de Cristo fueran hechos apóstoles. Ellos deben tener una cierta posición y función en el cuerpo, ya que son una parte vital de su vida y funcionamiento. Han sido miembros que han estado escondidos durante siglos en la Iglesia. El resto del Cuerpo de Cristo no está familiarizado con su posición o función. Dios está en el proceso de revelar la función de los apóstoles y ponerlos en su posición apropiada dentro del Cuerpo de Cristo. Por favor observe que es *Dios* quien estableció el ministerio de Apóstoles y Profetas en su Iglesia, no los teólogos o líderes de las congregaciones. Dios los puso y nunca los ha removido. Ellos están ahora en el proceso de ser completamente restaurados a su reconocimiento, función y posición legítimas dentro de la Iglesia. Los apóstoles son miembros y ministerios valederos dentro del Cuerpo de Cristo. *"Ahora bien, ustedes son el cuerpo de Cristo, y cada uno es miembro de ese cuerpo. En la iglesia* ***Dios ha puesto****, en primer lugar, apóstoles; en segundo lugar, profetas"* (1 Corintios 12:27-28).

Después de que Cristo resucitó, ascendió otra vez a los cielos y creó el Cuerpo de Cristo llamado *la Iglesia*. Le dio a ese Cuerpo toda la vida, poder y ministerios que había manifestado en su cuerpo personal mientras estaba en la Tierra. Les dijo que los enviaba al mundo con la misma autoridad y comisión que el Padre le había dado a Él (Juan 17:18). A algunos les dio la capacidad divina de manifestar su ministerio de liderazgo. Dio dones a algunos para que representaran su oficio y unción apostólica, al igual que a otros les había dado dones para manifestar su oficio y unción pastoral.

Técnicamente hablando, los ministerios quíntuples no son dones del Espíritu Santo, sino dones de Cristo mismo a su Iglesia. Esos ministros no solo tienen un don, sino que se convierten en la encarnación y manifestación de esa naturaleza y gracia de Cristo. Él dotó a algunos para que *sean* apóstoles, no solo que funcionen ocasionalmente con el don del apóstol. Los apóstoles deben ministrar como embajadores de Cristo, es decir, ser el ministerio apostólico que Cristo sería si estuviera aquí personalmente. Ellos están representando su ministerio apostólico en la Iglesia aquí en la Tierra.

Estos cinco que se mencionan se denominan ministros o ministerios quíntuples, oficios administrativos, ministerios gubernamentales, cabezas de ministerios y ministerios de dones de la ascensión.

> *Pero a cada uno de nosotros fue dada la gracia conforme a la medida del don de Cristo. Por lo cual dice: "Subiendo a lo alto, llevó cautiva la cautividad, y dio dones a los hombres" (...) Y él mismo constituyó a unos, apóstoles; a otros, profetas; a otros, evangelistas; a otros, pastores y maestros.*
>
> –Efesios 4:7-8,11 (RVR60)

Ministerios y habilidades especiales de los apóstoles

Los Apóstoles son embajadores especiales de Cristo. Pablo declaró: "*Somos embajadores de Cristo*" (2 Corintios 5:20). Hablando en un sentido general, todos los cristianos debemos se embajadores para Cristo, representando su gracia salvadora. Sin embargo, la palabra *apóstol* tiene el significado de un embajador oficial de Jesucristo. Pablo comienza la mayoría de sus epístolas diciendo "*Pablo, apóstol de Jesucristo por voluntad de Dios*" (Colosenses 1:1; Efesios 1:1). Hubiera sido lo mismo si hubiera dicho: "Pablo, embajador de Jesucristo por autorización de Dios mismo".

Un apóstol es un comisionado de Jesucristo. Los apóstoles tienen la autoridad delegada para representar al Reino de Dios en una capacidad gubernamental, oficial. No es una autoridad jerárquica religiosa dada por un hombre, sino una autoridad espiritual dada por Cristo. La dimensión del espíritu reconoce esta autoridad dentro de los apóstoles que no son solamente *llamados a ser*, sino que han madurado hasta el punto de sabiduría y ministerio en que han sido divinamente comisionados al oficio de apóstol.

Esta es una razón por la cual el mundo de los espíritus demoníacos luchará con todo lo que tiene para impedir que los apóstoles se levanten.

Ellos en especial no quieren que los apóstoles y profetas que tienen una comisión similar y mucha de la misma unción y autoridad, sean completamente restaurados y operen en unidad. El infierno se estremece ante el pensamiento de que tal cosa ocurra. Y se ponen frenéticos cuando piensan que los cinco ministerios pueden unirse en contra de las fuerzas del infierno. Aprietan sus puños en desesperación cuando piensan en todos los miembros de la Iglesia y los cinco ministerios que se unen en Cristo Jesús para cumplir sus propósitos. Estos tres pasos de unidad están predestinados a suceder y, cuando lo hagan, todos los demonios serán echados al lago de fuego y el Reino de Dios será establecido en el planeta Tierra y en todos los mundos celestiales alrededor de la Tierra.

Los apóstoles obran milagros con señales y maravillas

> *Las* ***marcas distintivas de un apóstol****, tales como señales, prodigios y milagros, se dieron constantemente entre ustedes.*
>
> –2 Corintios 12:12

> *Todos estaban asombrados por los muchos* ***prodigios y señales*** *que realizaban los* ***apóstoles.***
>
> –Hechos 2:43

> *Los apóstoles, a su vez,* ***con gran poder*** *seguían* ***dando testimonio*** *de la resurrección del Señor Jesús. La gracia de Dios se derramaba abundantemente sobre todos ellos.*
>
> –Hechos 4:33

> *Por medio de los* ***apóstoles*** *ocurrían muchas* ***señales*** *y* ***prodigios*** *entre el pueblo.*
>
> –Hechos 5:12

Los apóstoles que han sido comisionados por Jesús y soltados a su llamado apostólico tendrán milagros, señales y maravillas que acompañarán su ministerio. La única posible excepción son aquellos que están todavía en la etapa de *llamados a ser*, pero que no se han "convertido" en maduros en su fe, carácter y ministerio para que Dios los comisione a *ser* apóstoles.

Es como una niña que es *llamada a ser* madre, pero todavía no tiene el reconocimiento y las señales de la maternidad hasta que alcance la madurez, el matrimonio, la concepción y luego dé a luz a un bebé. Todo el que tiene pronunciamientos proféticos, que declara que tiene el llamado a ser apóstol o una unción apostólica, debería hacer de las manifestaciones de milagros una prioridad en su vida. No debería empezar a pensar en su título o posición, sino en el poder de Dios. Su pensamiento no debería ser: "¿de quién voy a ser padre en el Señor?", ni "¿sobre cuántas iglesias voy a ser supervisor?" Los privilegios, posición, reconocimiento y prestigio de un apóstol joven no vienen de promocionar el hecho de que es llamado a ser apóstol, sino de su habilidad para demostrar la sabiduría, el poder y las maravillas de Dios. Del mismo modo, los apóstoles mayores que han alcanzado una alta posición de liderazgo y administración en el Cuerpo de Cristo, no deberían confiar en su posición en el mundo de la iglesia para mantener su apostolado delante de Dios, sino continuar manifestando lo milagroso.

Todo apóstol que no crea en señales, maravillas y milagros en su ministerio, es escaso en su autoridad y unción apostólica. Parte del significado bíblico que Pablo le dio a la palabra *apóstol* es manifestaciones milagrosas, y están incluidas dentro de ese nombre. Es como quien dice: "Yo tengo el don del Espíritu Santo, pero no puedo hablar en otras lenguas", o una persona que dice: "He nacido del Espíritu, pero no tengo ningún fruto del Espíritu Santo en mi vida".

Durante los últimos cuarenta años he profetizado a cientos de ministros que su llamado era a ser apóstol. Muchos de ellos ahora ministran en la poderosa unción del apóstol. Algunos tienen un ministerio mundial y se ven regularmente en la televisión cristiana. Otros pastorean grandes iglesias, y algunos de ellos están como supervisores de muchos ministros. Sin embargo, hay quienes oyeron la palabra profética personal y creyeron que era Dios pero, por falta de entendimiento y reconocimiento del ministerio apostólico, no han continuado buscando un cumplimiento completo de su llamado apostólico.

Sin importar qué tipo de apóstol uno pueda ser, las "señales del apóstol" deben manifestarse. Una persona que dice ser apóstol y no puede demostrar milagros sobrenaturales en su ministerio, es como alguien que dice ser profeta pero no puede profetizar, o uno que dice ser evangelista pero no puede predicar el evangelio o ganar almas para Jesús, o alguien que dice ser un salmista ungido pero no puede tocar ningún instrumento o cantar. La nueva raza de apóstoles de la generación de Josué se moverá en lo milagroso y definitivamente manifestarán las señales del apostolado. Pablo dijo que esas señales incluían la paciencia, humildad y sabiduría en el carácter de la persona, y los milagros en su ministerio.

Madurez apostólica contra ministerio apostólico

Creo que se han dado suficientes ejemplos bíblicos como para demostrar que lo sobrenatural debe ser manifestado en todo verdadero apóstol. Al igual que las monedas o billetes, deben tener ambas caras completas para poder ser usados. Está el lado del ministerio milagroso y el lado de la madurez personal. Ambos son igualmente importantes para manifestar la plenitud de lo que Dios ordena para la persona. El carácter cristiano es absolutamente esencial para una relación eterna con Jesucristo. Uno puede acceder al cielo sin manifestar milagros, pero no sin el carácter justo de Cristo. Esto debería ser entendido por todos como una realidad básica. En este punto, no estamos discutiendo las diferencias entre manifestaciones del ministerio terrenal y recompensa celestial, sino los requisitos para ser un verdadero apóstol de Jesucristo.

Los frutos y dones vienen del mismo Espíritu Santo. Sin embargo, los dones son dados y el fruto crece. Los dones son regalos entregados ya completos y listos para manifestarse. Aunque el don está completo, la persona que lo recibe debe conocer sus usos y volverse competente al usarlo. Es como recibir el regalo de una computadora. La computadora está completa y lista para usar, pero la persona que la recibe debe adquirir el conocimiento, desarrollar sus habilidades y practicarlas hasta que sea capaz de manifestarlas en el uso del regalo recibido. Lo mismo con el don de la vida eterna, los dones del Espíritu Santo y los dones quíntuples de la ascensión de Cristo. Los dones de Dios son manifestados del mismo modo en que son recibidos: por la gracia inmerecida de Dios y la fe de la persona para recibirlos. No son dados ni manifestados por el mérito de la persona. Los dones divinos se reciben y manifiestan solamente por gracia y fe. Lo ideal sería que los dones operaran a raíz del fruto del Espíritu, y el ministerio de milagros por causa del carácter cristiano. La realidad es que Dios puso esos dones divinos en vasijas de barro que son imperfectas (2 Corintios 4:7). Pedro manifestó lo milagroso durante años antes de que su doctrina y carácter fueran perfeccionados.

¿Cómo pueden ser estas cosas? Uno de los mayores dilemas en la Iglesia es cómo los santos y ministros pueden manifestar lo milagroso y todavía tener áreas imperfectas en su vida. He tenido cientos de personas que han venido a preguntarme: "¿Cómo puede ser esto?" ¿Cómo pueden operar los dones espirituales y manifestaciones sobrenaturales de Dios en gente imperfecta? Algunos pueden entender que Dios use a personas inmaduras, pero gente que practica la inmoralidad es otro asunto. Durante casi medio siglo de relacionarme con santos y ministros que manifiestan lo sobrenatural, me he convertido en entendido en lo siguiente. Muchos ministros fueron exitosos y con ministerios poderosos, pero tenían problemas acuciantes como adulterio, borrachera, perversión sexual, falta de honradez, orgullo y toda otra obra de la carne que se menciona en La Biblia. ¿Cómo puede ser? Debemos entender las bases de cómo opera esto si hemos de ser capaces de discernir entre lo falso y lo verdadero. Solo porque una persona puede manifestar lo sobrenatural en el ministerio profético o apostólico, eso no garantiza que su doctrina sea correcta o que su vida personal sea semejante a la de Cristo. Nunca sea engañado a creer que las enseñanzas y revelaciones de un hombre son todas correctas solo porque puede manifestar lo milagroso. Ha habido evangelistas que han salvado a millones a través de su ministerio, mientras que al mismo tiempo cometían actos inmorales en su vida personal. Pastores han alimentado y pastoreado a muchos, mientras que a la vez luchaban con un hábito impuro. Profetas han profetizado a cientos, dándoles palabras precisas de parte de Dios, pero a la vez tenían serias deficiencias de carácter en sus vidas.

Recuerde que Balaam profetizó palabras verdaderas de Dios a Israel y dio la única profecía mesiánica del libro de Números. Él era honesto en su ministerio pero falso en su vida personal. Los apóstoles pueden construir obras poderosas con sus ministerios sobrenaturales y habilidades dotadas pero tener actividades impuras en sus vidas. Conocí a un apóstol poderoso en los años sesenta que supervisaba cuatrocientos ministerios, estaba casado y tenía cuatro hijos adolescentes, y hablaba en conferencias por todo el mundo, pero se supo y se probó que tenía serios problemas de homosexualidad. ¿Cómo pueden ser estas cosas? Se precisa todo un libro entero para tratar este tema y abarcar cada área, pero veamos un par de razones por las que estas cosas pueden suceder y, de hecho, suceden en el mundo de la Iglesia.

¡Dios confirma su Palabra, no a los ministros! "*Los discípulos salieron y predicaron por todas partes, y el Señor los ayudaba en la obra y confirmaba su palabra con las señales que la acompañaban*" (Marcos 16:20). Dios confirma su Palabra con salvación de almas, declaraciones proféticas y ministerio apostólico, pero eso no significa que está confirmando que el ministro esté correcto en toda su vida y doctrina.

Dios respalda su Palabra a pesar de la persona que la dice. Él confirma su Palabra, no al que la dice. El Espíritu Santo obra en La Palabra de Dios, a pesar de la persona que la habla. El Evangelio de Jesucristo, no la persona, es el poder de Dios para salvación (Romanos 1:16). *Los ministros nunca deben suponer que Dios se agrada de su estilo de vida y creencias solo porque tienen un ministerio exitoso de salvaciones, milagros y prosperidad económica.* Dios confirmará su Palabra no obstante quienquiera que predique la verdad. Esa es una perspectiva de cómo esas cosas pueden ocurrir en la Iglesia sin que Dios traiga inmediata exposición y juicio.

El trigo y la cizaña deben crecer juntos en una persona hasta el tiempo de la siega. El juicio ahora está comenzando por la casa de Dios y los templos individuales (1 Pedro 4:17). Los ministros le permitirán a Dios sacar la cizaña y los peces malos fuera de ellos, o Él sacará a los ministros fuera de su ministerio (Mateo 13:30).

Los dones son regalados, no prestados. Varias Escrituras enfáticamente declaran que los dones son regalados. Nunca dice que son prestados. Un don divino dado a una persona es Dios que pone dentro de ella una habilidad sobrenatural, ya sea uno de los nueve dones del Espíritu Santo o uno de los dones de la ascensión de Cristo. Es una gracia sobrenatural (capacitación divina) dada a la persona. Así como al cuerpo físico le fueron dadas habilidades especiales para ver, oír, pensar, usar el poder muscular, etcétera, de ese mismo modo Dios le da al espíritu del hombre ciertas habilidades para profetizar, hacer milagros, sanar a los enfermos y predicar. Cuando Dios me dio el don de profeta, capacitó mi espíritu con la habilidad de percibir el corazón y la mente de Dios y hablarla. Se hizo parte de mi ser, mi nuevo hombre en Cristo Jesús. Lo mismo al darme su don de apóstol. La habilidad reside en mí las veinticuatro horas del día, los siete días de la semana. El Espíritu Santo me dio el don de *orar* con mi espíritu directamente al de Dios, sin mi entendimiento natural que lo dirija. Este don puede ser usado en cualquier lugar y momento que yo sienta que es adecuado. Mi espíritu ha recibido una habilidad sobrenatural. Pablo declaró que cuando oraba en su lengua desconocida, era su oración divinamente capacitada (1 Corintios 14:14-15).

El fruto se entrega en forma de semilla. La medida (semilla) de fe es dada a todo cristiano. Todos los frutos del Espíritu Santo están impregnados dentro del cristiano nacido del espíritu. Es nuestra responsabilidad regar esa semilla con oración, cultivarla con obediencia, activarla y ejercitarla hasta que se convierta en un fruto maduro del carácter de Cristo en nuestras vidas. Toda planta, animal y vida humana comienza como una pequeña semilla, crece hasta echar brotes o dar a luz y luego procede a la madurez completa. Los ministros del Nuevo Pacto, del Espíritu y la vida de Dios, pueden imponer manos sobre los santos e impartirles desde la unción interior hasta las muchas gracias y dones de Dios. Pero no pueden poner sus manos sobre los santos e impartirles un carácter maduro de fidelidad, paciencia, sabiduría, amor y todos los frutos del espíritu y el carácter de Cristo. Si yo tuviera ese poder, todos los pastores me llamarían para que se los impartiera a sus ancianos, diáconos y miembros. El fruto maduro viene solo después de muchas estaciones de experiencias y sucesos providenciales en la vida de uno (Romanos 12:3; Gálatas 5:22; 2 Corintios 3:6).

Un ejemplo: A fines de los años setenta Dios nos proveyó sobrenaturalmente el anticipo para que compremos una propiedad para la sede de nuestro ministerio. Un año más tarde no pudimos cumplir con el pago anual. Todo terminó volviendo a sus anteriores dueños. Yo pasé por seis meses de gran desánimo y de culparme a mí mismo. Al igual que Elías, estaba en la cueva de la desesperación. Dios le hablaba a la gente "a través de mí", pero no me hablaba "a mí" durante ese período de tiempo. Finalmente, luego de varios meses de condenarme y culparme por haber perdido esa propiedad, y preguntarle a Dios muchas veces por qué había sucedido eso, Él me respondió con esta palabra. Me dijo: "Bill Hamon, esa propiedad y dinero fueron el precio de la matrícula que yo pagué por ti para inscribirte en la escuela de la sabiduría y la madurez. Yo puedo darte tierras, propiedades y dinero de la noche a la mañana. Pero no puedo darte madurez y sabiduría de la noche a la mañana. Yo puedo darte popularidad y éxito de un momento a otro, pero no puedo darte instantáneamente la sabiduría y la madurez para manejar ese éxito y popularidad". Y continuó explicándome cómo la sabiduría divina, el carácter, la integridad y madurez vienen a través de un proceso que lleva tiempo y experiencias de vida providenciales. Lo que cerró el conflicto y me liberó de la autocondenación fue cuando me dijo que con gusto hubiera sacrificado propiedades y edificios que valieran millones de dólares, con tal de que yo lograra mi sabiduría y madurez en Él. ¡Aleluya! ¡La verdad nos hace libres!

El espíritu y carácter de los apóstoles de los últimos tiempos. Muchos libros se escribirán acerca del espíritu, atributos, carácter y ministerios de los verdaderos apóstoles. Nos bastará solo con decir que hay una nueva raza de apóstoles que serán motivados por el Espíritu de sabiduría como se explica en Santiago 3:17. Ellos ministrarán en la fe que obra por el amor (Gálatas 5:6). Su carácter estará alineado con los frutos del Espíritu Santo (Gálatas 5:22). Sus actitudes, acciones y relaciones con otros serán según los atributos del amor ágape revelado en 1 Corintios 13. Cada una de sus "Diez M" de Modelo humano, Ministerio, Mensaje, Madurez, Matrimonio, Métodos, Modales, Materialismo, Moral y Motivación funcionará en sus vidas según el orden divino. Se precisarían muchos libros para tocar cada punto de estas categorías recién mencionadas. Los verdaderos apóstoles y profetas que se levantan en este nuevo día y hora vivirán muchas de estas realidades bíblicas en sus vidas y ministerios.

Los apóstoles maduros son padres. Los padres humanos maduros están más preocupados por el bienestar y éxito de sus hijos que por el suyo propio. Los verdaderos padres proféticos y apostólicos están más interesados en ver a aquellos que están apadrinando desarrollar su ministerio, que en magnificar el suyo. Los apóstoles con una verdadera unción de padres son abnegados y sacrificados por aquellos que los ven como sus líderes espirituales. Los verdaderos apóstoles serán más orientados hacia el "otro" que hacia "sí mismos".

Cuando yo era un ministro joven a los veintitantos años, solía preguntarme qué querían significar esos ministros mayores cuando hablaban de *madurez*. Sentía que yo era tan maduro como los demás ministros. Podía predicar, profetizar, tenía unción y revelación. Era firme en mi llamado y nunca vagaba de un lado a otro al perseguir mi destino. Ahora, cuarenta y pico de años más tarde, creo que hay una comprensión superior de la palabra madurez. Básicamente esa es la diferencia entre un hombre joven soltero y uno que está casado y tiene varios hijos. Es la diferencia entre un niño y un adulto. Las diferencias entre uno que está luchando para ser, y uno que ha llegado a ser.

La diferencia en todas estas ilustraciones de la madurez es si la persona está en el capítulo 6, 7 u 8 de Romanos. Son las "Tres E" de Error, Egoísmo y Espíritu. Los que no son padres maduros todavía están varados en el capítulo 7, en donde en veintiséis versículos los pronombres personales (yo, mi, mío, a mí) se repiten más de cincuenta veces. Los que todavía son niños en el ministerio y en la madurez cristiana, están aún en el "síndrome del yo". Sus preocupaciones y conversaciones se centran en torno a mí, mío y a mí. Continuamente hablan sobre "mi ministerio" y "yo quiero hacer esto y aquello"; "tengo mis derechos"; "tengo que encontrarme a mí mismo"; "denme lugar para encontrar mi ministerio". No hay condenación para alguien que está en esa etapa de crecimiento en su vida, pero se convierte en un problema real cuando hablamos de personas más grandes y ministros ordenados que nunca superan esa etapa de sus vidas. Los que tienen que tener todo y a todos girando alrededor de ellos para ayudarlos a suplir sus necesidades, deseos personales y ambiciones, no serán los padres apostólicos, los líderes designados por Dios en estos últimos tiempos. Deben salir del capítulo 7 y entrar al 8, donde en treinta y nueve versículos hay solo dos pronombres personales y Dios el Padre, el Hijo y el Espíritu Santo son mencionados cincuenta y siete veces.

Esforcémonos para volvernos más orientados hacia Dios y hacia los otros que hacia nosotros mismos. Que Dios levante millones de padres maduros en la fe para nutrir a los muchos millones de personas que vienen a la Iglesia. Que Él levante padres apostólicos que sean verdaderos padres para la gran compañía de ministros quíntuples que son dados a luz para equipar a su Iglesia.

4

Los Apóstoles y la doctrina de la Iglesia

Los santos apóstoles determinan y establecen la doctrina correcta. *"Se mantenían firmes en la enseñanza de los apóstoles"* (Hechos 2:42).

Lea Hechos 15:1-35. Debe leer todos los versículos para tener la idea completa de lo que sucedió y qué contribución hicieron Pedro, Pablo y Santiago para establecer la verdad de este asunto doctrinal.

> *Algunos que habían llegado de Judea a Antioquía se pusieron a enseñar a los hermanos: "A menos que ustedes se circunciden, conforme a la tradición de Moisés, no pueden ser salvos". Esto provocó un altercado y un serio debate de Pablo y Bernabé con ellos. Entonces se decidió que Pablo y Bernabé, y algunos otros creyentes, subieran a Jerusalén para tratar este asunto con los apóstoles y los ancianos. (...) Al llegar a Jerusalén, fueron muy bien recibidos tanto por la iglesia como por los apóstoles y los ancianos, a quienes informaron de todo lo que Dios había hecho por medio de ellos. Entonces intervinieron algunos creyentes que pertenecían a la secta de los fariseos y afirmaron: "Es necesario circuncidar a los gentiles y exigirles que obedezcan la ley de Moisés". Los apóstoles y los ancianos se reunieron para examinar este asunto.*
>
> –Hechos 15:1-6

Se pronunciaron sobre el tema luego de una larga consideración del mismo. Dieron directivas doctrinales y las volcaron en una carta. Hombres dignos de confianza con ministerios probados, que habían participado del proceso de toma de decisión, fueron escogidos para entregar la carta y exhortar a la iglesia de Antioquia sobre su contenido. Designaron a cuatro hombres que sentían que eran capaces de poner esta piedra doctrinal en el fundamento de la Iglesia del Nuevo Testamento en Antioquía. Los cuatro embajadores de la verdad estaban compuestos por dos apóstoles, Pablo y Bernabé, y dos profetas, Judas-Barsabás y Silas.

> *Entonces los apóstoles y los ancianos, de común acuerdo con toda la iglesia, decidieron escoger a algunos de ellos y enviarlos a Antioquía con Pablo y Bernabé. Escogieron a Judas, llamado Barsabás, y a Silas, que tenían buena reputación entre los hermanos. (...) Por tanto, les enviamos a Judas y a Silas para que les confirmen personalmente lo que les escribimos. Nos pareció bien al Espíritu Santo y a nosotros no imponerles a ustedes ninguna carga aparte de los siguientes requisitos: (...) Judas y Silas, que también eran profetas, hablaron extensamente para animarlos y fortalecerlos.*
>
> –Hechos 15:22,27-28,32

¿Quién es Santiago y quiénes son los apóstoles y ancianos?

LOS APÓSTOLES: En este punto de la historia de la Iglesia la mayoría de los doce apóstoles todavía estaban en el cuartel central de Jerusalén. Así que es bastante seguro decir que eran la mayoría de los apóstoles a quienes les llegó esta delegación desde Antioquía para presentar la controversia sobre un asunto doctrinal de suma importancia.

SANTIAGO o JACOBO: Él no era uno de los doce, pero era el hermano natural de Jesús. Pablo se refiere a él como un apóstol: "*No vi a ningún otro de los apóstoles; solo vi a Jacobo, el hermano del Señor*" (Gálatas 1:19). Era el pastor principal de la iglesia de Jerusalén. Esto muestra el respeto y la posición que había alcanzado, ya que Pedro y muchos otros de los doce probablemente habían hecho de esa su iglesia local. Escribió el libro de Santiago, en el Nuevo Testamento. Se convirtió en creyente cuando Jesús se le apareció luego de su resurrección (1 Corintios 15:7). Tenía años de ministerio probado y era tenido en alta estima por todos los otros apóstoles y ancianos.

LOS ANCIANOS: Las Escrituras no nos dan un informe preciso sobre los nombres de los ancianos presentes y qué ministerio quíntuple representaban. Una razón podría ser que no había entendimiento sobre los ministerios quíntuples en ese tiempo. Pablo no escribió la carta a los efesios hasta muchos años más tarde. Pablo es el único escritor del Nuevo Testamento que parece haber tenido una revelación acerca de que había cinco ministerios separados del "equipo de ancianos". Los doce apóstoles eran vistos por la Iglesia como los portadores de la norma de lo que la Iglesia se suponía que debía ser, hacer y enseñar. Sin dudas, los cinco ministerios estaban presentes. Sabemos que había importantes profetas allí porque el profeta Judas y el profeta Silas fueron elegidos para acompañar a Pablo y Bernabé de regreso a Antioquia para entregar el decreto de parte del concilio de Jerusalén. Entonces no queremos ser culpables de decir que los apóstoles son los únicos calificados para tomar decisiones sobre temas principales que afecten a la iglesia de Cristo Jesús. Definitivamente no es un ministerio para novatos, aun a pesar de ser llamado quíntuple. Está reservado para hombres y mujeres de madurez, con años de ministerio comprobado que cumplen con todos los requisitos de los ancianos.

Apóstoles, profetas, ministros quíntuples y ancianos determinan la doctrina. Los que han estado involucrados en el ministerio por décadas, han descubierto varios principios respecto de los apóstoles, ministros quíntuples, ancianos y la doctrina. Descubramos ahora qué rol juegan todos esos apóstoles, profetas, ancianos, visiones y experiencias ministeriales en determinar decisiones vitales que afectan el fundamento y la función del Cuerpo de Cristo.

Primero que nada, los ministros quíntuples son los directores o líderes para establecer principios bíblicos, enseñanzas y doctrina eclesiástica. La doctrina del Nuevo Testamento era establecida a través de una revelación apropiada y una aplicación de la palabra, *logos*, la cual constituía el Antiguo Testamento en este tiempo. No había una colección de escritos de los apóstoles o de los profetas que fuera reconocida como igual a los escritos de los profetas del Antiguo Testamento y la Ley de Moisés. El orden de la iglesia, las doctrinas y prácticas no eran establecidas mediante profecía, visiones, sueños o experiencias espirituales personales de ningún individuo particular (2 Pedro 1:20). La doctrina que sería aplicable a la Iglesia entera no era determinada por un gran apóstol, que podría hacer "decretos papales" que fueran doctrina vinculante para toda la Iglesia. Las Escrituras que tienen que ver con el Concilio de Jerusalén muestran que los apóstoles, profetas, visiones y otras experiencias personales son medios bíblicos que el Espíritu Santo puede usar para atraer nuestra atención o prepararnos para recibir una verdad doctrinal que Dios está por revelar. Pero experiencias personales de ese estilo no debieran ser la única base para formular una doctrina. ¡Gracias a Dios, La Biblia nos da un ejemplo sobre cómo se sentaron las principales doctrinas!

El concilio eclesiástico en Jerusalén. Considere el ejemplo del primer concilio en Jerusalén, donde se juntaron para resolver el tema doctrinal de si a los cristianos gentiles se les debía exigir que siguieran el pacto abrahámico y la ley mosaica de la circuncisión. El proceso de Dios para la aceptación y el establecimiento de esta doctrina fue como sigue: Pedro les contó sobre la visión que había tenido mientras oraba. Esa visión y la aplicación de Dios para ella cambiaron la actitud de Pedro y abrieron su espíritu para hacer algo opuesto a sus viejas convicciones y creencias religiosas. Luego les relató cómo fue a la casa de Cornelio, el gentil, en obediencia a la visión, la palabra personal *rhema* de Dios y la coincidente invitación de los dos hombres enviados por Cornelio que habían sido instruidos por el ángel de preguntar por Pedro (Hechos 10:1-18).

La casa de Cornelio recibió el perdón de los pecados y el don del Espíritu Santo, evidenciado por el hablar en lenguas desconocidas, así como los cristianos judíos lo habían hecho. Esta experiencia espiritual soberana convenció a Pedro de que ellos también debían ser bautizados en agua.

Entonces Pablo y Bernabé testificaron de lo que habían experimentado mientras viajaban juntos en el ministerio. Enfatizaron de qué modo Dios soberanamente hacía que muchos gentiles respondieran al Evangelio y cómo el Espíritu Santo los capacitaba para recibir salvación, el don del Espíritu, sanando y haciendo milagros sin hacerse prosélitos judíos primero.

Testimonios validados de ministros con reputación influencian las decisiones que se toman sobre temas esenciales de la Iglesia. En el Concilio de Jerusalén Pedro dio el testimonio de su visión y visitación angelical, y del movimiento soberano de Dios en la casa de Cornelio. Bernabé y Pablo dieron su testimonio de cómo el Espíritu Santo soberanamente concedía todos los beneficios del cristianismo a los gentiles, aparte de la Ley mosaica.

Estos testimonios, visiones y experiencias sobrenaturales abrieron los ojos y sirvieron como testigos que confirmaban evidencias. Pero no fue hasta que el Apóstol y Pastor principal Santiago recibió una revelación y aplicación de un texto del *logos* que el tema fue asentado y escrito en forma de una doctrina establecida para la Iglesia del Nuevo Testamento (Hechos 15:1-35).

Una persona no puede sentar doctrina. Ningún hombre o ministerio debería establecer una doctrina como creencia y práctica esencial para todos los cristianos. Pablo declaró que recibió la revelación sobre este asunto directamente de Dios en el desierto de Arabia y no de parte de ninguno de los apóstoles originales. Pablo confiaba que la verdad que predicaba era de Dios, pero no se sentía tan orgulloso o importante en sí mismo como para no someterla al liderazgo reconocido de la Iglesia. No se veía como el único que tenía el verdadero mensaje del evangelio. No lo predicaba como una doctrina absoluta ni envió cartas para establecerla como doctrina hasta que se hubo reunido con los apóstoles y los otros ministros quíntuples. Ninguno debería pensar de sí mismo como tan grande o soberano en el Cuerpo de Cristo que crea que no tiene necesidad de presentar sus enseñanzas y creencias a otros apóstoles de la verdad presente, profetas y otros de los cinco ministerios (Gálatas 1:11-18).

Los concilios apostólicos que vendrán. Personalmente creo que desde los años noventa, y ya en el siglo XXI, como los profetas y apóstoles están siendo restaurados al orden y función apropiados dentro de la Iglesia, muchos de esos concilios de ministerios de la verdad presente serán necesarios. Un apóstol o profeta en particular nunca recibirá la revelación completa para el establecimiento de profetas y apóstoles otra vez en la Iglesia.

Muchos tendrán visiones (incluso de Jesús), sueños, *rhemas*, visitaciones angelicales, experiencias personales sobrenaturales y un movimiento sobrenatural del Espíritu Santo en sus reuniones. Pero las doctrinas de carácter vinculante para todos los cristianos no deben ser establecidas por un solo apóstol, profeta o grupo. Debe haber reuniones de un concilio eclesiástico con otros líderes de las corrientes **restauradoras** de la verdad pasada y presente.

Cinco principios para establecer doctrina. Cuando los cinco ministerios se reúnen para considerar doctrinas y prácticas de este modo, precisarán guardar varias áreas de opinión en mente: (1) la revelación de Dios; (2) el fruto del ministerio entre los que han recibido la doctrina o práctica; (3) la obra sobrenatural de Dios que la acompaña: (4) la aplicación de la palabra *logos* y *rhema* y la autoridad de la doctrina o práctica; y (5) el testimonio del Espíritu y el consentimiento de los presentes.

No hay papas. Mientras tanto, podemos decir: "En cuanto a mí y mi casa", declarando lo que nuestra propia fraternidad o familia creerá y practicará. Pero no debemos presentarlo de modo tal que demos a entender que quienes no creen y alaban de la misma manera están fuera de lugar o en error. Esa no es la prerrogativa de ninguna persona, ni del papa católico o carismático, del Reino, de fe, profético o apostólico.

Toda persona y fraternidad tiene la responsabilidad de seguir sus propias revelaciones, convicciones y prácticas, pero no de imponerlas sobre el Cuerpo de Cristo. Todo grupo religioso cristiano errado ha establecido ciertas doctrinas y prácticas que son únicas para ellos. Esto los convierte en un grupo exclusivo, recluido, "elegido" que se ve como superior a todos los demás.

El exclusivismo lleva a las sectas. Las manifestaciones de esta actitud se ven en los grupos extremistas que se levantaron durante el tiempo de los Movimientos Pentecostal y de Santidad: mormones, ciencia cristiana y testigos de Jehová. Pero tristemente, también hay algunos en la extrema derecha que son contados como denominaciones cristianas de "línea principal" que creen que son el único pueblo verdadero de Dios. Ellos basan esta convicción en cierta fórmula bautismal, manera de adorar, orden eclesiástico o cualquier otra doctrina o práctica singular.

Ningún hombre o grupo lo tiene todo. Las Escrituras del Nuevo Testamento declaran enfática y repetidamente que Cristo tiene solo una Iglesia aquí en el planeta Tierra. Ninguna denominación, fraternidad o grupo de restauración compone la totalidad de la Iglesia. Todos los hijos de Dios nacidos de nuevo, lavados por la sangre, santificados, son miembros de la Iglesia de Cristo. Pueden ser católicos carismáticos, evangélicos, pentecostales, gente profética o gente apostólica de la verdad presente. Nosotros somos solo partes del entero y miembros en particular del Cuerpo de Cristo. Toda verdad y vida se hallan en el entero, no en una parte o miembro. Nos necesitamos unos a otros y nunca llegaremos a la madurez y plenitud de la verdad sin el otro. El vino nuevo está en el racimo, no en una simple uva (Isaías 65:8).

5

Apóstoles, profetas y los ministerios quíntuples

La relación de los apóstoles y profetas con los otros ministerios quíntuples. El Señor me reveló a mediados de los años ochenta que vendrían muchos extremos en el vaivén del péndulo de la verdad restauradora concerniente a los profetas y apóstoles. De modo que hice un estudio intensificado sobre Las Escrituras, la historia de la Iglesia y los escritos del tiempo presente, unido a mucha oración, pidiendo iluminación de La Palabra y aun revelación de Cristo, concerniente a su orden para el adecuado funcionamiento e interrelación de los ministerios quíntuples.

La mayoría de los escritos y enseñanzas de este siglo están basadas solo en el conocimiento y la experiencia de nuestra situación presente limitada; es decir, con la mayoría de la iglesia que solamente reconoce tres de los cinco oficios: pastor, evangelista y maestro. Todo el orden actual de la iglesia, la estructura y relaciones han sido determinados desde esa perspectiva. Ahora, sin embargo, debe ser creado un espacio suficiente y una estructura apropiada para la función y el ministerio de los apóstoles y profetas.

No hemos pasado por este camino antes. Todos los ministros contemporáneos, y especialmente los que estarán moviéndose en la revelación de la verdad presente, deberán ser abiertos, enseñables y adaptables a que el Espíritu Santo los eduque más perfectamente en este sentido. Debemos seguir la advertencia de Josué a los líderes y pueblo de Israel cuando estaban a punto de entrar a la Tierra Prometida de Canaán. Ellos debían santificarse y esperar el movimiento del arca de Dios por parte de los sacerdotes. Entonces, cuando la vieran avanzar, ¡tenían que *"ponerse en marcha detrás de ella"*! (Josué 3:1-3). Josué enfatizó que debían seguir al liderazgo, que estaba a su vez siguiendo al Señor, para que pudieran saber el camino en que debían ir, *"pues nunca antes han pasado por ese camino"* (versículo 4). Del mismo modo nosotros, la Iglesia actual, nunca hemos pasado por este camino en la historia de la restauración de la Iglesia. Nunca hemos operado con la plena restauración de los cinco oficios: apóstoles, profetas, evangelistas, pastores y maestros.

Un ministerio restaurado en cada década. En otro capítulo hemos explicado cómo el Espíritu Santo ha sido comisionado para traer orden, autoridad, posición y ministerio a los cinco dones o ministerios de la ascensión. También mostramos que los últimos cincuenta años del siglo XX fueron designados como el tiempo para que eso fuera cumplido, con cada período de diez años usado para restaurar uno de los cinco. Durante esa década un don ministerial de la ascensión saldría a la luz para ser clarificado, amplificado y magnificado dentro de la Iglesia. Ese ministerio quíntuple se levantaría en una década y se establecería plenamente dentro de la Iglesia en la década siguiente. Entonces, cada ministerio restaurado continuaría creciendo y funcionando hasta que fuera plenamente entendido, aceptado y establecido en su rol ordenado por Dios.

Los primeros serán últimos y los últimos, primeros. Dios me reveló la razón para escoger un orden en particular en el cual Él restauraba los cinco ministerios. Su principio divino de *"los primeros serán los últimos y los últimos, primeros"* ha determinado el orden de la restauración (Mateo 19:30; 20:16; 1 Corintios 12:28). Cuando Dios estableció al principio los cinco ministerios, su orden cronológico al establecerlo fue, **primero apóstoles**, **segundo profetas**, **tercero maestros**, **cuarto pastores** y **quinto evangelistas**. Durante estas cinco décadas de restablecer los cinco ministerios y afirmarlos nuevamente en su orden correcto, el Espíritu Santo comienza con el último que fue establecido y va paso a paso en su rumbo hacia el primero: primero, el evangelista en los años cincuenta; segundo, el pastor en los años sesenta; tercero, el maestro en los años setenta; cuarto, el profeta en los años ochenta y finalmente el apóstol en los años noventa.

El primer orden de Dios al establecer los cinco ministerios. Cuando Cristo originalmente estableció los ministerios de la ascensión en la Iglesia, primero vinieron los **apóstoles** que siguieron a Jesús por más de tres años. Segundo, los **profetas** del Nuevo Testamento fueron levantados, y juntamente los dos ministerios fundacionales de apóstol y profeta echaron el cimiento de la Iglesia dentro de la estructura correcta doctrinal y espiritualmente. Tercero, los **maestros** fueron puestos en su lugar para enseñar los conocimientos básicos de esas verdades a los santos, hasta que fueran completamente establecidos como iglesias del Nuevo Testamento. Los equipos de profetas y apóstoles establecieron **pastores** y ancianos pastorales sobre las iglesias para cuidar, alimentar y guiar al rebaño de creyentes como un pastor lo hace con sus ovejas (Hechos 15:32; 16:4,18,25; 2 Corintios 1:19; 2 Tesalonicenses 1:1; Hechos 20:28). Luego de que las iglesias fueron doctrinalmente fundadas y estructuradas en el orden correcto de iglesia con un pastor, ancianos y diáconos, los **evangelistas** fueron enviados desde la iglesia local. Fueron lanzados por el Espíritu Santo desde la iglesia local en un modo similar al de Felipe, "el diácono se convirtió en evangelista", salió de la iglesia de Jerusalén a Samaria para organizar la gran campaña evangelística. Los evangelistas no solo salieron hacia áreas no alcanzadas, sino que, además, fueron a las iglesias a animar a los santos y mantenerlos renovados en la Comisión Final de Cristo para el evangelismo mundial y hacer discípulos a todas las naciones (Hechos 8:15; 6:5; Mateo 28:19).

No habrá una estructura final de iglesia hasta que los apóstoles sean restaurados. El orden divino de Dios y la estructura para el funcionamiento, autoridad y revelación de los cinco ministerios, no serán completamente revelados y establecidos hasta que el período de cincuenta años haya logrado la restauración total y la unidad de los ministros quíntuples. La realidad de esta revelación implica que ningún ministro que viva hoy verá el cuadro completo en una perspectiva correcta. Todos tenemos y demostramos solamente distintas piezas del rompecabezas. La figura completa no será vista, entendida y establecida hasta que cada pieza del rompecabezas esté ubicada en la imagen. Solo Jesús tiene la tapa de la caja donde está todo el dibujo. Nosotros somos piezas individuales en la caja y en la mesa. Las partes del pastor, evangelista y maestro ya han sido colocadas en su área general en la mesa, las del profeta fueron sacadas de la caja y examinadas para determinar dónde deberían ir; las piezas del apóstol justo comenzaron a ser sacadas de la caja en los años noventa. Así que todos los sistemas y estructuras establecidos antes del año 2000 fueron limitados y temporarios.

Transición y progresión a la revelación completa. En la situación actual, es como si todos los ministerios fueran juegos de dominó, y cada uno tuviera una mano que representa nuestra revelación de los cinco aspectos de la estructura y función del ministerio. El Espíritu Santo le dirá a todos que jueguen su mano (el concepto del ministerio quíntuple) de modo que Él pueda transformarlos. Luego todos volveremos a levantar la misma mano para luego poder presentar una revelación de la estructura en lugar de cinco. En consecuencia, podemos esperar que se baraje de nuevo y se jueguen esas manos durante los años por venir. Habrá muchos ministros, y en especial apóstoles, que se presentarán para declarar con presunción que tienen la mano perfecta para jugar el rol de los ministerios quíntuples. Pero no permitas que la revelación de una persona te ate o encierre en una caja. La mano del dominó de esa persona tendrá que jugarse y mezclarse de nuevo antes de que llegue la revelación plena y adecuada del siglo XXI.

Ya ha comenzado a barajar de nuevo. Algunos ministros ya han comenzado a establecer pautas y doctrinas sobre la estructura y función adecuada de los cinco ministerios. Muchos ministros pentecostales y carismáticos se inquietan y están preocupados por la multitud de profetas y apóstoles que surgen. No saben qué hacer con ellos y cuándo, dónde y cómo permitirles operar, si es que debieran hacerlo. Algunos profetas se están inquietando y preocupando acerca de la restauración de los apóstoles, y temen que ellos traten de estructurarlos en una dimensión restringida que Dios nunca planeó. Esta situación crea el potencial para alguna enseñanza extrema dentro de los Movimientos Profético y Apostólico. Espero que pueda brindar algún entendimiento y alentar a cierto equilibrio en esta área. Otro capítulo en este mismo libro se dedicará a traer claridad sobre algunas de esas potenciales controversias y extremos.

¿Cuál será el rol de los apóstoles?

Mientras esperamos el completo florecer del Movimiento apostólico en los años que vendrán, necesitamos un entendimiento del rol restaurado del apóstol en la Iglesia, para que nos ayude a evitar malas interpretaciones y extremos. En particular, precisamos conocimiento sobre la naturaleza del apóstol, la necesidad de apóstoles hoy, el lugar apropiado de un ministerio apostólico, la relación de los apóstoles con la doctrina y la relación de los apóstoles con los otros ministros quíntuples.

La naturaleza de un apóstol. Primero que nada, ¿quién es el apóstol y cuál es su ministerio? Un apóstol es tan solo una persona que ha sido divinamente dotada con la naturaleza y habilidad de Cristo, el Apóstol. Jesús estaba capacitado para manifestar lo milagroso, conocer las verdades sobre su Iglesia y los propósitos de Dios, su Padre, operar en el don de fe y discernimiento de espíritus, poner el cimiento y traer la revelación de su Iglesia a través de su oficio de apóstol.

Esta habilidad de conocer los consejos y propósitos de Dios para una vida individual, así como Jesús hizo con Pedro en Cesarea de Filipo (Mateo 16:18), era una habilidad que venía de su ministerio como profeta. Cuando Cristo Jesús llama y dota a un hombre o mujer con una parte de esta habilidad suya, atributos y naturaleza, entonces esa persona ha sido comisionada para el oficio de profeta. Los apóstoles siempre tendrán la habilidad de obrar milagros. Variarán en sus dones del Espíritu Santo, pero su movimiento principal está en los dones de sanidad, fe, milagros, palabra de sabiduría, discernimiento de espíritus y a veces profecía.

Los dos apóstoles de los que tenemos mayor cantidad de ejemplos del ministerio apostólico fueron Pedro y Pablo. Ambos manifestaron lo milagroso, lo que serían los dones de poder. Los ministros y otros santos que no son llamados al oficio de apóstol pueden manifestar uno o más de esos dones, pero hay una diferencia en su unción, autoridad y nivel de operación. Los apóstoles y profetas, ambos pueden profetizar la mente y el consejo de Dios. Sin embargo, un santo que ministra con el don de profecía a una congregación está limitado a las actividades generales de ese don, las cuales son edificar, exhortar y consolar (1 Corintios 14:3). No todo el que profetiza es profeta, y no todo el que manifiesta milagros es un apóstol. Los apóstoles y profetas, cuando ministran en su oficio dotado y unción profética, tienen la misma autoridad para reprobar, corregir, dirigir e instruir en la palabra *rhema* del Señor que la que tienen los pastores, evangelistas y maestros en su enseñanza, aconsejamiento y predicación con la palabra *logos*.

¿Cómo alguien se convierte en apóstol o profeta? Una persona no se llama o se nombra a sí misma a ninguno de estos dones de la ascensión. Esta es estrictamente la prerrogativa personal y el don de Cristo mismo. Cada ministro necesita saber cuál es su oficio en el Cuerpo de Cristo. Después de años de investigación, experiencia de vida, estudio bíblico y trabajo personal en el ministerio, he llegado a la conclusión de que una persona inicialmente tiene un llamado principal y una capacitación divina para manifestar plenamente uno de los cinco oficios administrativos de apóstol, profeta, evangelista, pastor o maestro. Algunos creyentes piensan que uno se gradúa de un ministerio quíntuple a otro, y conceden permiso para esa posibilidad. Se le puede pedir a esa persona que haga el trabajo y cubra la posición de alguno de los otros cuatro por un tiempo en su vida. Esas otras actividades ministeriales serán usadas por el Señor para madurar a esa persona en su llamado específico.

Considere dos ejemplos de Las Escrituras. Jeremías fue llamado a ser profeta desde el vientre de su madre (Jeremías 1:5). En el caso de Pablo, en numerosos textos se declara que *"fue llamado a ser apóstol"*. Diez de sus epístolas abren con una declaración donde reconoce su llamado a ser apóstol (por ejemplo, Efesios 1:1; Colosenses 1:1). Él exhibía el fruto de un apóstol. Pero también hacía campañas evangelísticas y viajaba de iglesia en iglesia. Pastoreó por varios meses o años algunas de las iglesias que fueron establecidas con su ministerio. Enseñó La Palabra de Dios mejor que muchos, y hasta escribió catorce cartas divinamente inspiradas que se convirtieron en libros del Nuevo Testamento. A pesar de todos esos ministerios, no obstante, nunca declara que haya sido *llamado a ser* pastor, evangelista o profeta. Afirma haber sido ordenado como apóstol para ser un predicador y maestro a los gentiles (1 Timoteo 2:7; 2 Timoteo 1:11).

¿Un llamado o muchos? Cuando Pablo viajaba de una iglesia a otra en su segundo viaje, lo hubiéramos presentado con la terminología eclesiástica moderna como "nuestro evangelista itinerante" o "el evangelista Pablo". Cuando se quedó en una iglesia y enseñó por varios meses, nos hubiéramos referido a él como "nuestro maestro". Mientras que supervisaba una de las iglesias por algunos meses, nos hubiéramos dirigido a él como "el pastor Pablo". Sin embargo, aunque hizo la obra ministerial de evangelizar, enseñar y pastorear —e incluso por momentos funcionó como profeta— tenía un llamado principal dado por Cristo: apóstol. Con raras excepciones, cada ministro tiene un llamado específico, pero en diferentes momentos de la vida, uno puede desarrollar muchas de las cinco funciones ministeriales.

Mi experiencia personal. Probablemente una de las razones para esta conclusión sea que mi experiencia personal corrobora este principio. Yo **pastoreé** por seis años, luego viajé por tres años más en **evangelismo** a tiempo completo, luego fui **maestro** en una escuela bíblica durante cinco años, entonces fundé y establecí la Facultad de Teología Christian International a mediados de los años 60 (lo cual algunos llamarían tarea **apostólica**). Durante todo ese tiempo el ministerio **profético** plenamente obró en mi vida y ministerio. He recibido profecías personales de mucha gente a lo largo de los últimos cuarenta años. Las que fueron registradas totalizan más de doscientos mil palabras, lo suficiente como llenar tres volúmenes del tamaño de este libro.

Esas profecías no han sido de un solo lugar o persona. Fueron recibidas mientras ministraba casi en cada continente del mundo. Esas palabras fueron profetizadas por ministros que representan los cinco dones de la ascensión; por nuevos conversos y por ministros que llevaban más de cincuenta años de ordenados; por hombres y mujeres; por jóvenes y ancianos. Las profecías han venido de parte de cristianos de las denominaciones históricas, de las iglesias pentecostales clásicas y diferentes grupos y fraternidades, incluyendo aquellos llamados con los nombres Restauración, Carismático, Fe, Reino y Profético. Han venido de parte de organizaciones de hombres y mujeres como la Fraternidad Internacional del Evangelio Pleno de Hombres de Negocios, y la Fraternidad de Mujeres Aglow. Y de grupos especiales como ser Desafío Juvenil y Ministerios Maranata. Lo asombroso en todo esto es que en esos miles de palabras proféticas que vinieron a través de miles de personas de todo el mundo durante cuatro décadas, no ha habido declaración que contradiga mi oficio principal y llamado. Durante los primeros veinte años de ministerio, las profecías hablaban solamente del oficio de **profeta**. Sin embargo, en los últimos veinte años ha habido tantas profecías sobre ser **apóstol** como de ser **profeta**. Cuando comencé a recibir profecías sobre que tenía una unción apostólica, un ministerio de apóstol y muchas otras expresiones similares, solo me imaginaba que me profetizaban eso a causa de su entendimiento de las tareas que el apóstol y el profeta hacían. La posición que yo tenía como director de los cinco ministerios principales y la predicación y enseñanza que hacía, estaba más alineada con lo que ellos pensaban que solo los apóstoles podían hacer. Pero cuando las profecías continuaron llegando, incluso de parte de gente que no me conocía personalmente, tuve que comenzar a reevaluar mi actitud y teología.

Tuve que adaptar mi postura rígida sobre que una persona solo puede poseer uno de los dones quíntuples de la ascensión. Porque aunque uno puede hacer la obra y el ministerio de los otros cuatro en diferentes momentos, inicialmente es llamado a uno de los cinco, no a tres o cuatro de ellos.

Cuando Dios me desafió a aceptar el oficio y ministerio de apóstol, al principio me resistí. Le dije al Señor que Él iba a tener que explicarme cómo podía ser esto y cómo operaba, porque no encajaba con mi teología concerniente al llamado y comisión del ministerio quíntuple. Él me lo reveló de modo comprensible y aceptable para mí. Porque yo había sido fiel en el ministerio de profeta y había levantado una compañía de profetas, ministros proféticos y gente profética, Él me daba el oficio y la unción del apóstol para hacer lo mismo. En 1994 acepté esa carga de ser uno de sus apóstoles, así como también de ser un profeta.

Para ayudarme a adaptar mi teología sobre la materia, me recordó de su principio revelado en el uso de los talentos (Mateo 25:14-30). Los siervos que fueron fieles en usar y reproducir sus talentos recibieron igual o más de lo que tenían. Me reveló que debido a que yo había sido fiel en ejercer el oficio de profeta y en multiplicarlo reproduciéndome en cientos de otros profetas, iba a hacerme como una escopeta de doble cañón. Un cañón sería el profeta y el otro, el apóstol. El Espíritu me guiaría para apretar el gatillo que dispararía al apóstol o el que dispararía al profeta, o a ambos si debieran ser soltados al mismo tiempo. De modo que cuando digo profeta-apostólico o apóstol-profético, o igualmente profeta-apóstol, sé que Dios quiere que mantenga el oficio y la unción profética mientras al mismo tiempo acepte y manifieste el ministerio y oficio del apóstol.

¿Un apóstol-profeta? El Espíritu Santo proféticamente declaró que esta unción apostólica era concedida por dos razones. La primera era que yo había sido fiel en multiplicar la unción profética que me había sido dada, así que ahora esa unción profética era duplicada por la adición de la unción apostólica (Mateo 25:28-29). La segunda razón era que la unción apostólica había sido dada por el propósito de ser pioneros, establecer y asumir la responsabilidad de la paternidad para la restauración y propagación del oficio de los profetas y apóstoles.

Antes de que pudiera aceptar completamente la idea de que una persona podía tener la unción para dos oficios quíntuples, el término "apostólico-profético" era usado para describir mi posición ministerial en el Cuerpo de

Cristo, específicamente como se relacionaba con mi posición de supervisar a más de quinientos ministros en nuestra Red de Iglesias Christian International, como poseedor de la visión y director de la Red de Ministerios Proféticos CI, de la Facultad de Teología CI, de la Red de Empresas CI, de la Iglesia Familiar CI, el Centro de Adoración Familiar CI, la sede central de CI de los Estados Unidos, así como también nuestras sedes internacionales en Canadá, la India, Inglaterra y Japón. Todas estas organizaciones tienen un director presidencial con su propio equipo para manejar el ministerio, pero yo sirvo como obispo sobre todos ellos.

¿Por qué uso el término ***obispo*****?** Las razones primordiales por las que acepté el título de obispo son que es un término bíblico y describe mi posición como supervisor de todos los ministerios de Christian International. Cuando comenzamos a levantar cientos de profetas, algunos querían llamarme "Papá profeta", "Profeta principal" o algo parecido. Ahora, en lo apostólico, algunos querían llamarme "Apóstol en jefe", "Maestro apóstol", "Apóstol patriarca" o algo parecido para señalar la posición de líder y poseedor de la visión para el ministerio. Esos títulos no comunicaban la posición de la persona que tiene la visión y supervisa, sino que causan la impresión de un superior, un súper profeta o apóstol.

¿Motivado por temor o por amor? No tememos usar los nombres de apóstol o profeta. Presentamos a nuestros oradores como Profeta Smith o Apóstol Jones. Lo hacemos con el fin de que todos sepan que aceptamos y propagamos valientemente el hecho de que hay profetas y apóstoles del tiempo presente en la Iglesia, así como también hay evangelistas, pastores o maestros. No es cuestión de temor, falta de disposición o falsa humildad, sino una cuestión de sabiduría y madurez con un deseo de proteger esos oficios de una concepción equivocada o una presentación incorrecta.

Apóstoles-Profetas y La Palabra escrita. Una vez que hemos entendido la naturaleza de los apóstoles y profetas, debemos considerar el asunto fundamental de la necesidad de apóstoles y profetas en la Iglesia actual. Algunos teólogos cuestionan si hay incluso un lugar o la necesidad de ellos en la Iglesia moderna. Creen que no hay necesidad continua de profetas y apóstoles hoy porque ahora tenemos La Biblia. Dicen, que revela todos los principios de Dios, sus caminos, sabiduría, palabras, dirección y voluntad revelada para cada persona. No hay más necesidad de su revelación y ministerio que pone el cimiento, porque ahora el Espíritu Santo es el revelador y nosotros tenemos La Palabra escrita de Dios.

Su teología es que los profetas fueron usados para escribir el Antiguo Testamento, y los apóstoles para escribir el Nuevo. Como ya tenemos treinta y nueve libros en el Antiguo Testamento y veintisiete en el Nuevo Testamento que han sido canonizados en La Biblia, aseguran que ya no hay necesidad de apóstoles y profetas.

Los apóstoles y profetas fueron usados para mucho más que escribir la mayoría de los libros de La Biblia. La mayoría de los apóstoles nunca escribieron cartas que se hayan convertido en libros bíblicos. De los doce apóstoles originales, solo tres de ellos fueron autores de libros: Mateo, Juan y Pedro. Los que no eran parte de los doce pero que sí escribieron libros de La Biblia fueron: Marcos, Lucas, Santiago, Judas y Pablo. Pablo escribió catorce de los veintisiete libros, más que todo el resto juntos. La Biblia no identifica a Marcos, Lucas y Judas como apóstoles. Si Dios solo llamó a los doce apóstoles y a los apóstoles de la Iglesia para escribir La Biblia, entonces la mayoría de ellos nunca cumplieron su llamado. Pero Las Escrituras revelan que los apóstoles y profetas fueron llamados a un ministerio continuo dentro de la Iglesia, con muchas más responsabilidades que solo escribir libros.

Palabra *logos* contra Palabra *rhema* de apóstoles y profetas. Para responder, solo precisamos hacernos una pregunta: si un libro divinamente inspirado de instrucción elimina la necesidad de apóstoles y profetas, entonces ¿por qué Dios no suprimió el oficio y ministerio de profeta después de que Moisés escribió el Pentateuco (los primeros cinco libros de La Biblia)? El Pentateuco contiene la Ley de Dios con instrucciones detalladas para cada área de la vida humana. Pero aunque Israel tenía la Ley, Dios todavía continuaba levantando profetas para dar mensajes específicos a los líderes, naciones e individuos. Los sacerdotes y los levitas enseñaban La Palabra escrita, pero los profetas hacían más que leer y enseñar La Palabra escrita, el *logos*. Hablaban el *rhema* presente de Dios en situaciones y necesidades específicas. De hecho, los profetas fueron más numerosos y ministraron más durante los quince siglos de Ley que durante ningún otro tiempo en la historia bíblica. Pero por ese período de tiempo, la Ley de Moisés era la voluntad revelada completa de Dios, hasta los detalles de la relación de la humanidad entre sí y con Dios. Era La Palabra escrita completa, el *Logos* para los hijos de Israel durante la Dispensación de la Ley, así como el Nuevo Testamento es para la Dispensación de la Iglesia. En ambas dispensaciones los profetas de Dios son necesarios.

Los apóstoles continuaron ministrando después de los escritos de todas las epístolas que se canonizaron en los libros del Nuevo Testamento. Más importante aún es el hecho de que ningún texto dice que los apóstoles fueron dados para escribir La Biblia. De hecho, dice que Cristo Jesús dio los apóstoles y profetas al igual que los evangelistas, pastores y maestros.

> *Él mismo constituyó a unos, apóstoles; a otros, profetas; a otros, evangelistas; y a otros, pastores y maestros, a fin de capacitar al pueblo de Dios para la obra de servicio, para edificar el cuerpo de Cristo. De este modo, todos llegaremos a la unidad de la fe y del conocimiento del Hijo de Dios, a una humanidad perfecta que se conforme a la plena estatura de Cristo. Así ya no seremos niños, zarandeados por las olas y llevados de aquí para allá por todo viento de enseñanza y por la astucia y los artificios de quienes emplean artimañas engañosas. Más bien, al vivir la verdad con amor, creceremos hasta ser en todo como aquel que es la cabeza, es decir, Cristo. Por su acción todo el cuerpo crece y se edifica en amor, sostenido y ajustado por todos los ligamentos, según la actividad propia de cada miembro.*
>
> –Efesios 4:11-16

¿El Espíritu Santo reemplaza a los profetas y apóstoles? Algunos teólogos insinúan que la Iglesia no precisa del ministerio del profeta y apóstol hoy porque el Espíritu Santo ha sido enviado. Todo cristiano ahora tiene el Espíritu Santo dentro, insisten, y Él los ilumina con el *rhema* cuando es necesario. Por consiguiente, el apóstol y profeta con su unción para dar palabras de revelación *rhema* ya no se necesitan más, excepto como una predicación inspirada que expone sobre La Palabra de Dios escrita y revelada. Si aceptamos esa idea como una teología correcta, entonces sería más realista decir que no necesitamos a los maestros que enseñen La Palabra de Dios, porque los santos de cada época tienen el Espíritu Santo y una Biblia. La Biblia se explica a sí misma y hay numerosos textos que indican que el Espíritu Santo nos enseñará todas las cosas, nos guiará a toda verdad, tomará las cosas de Cristo y las hará saber, y será nuestro iluminador, director, consejero y facilitador (Juan 16:7-15). En 1 Juan 2:27a se declara: *"En cuanto a ustedes, la unción que de él recibieron permanece en ustedes,* ***y no necesitan que nadie les enseñe****"*.

Sería mucho más fácil armar un argumento teológico para abrogar el oficio del maestro en el Cuerpo de Cristo que el del profeta y apóstol. Si esos ministerios no son necesarios en la Iglesia de Cristo, es porque ahora tenemos la voluntad revelada de Dios escrita para que todos la lean, y al Espíritu Santo para personalizar esa palabra cuando es preciso, entonces el mismo razonamiento serviría para eliminar de la iglesia no solo al maestro, sino a todos los otros oficios quíntuples. Podrían decir que no necesitamos al evangelista; simplemente podemos darle a cada uno una Biblia y dejar que el Espíritu Santo haga la obra de convicción y conversión.

Del mismo modo, la Iglesia no necesitaría a los apóstoles para que hicieran su ministerio de fundación y establecimiento, porque la Iglesia ya ha sido establecida por los doce apóstoles originales. Ni tampoco la Iglesia necesitaría pastores, porque el Espíritu Santo y La Biblia le darían dirección, y Jesús es el Buen Pastor para cada una de sus ovejas.

Los cinco ministerios son necesarios todavía. La Palabra de Dios enfáticamente declara que el Cristo resucitado dio dones a los individuos para que sean apóstoles, profetas, evangelistas, pastores y maestros. No hay indicación escritural en ninguna parte que alguno de los cinco haya sido retirado por dispensación, o removido de su ministerio nombrado por Cristo a la Iglesia a lo largo de toda su existencia en la Tierra. Efesios 4 declara que la representación quíntuple, la manifestación y el ministerio personificado de Cristo en cuerpos mortales continuará hasta que cada miembro del Cuerpo esté completamente maduro y equipado en sus ministerios, de modo que todo el Cuerpo de Cristo sea edificado, capacitado y preparado (vv. 11-13). Solo cuando los cinco dones de la ascensión funcionen plena e igualmente en la Iglesia, ella entrará en su propósito predestinado de llegar *"a la unidad de la fe y del conocimiento del Hijo de Dios, a una humanidad perfecta que se conforme a la plena estatura de Cristo (...) al vivir la verdad con amor, creceremos hasta ser en todo como aquel que es la cabeza, es decir, Cristo"* (Efesios 4:13,15).

Los apóstoles y profetas son perpetuos. Cada era, dispensación y pacto de Dios ha agregado y quitado terminología concerniente a ciertos ministerios.

Primero estuvo el tiempo de los patriarcas. Luego la Ley definió a los sacerdotes, levitas, escribas y más adelante, reyes. En el Nuevo Testamento tenemos mención a los apóstoles, profetas, evangelistas, pastores, maestros, ancianos, diáconos, obispos y santos.

Cabe observar aquí que el único ministerio que puede ser hallado funcionando con consistencia bajo el mismo nombre en todo tiempo y dispensación desde el Génesis hasta el Apocalipsis, es el del profeta. El profeta es el único ministerio que nunca ha estado limitado a alguna dispensación en particular, era o pacto de Dios. El hombre o la mujer que se convierten en la pura expresión de la mente de Dios a la humanidad, el ministerio mencionado y manifestado más consistentemente a lo largo de toda La Biblia, es el del profeta.

Los apóstoles fueron llamados y ordenados por Cristo Jesús para funcionar aquí en la Tierra, desde el tiempo que Él eligió a los doce y los llamó apóstoles hasta que Él regrese al final de la era de su Iglesia mortal. Los apóstoles y profetas son ahora restaurados, reconocidos y reactivados dentro de la Iglesia de Cristo. El Movimiento profético ha estado activo por los últimos años. **El Movimiento apostólico ahora emerge**, y junto con el movimiento profético están trayendo ministerios y verdades revolucionarias nuevamente a la Iglesia. Los ministerios y los santos van a ser desafiados con los ministerios y verdades apostólicas y proféticas. Los pastores y líderes del viejo orden siempre tratan de proteger y advertirle a su gente en contra de las verdades de restauración, ministerios y experiencias espirituales que el Espíritu Santo trae a la Iglesia de Cristo.

Solo hay tres opciones para nuestra respuesta a la nueva verdad: podemos perseguirla, ser pasivos acerca de ella o participar y propagar las nuevas verdades y ministerios de restauración. Personalmente, nunca quisiera ser hallado resistiendo o peleando contra ninguna cosa nueva que Cristo Jesús haga dentro de su Iglesia.

6

Llamado o comisión de apóstoles y profetas

"*Por tanto, considera la bondad y la severidad de Dios*" (Romanos 11:22a). Esta Escritura revela la naturaleza de Dios y sus tratos con sus hijos. Su bondad y misericordia son mostradas en Él, soberanamente, llamándonos hacia su reino. Fue el amor de Dios para el mundo y el amor de Cristo y el deseo de tener una Iglesia/Novia, que consiste en una multitud de miembros que revelen la bondad de Dios. Todos sus miembros trabajan juntos para cumplir el propósito general de Cristo para su Iglesia. Las Escrituras claramente enseñan que los miembros de la Iglesia de Cristo no eligen su membresía en el ministerio dentro del Cuerpo de Cristo. Ni tampoco los ministros se llaman a sí mismos a uno de los cinco ministerios por propia elección. Jesús les dijo a los doce apóstoles: "*No me escogieron ustedes a mí, sino que yo los escogí a ustedes*" (Juan 15:16a).

Los dones y llamados de Dios están basados en su soberanía, no en los méritos humanos o la persistencia en pedir una posición. Horas de oración y semanas de ayuno mostrarán nuestro deseo y dedicada determinación de ser lo que Dios quiere que seamos y en lo que quiere que nos convirtamos. Pero esto no nos va a comprar una posición segura en el Cuerpo de Cristo o va a forzar a Dios a que nos dé un ministerio para el cual Él no nos diseñó genéticamente para efectuar cuando nos concibió, e hizo nacer dentro de sus muchos miembros del cuerpo de la Iglesia. El principio que Pablo enseñó cuando dijo: *"Por tanto, considera la bondad y la severidad de Dios"*, se aplica a todos los hijos de Dios que tienen un ministerio como miembros en su Cuerpo. Esto incluso se aplica a sus dones de la ascensión dados a quienes permanecen y ministran en los cargos de apóstoles, profetas, evangelistas, pastores o maestros.

La bondad de Dios es manifestada en los dones y llamados que gratuitamente nos da. Nuestro regalo de vida eterna, el Espíritu Santo y el ministerio no están basados en quiénes somos o en qué hemos hecho, pero sí en quién es Dios y qué ha hecho Él por nosotros. Su **severidad** es revelada en el **proceso de su severo entrenamiento** que nos prepara y alista para ser **comisionados** a nuestro llamado divino.

Porque todo aquel a quien se le haya dado mucho, mucho se le demandará. Jesús tiene un increíble amor por todos los miembros de su Iglesia. Pero parece haber un especial amor y dedicación para quienes ha llamado a representarlo en sus cinco ministerios. El Señor Jesucristo ha invertido mucho de sí mismo en ellos; les ha dado de su propio carácter, gracia, dones y ministerio. *"Porque todo aquel a quien se haya dado mucho, se le exigirá mucho"* (Lucas 12:48).

Aquellos que han sido llamados a este campo del ministerio pasarán por un severo proceso mayor de entrenamiento antes que Dios les encargue el ministerio quíntuple. Asimismo, también serán juzgados por las más altas normas y más estrictamente que a los miembros regulares del Cuerpo de Cristo (Santiago 3:1).

Este principio parece aplicarse especialmente a aquellos quienes han sido llamados a ser **profetas** y **apóstoles**. A aquellos apóstoles a quienes Él ha llamado a ser especiales embajadores para Él, y aquellos profetas que Él llama a hablar directamente de Dios con un "así dice el Señor", les ha sido entregada una gran responsabilidad. Los apóstoles y profetas tienen el doble ministerio de echar los cimientos apropiados para la Iglesia de Cristo con la mutua facultad divina de recibir revelación sobrenatural de Dios (Efesios 2:20; 3:5). Pero en el mismo sentido, se les requiere mucho más estar en obediencia, integridad, justicia y semejanza a Cristo en todas las áreas de su vida. También se les pide ministrar con más precisión que algún otro ministro en el Cuerpo de Cristo.

Principios esenciales para Apóstoles y Profetas. Hay una Escritura clave que todos los miembros del Cuerpo de Cristo deben abrazar en su actitud y acciones, si es que quieren emprender el proceso de Dios desde el llamado a la comisión. Esto se aplica especialmente a aquellos que tienen un alto llamado de apóstol o profeta. Nunca deben suponer que han alcanzado su comisión simplemente porque han recibido varias confirmaciones sobrenaturales de su llamado y están ministrando algo del mismo. Después de muchos años de ministerio, Pablo dijo lo siguiente como un clamor a Dios y un encargo a la Iglesia:

> *Sin embargo, todo aquello que para mí era ganancia, ahora lo considero pérdida por causa de Cristo. Es más, todo lo considero pérdida por razón del incomparable valor de conocer a Cristo Jesús, mi Señor. Por él lo he perdido todo, y lo tengo por estiércol, a fin de ganar a Cristo y encontrarme unido a él. No quiero mi propia justicia que procede de la ley, sino la que se obtiene mediante la fe en Cristo, la justicia que procede de Dios, basada en la fe. Lo he perdido todo a fin de conocer a Cristo, experimentar el poder que se manifestó en su resurrección, participar en sus sufrimientos y llegar a ser semejante a él en su muerte. Así espero alcanzar la resurrección de entre los muertos. No es que ya lo haya conseguido todo, o que ya sea perfecto. Sin embargo, sigo adelante esperando alcanzar aquello para lo cual Cristo Jesús me alcanzó a mí. Hermanos, no pienso que yo mismo lo haya logrado ya. Más bien, una cosa hago: olvidando lo que queda atrás y esforzándome por alcanzar lo que está delante, sigo avanzando hacia la meta para ganar el premio que Dios ofrece mediante su llamado celestial en Cristo Jesús.*
>
> –Filipenses 3:7-14

Pablo declara que aquellos que van a pasar del llamado a la comisión deben hacer estas cosas. Primero, estimar como pérdida todo lo que pueda promover su propia gloria y auto preservación; no solo estimarlo como pérdida, sino sufrir la pérdida. Segundo, nunca suponer que uno ya ha alcanzado todo a lo que Dios lo ha llamado. Finalmente, olvidar todo los éxitos y fracasos del pasado, y entonces **seguir adelante** con todo lo que está dentro de nosotros **hacia la meta** por el **premio** del **llamado celestial** que tenemos de Dios en Cristo Jesús.

Porque muchos son los invitados, pero pocos los escogidos. Es interesante notar las dos ocasiones cuando Jesús hizo esta declaración en Mateo 20:16

y 22:14. Una fue en referencia a la actitud de las personas y la otra fue por falta de una preparación apropiada. La primera era una actitud errada en relacionar cómo Dios recompensa a sus obreros que trabajan por diferentes lapsos en su viña. La otra declaración fue hecha al final de su parábola acerca de la persona que había recibido la invitación para la boda del hijo del rey, pero no hizo los arreglos apropiados para atender al llamado. Entiendo en este contexto que la palabra *escogidos* es sinónimo de la palabra *comisionados* y, por consiguiente, puede ser hermenéuticamente correcto hacer la siguiente declaración: "Porque muchos son los llamados y pocos los comisionados". En otras palabras, hay muchos en el Cuerpo de Cristo quienes reciben el alto llamado ministerial en Cristo Jesús, pero por su actitud y carencia de apropiada preparación, nunca siguen adelante todo el camino hasta su comisión de tan alto llamado. Por lo tanto, sería lo mismo decir: "Muchos son los llamados pero pocos alguna vez alcanzan su comisión de servicio para su alto llamado en Cristo Jesús". Los vencedores no son aquellos que inician la carrera de su **llamado**, sino los que acaban la carrera de su comisión y permanecen **fieles** hasta el final. *"Los que están con él son sus **llamados**, sus **escogidos**, y sus **fieles**"* (Apocalipsis 17:14).

El proceso divino de Dios

Existen muchos ejemplos del proceso divino de llamar a una persona a la posición de profeta, apóstol o rey. En muchos casos esto implica un largo período de aprendizaje, entrenamiento, pruebas e intentos antes de que Dios los comisione a su llamado. Si hubiera un mayor entendimiento de este principio en todo el Cuerpo de Cristo, se eliminaría mucha de la confusión de aquellos que son llamados, pero que no están cumpliendo de lleno lo que saben y a lo que fueron llamados a ser y hacer.

Una persona recibe el llamado divino de Dios usualmente por conocimiento de revelación, una visión, un sueño, una profunda convicción o una profecía personal de parte de un profeta o un presbiterio profético. La suposición general es que si Dios soberanamente revela lo que hemos sido llamados a ser, como por ejemplo apóstoles, la tendencia es inmediatamente tratar de empezar a cumplir nuestro concepto de lo que es un apóstol. Esto siempre produce mucha confusión y frustración a las personas que tratan de ser lo que aún no están preparados para ser. Y no solo les afecta a ellos sino también a sus cónyuges, familiares y cualquiera que trabaje con ellos.

Una persona que trata de cumplir un ministerio antes del tiempo de Dios, es como un motor que trata de funcionar bien con el engranaje de distribución completamente fuera de tiempo.

Debemos siempre recordar que Dios es el único que da un llamado divino. Él lo inicia, no la persona. El ministerio quíntuple, los dones del Espíritu Santo y los ministerios en la Iglesia no están en un bufet para que nosotros nos sirvamos a elección. *"En realidad,* ***Dios colocó*** *cada miembro del cuerpo* ***como mejor le pareció****"* (1 Corintios 12:18). *"Todo esto lo hace un mismo y único Espíritu, quien reparte a cada uno* ***según él lo determina****"* (1 Corintios 12:11). *"En la iglesia* ***Dios ha puesto****, en primer lugar, apóstoles; en segundo lugar, profetas"* (1 Corintios 12:28). *"Pero a cada uno de nosotros* ***se nos ha dado gracia*** *en la medida en* ***que Cristo ha repartido*** *los dones (...)* ***Él mismo*** *constituyó a unos, apóstoles; a otros, profetas"* (Efesios 4:7,11).

No podemos esperar una respuesta positiva de Dios si decimos: "Yo elijo ser pastor, no quiero ser profeta" o "yo quiero ser apóstol, no maestro". Dios hace la elección y el nombramiento. Nosotros damos la respuesta que puede ser sí o no, aceptación o rechazo. Sin embargo, si rechazamos, entonces Dios empieza el proceso de disponernos a decir sí. Él continuará con este proceso por un período de tiempo hasta que determina que no vamos a responder positivamente. En ese momento Él traspasa el llamado y la unción hacia otra vasija que esté dispuesta. Existen ejemplos en La Biblia acerca de esto, como sucedió con Saúl y David, o con Jacob y Esaú. Si la persona da una respuesta positiva, entonces Dios dirige al Espíritu Santo para que inicie el proceso de tomarlo a él o ella del estado de *llamado a ser* y pasarlo al estado de *comisionado a ser* un apóstol, y que manifiesta señales apostólicas y milagros. Las Escrituras declaran, incluso, que los ángeles están asignados para ayudar a aquellos herederos de esta grandiosa salvación y quienes aceptan su llamado para demostrar su especial porción de la gracia y gloria de Dios (Hebreos 1:14; Efesios 1:11).

Ejemplos bíblicos del proceso de Dios para atraer una persona. Del llamado a la comisión

DAVID: El joven pastor con una unción profética poética pero llamado a ser rey sobre todo Israel, es un buen ejemplo de este proceso. Observemos la preparación de David entre el llamado y la comisión.

Fue llamado aproximadamente a la edad de trece años. David pastoreaba fielmente las ovejas de su padre cuando fue convocado a aparecer ante el profeta, Samuel. Dios le hizo a David su llamado al ministerio de rey a través de la imposición de manos y profecía. En ese tiempo el profeta Samuel lo ungió con el aceite santo para ser rey, y el Espíritu de Dios vino sobre él con unción de rey. Sin embargo, esto no puso a David en la posición o ministerio de rey. No hizo que sus hermanos lo reconozcan como rey. David no recibió credenciales con su nombre y con el título de "Rey David" y un comunicado que declare: "Yo he sido ungido para ser rey, llámenme si me necesitan". He visto algunos jóvenes ministros que recibieron una profecía que decía que han sido llamados a ser profetas. Ellos inmediatamente hicieron credenciales con sus nombres "Profeta Fulano" con una oración diciendo "he sido llamado y ungido para ser un profeta. Llámenme si necesitan un ministro profeta".

¿Llamado a ser un apóstol? ¿Qué se debe hacer cuando viene la revelación de que uno ha sido llamado a ser un apóstol? Esa persona debería decirle a Dios: "Señor, acepto el llamado a ser un apóstol. Ahora te doy total libertad para que inicies el intenso proceso de mi entrenamiento de *llamado a ser* a tu comisión para que yo *sea* el apóstol que tú quieres que sea". Esto es lo primero que cualquiera puede hacer en esa etapa de su vida y ministerio.

Puede no ser sabio o prudente empezar inmediatamente haciendo ciertas cosas. Primero: no adopte el "síndrome de Moisés" y empiece a argumentar y debatir con Dios. No haga declaraciones que den a entender que Dios realmente no lo ha evaluado antes de llamarlo. No empiece a poner excusas acerca de por qué no puede ser y hacer lo que Él le ha profetizado. No trate de explicarle al omnisciente y omnipotente Dios por qué no podría suceder así. No le haga esos comentarios ofensivos a Dios. Dios no llama al calificado, pero califica al que llama. La Biblia revela que aquellos que discuten y debaten con Dios acerca de su llamado, raramente satisfacen su destino final.

Durante los últimos años he visto a algunos pastores jóvenes de iglesias pequeñas recibir profecías de que son llamados a ser apóstoles. Algunos inmediatamente cambian sus credenciales de "Reverendo" o "Pastor" a "Apóstol" y empiezan tratando de plantar iglesias y solicitar a otros ministerios que precisan que ellos los apadrinen. Algunos enseguida quieren empezar escribiendo su libro sobre el ministerio del apóstol. Usualmente estos elegidos al llamado son verdaderamente sinceros y esto hace que piensen acerca de lo que deben hacer. Pero muchas veces el elegido tiene una carencia de entendimiento apropiado. Tiene más presunciones que fe, más emociones que juicio y sabiduría, más revelación que realidad y más ministerio dotado que madurez humana. Este tipo de persona generalmente tiene la respuesta o reacción equivocada, y causa una representación inadecuada del ministerio divino del apostolado.

Entonces, ¿cuál es el proceso y por qué Dios escoge hacerlo de esta manera? Una razón es que Dios debe preparar al hombre antes de iniciar su ministerio. El carácter semejante a Cristo de la persona llamada al ministerio es la base de la calidad, cantidad y habilidad perdurable del destino final del ministerio del llamado. Por ejemplo, si una persona pone una base de 60 cm para una casa de tres pisos, entonces eso es todo lo que podrá construir. Si toma más tiempo, usa más material y esfuerzo para ir dos o tres pisos bajo tierra tendiendo sus bases, entonces podrá edificar unos treinta o cincuenta pisos de construcción. Si, en cambio, quiere construir unos cien pisos, entonces se requiere mucha más preparación. En otras palabras, la provisión se basa en la preparación. La altura de la construcción está basada en la calidad de los cimientos. Si un edificio de unos cincuenta pisos fuera de repente colocado en el cimiento preparado para cinco pisos, estos podrían desplomarse y la construcción se vendría abajo.

Por ejemplo, cuando era un pastor de veinte años, yo oré, ayuné y le supliqué a Dios que me diera un ministerio poderoso y lleno de unción que pudiera afectar al mundo de la Iglesia por completo. Sin saberlo le estaba pidiendo a Dios que hiciera por mí en ese entonces lo que hace ahora. Sin embargo, si Dios hubiera dejado caer sobre mí este ministerio "edificio con múltiples pisos" que tengo ahora, eso podía haberme aplastado. Mi fundamento de preparación, experiencia, madurez y ministerio eran un primer piso básico de la construcción en ese tiempo. Por los últimos cuarenta y tres años de ministerio hubo principalmente cuatro ocasiones donde Dios tiró abajo el edificio de mi hombría y de todo lo que construí ministerialmente, me sacó de los límites de mis bases y enterró profundamente en mi suelo, removiéndolo y derramando su cemento mientras que reemplazaba mi vieja estructura con sus grandes vigas de acero. Estoy convencido que Dios le ha dado al Espíritu Santo el mismo ministerio profético que le dio al profeta Jeremías: "... *para arrancar y derribar, para destruir y demoler, para construir y plantar*" (Jeremías 1:10). Noten que hay pares de muchas palabras para describir el proceso de preparación, como si se estuviera hablando a la vez de construir y plantar. Cuanto mayor y más profunda sea la preparación, mayor será la grandeza del hombre y más poderoso será su ministerio. Esta es la ley en acción de causa y efecto, preparación y provisión, llamado y comisión.

Los libros 1 y 2 de Samuel registran la vida de David, desde su llamado a ser rey hasta su inauguración como rey sobre Israel y sus siguientes cuarenta años de reinado ministerial. Él fue *llamado a ser* a la edad de trece años, pero pasaron diecisiete años más antes de que tuviera el cumplimiento parcial de esa profecía. Fue proclamado rey sobre la tribu de Judá cuando tenía treinta años, pero pasaron más de siete años después de eso antes de que se convirtiera en rey de todo Israel. Fueron alrededor de veinticuatro años de proceso en los que David estuvo mientras pasaba de *llamado a ser rey* a *ser un rey* efectivamente. Muchos de los salmos son oraciones que David oraba mientras atravesaba distintas etapas del ministerio y el proceso de preparación que Dios obraba en su vida. Ahora echemos una mirada a los diferentes procesos que David tuvo que atravesar y los ministerios en los que tuvo que mantenerse fiel, antes de que Dios realizara en él la profecía de ser rey.

1. David fue fiel pastoreando las ovejas de su padre antes y después de su llamado ungido.
2. Fue fiel en el ministerio de matar a osos y leones para proteger las ovejas de su padre.
3. Ministraba de buena gana a las necesidades de sus hermanos, quienes estaban en su ministerio como soldados.
4. Valientemente cumplió su ministerio de matar gigantes (y no se exaltaba por la alabanza de la gente).
5. Fue fiel en su ministerio musical para el rey Saúl. (No dijo: "Lo siento, pero no he sido llamado a cantar para el rey; he sido llamado para ser rey".)
6. Fue fiel en su posición cuando Saúl lo hizo capitán de miles de soldados. David tuvo una actitud de humildad y agradecimiento. No dijo: "La profecía del profeta Samuel no decía nada acerca de ser un capitán de bajo rango y modesto. He sido llamado a la posición de rey".

7. Estuvo verdaderamente con Dios durante el tiempo de huir y esconderse de la persecución de Saúl. Pudo haber desarrollado un espíritu de rechazo, un complejo de persecución, la sensación de abandono y resentimiento en contra del liderazgo. Las constancias escritas en 1 y 2 de Samuel y en los salmos revelan que la actitud que David asumió lo guardaron de todo eso. No es lo que uno atraviesa lo que le causa los problemas interiores que más adelante van a precisar ser sanados, sino la actitud que asume y su reacción hacia ellos.
8. Fue fiel y auténtico hacia Dios mientras brindaba su mejor servicio a los paganos, bajo los cuales tuvo que estar cuando tuvo que ir fuera de Israel y vivir en la tierra de los filisteos por un período de tiempo. David pasó desde la más cercana posibilidad de cumplimiento a la más lejana y remota posibilidad de que esto alguna vez fuera realizado. El viejo dicho: "Lo más oscuro viene justo antes del amanecer" es muy aplicable a una persona que está a punto de ingresar a su etapa final del llamado y destino proféticos. Esto lo vemos ejemplificado en la vida de José, David y Jesús, como así también en la búsqueda de Moisés para cumplir su palabra profética con respecto a conducir a Israel fuera de Egipto.
9. No se rindió durante sus horas más oscuras cuando todas sus esposas e hijos y sus seiscientos hombres fueron capturados, y todas sus posesiones tomadas de su cuartel en Siclag. Por primera vez en su vida, sus hombres se volvieron en su contra y lo culparon por todo su dolor y pérdida. Pero David "*se animó a sí mismo en el Señor*", juntó a todos los hombres, buscó a sus enemigos, recuperó todo y distribuyó equitativamente entre sus hombres. Los que se quedaron custodiando recibieron la misma porción que los que fueron a la batalla. Manifestó imparcialidad, equidad, abnegación, coraje y fe para seguir, atacar y recuperar lo que era suyo más todas las posesiones de aquellos que habían sufrido el robo. Los que se entregan al desánimo durante su horas más oscuras antes del amanecer del cumplimiento profético, perderán su día de oportunidad y no cumplirán su ministerio final.
10. Mientras David pasaba por su punto más bajo y la mayor prueba de su vida, la persona que ocupaba la posición que a él le habían profetizado que sería suya, fue asesinada en batalla. Después de que la posición de rey quedara vacante a causa de la muerte de Saúl en el campo de batalla, los ancianos de Judá llamaron a David para que fuera rey sobre

la tribu de Judá. Esta era la herencia de David, por haber sido descendiente de Judá. Cuando mantenemos nuestra integridad y fe durante nuestras más grandes pruebas, Dios nos abre un camino para que tomemos dominio sobre nuestra heredad.

Las otras tribus pusieron a uno de los hijos de Saúl como rey sobre ellos. La posición que por derecho le correspondía a David fue temporalmente dada a alguien que no tenía derecho divino para serlo. Dios ya había cancelado el reinado continuo de Saúl, porque él no había tomado seriamente las profecías personales que se le habían dado, y había fallado en dos ocasiones en hacer todo lo que se le había profetizado hacer (1 Samuel 13:13-14; 15:28-29; 16:1).

Aunque David supo que legalmente le pertenecía la posición como rey sobre Israel, no demandó sus propios derechos o trató de hacer que los ancianos votaran por él como rey sobre todas las tribus. Esperó más de siete años, el tiempo escogido por Dios y sus obras providenciales, para que todas las tribus le pidieran que tomara su lugar como rey sobre Israel. No sacó ventaja de esta oportunidad para destronar al rey Saúl asesinándolo mientras era perseguido en el desierto. Incluso bendijo la simiente de Saúl, quien lo había forzado a permanecer en un área desértica y aparentemente siendo un obstáculo para que David vea la realización de su profecía por muchos años.

Hay muchos puestos de control y pruebas durante el proceso del llamado profético de muchos hacia su comisión, para su ministerio principal. Cómo uno responde y se adapta a esos procesos de Dios, determina el grado de cumplimiento profético.

11. Finalmente, después de veinticuatro años del proceso progresivo de preparación de Dios, David realiza completamente el cumplimiento de su profecía personal concerniente a ser rey sobre Israel. Qué sentido más alegre de cumplimiento del destino viene cuando el propósito profetizado realmente llega a cumplirse. David fue finalmente comisionado al cargo de rey de acuerdo al completo propósito de Dios. Esto lo lanzó a un ministerio exitoso de cuarenta años como rey sobre Israel.

    No se conforme con el cumplimiento parcial del destino profético de Dios para su vida. Sea paciente, resistente y perseverante hasta que reciba y cumpla todo lo que Dios le ha prometido proféticamente. "*No nos cansemos de hacer el bien, porque a su debido tiempo cosecharemos si no nos damos por vencidos"* (Gálatas 6:9). *"Así que no pierdan la confianza, porque esta será grandemente recompensada. Ustedes necesitan perseverar para que, después de haber cumplido la voluntad de Dios, reciban lo que él ha prometido"* (Hebreos 10:35-36).

Más ejemplos

Existen muchos más ejemplos bíblicos que usaremos para ilustrar esta verdad concerniente al prolongado período de tiempo entre el llamado y la comisión. Alguien llamado por Dios no puede saltear el proceso de Dios. Usted puede orar, profetizar, decretar y confesar su camino hasta el final, pero no hay nada que pueda hacer para eximirse del mismo. Pablo y Pedro declaran que este proceso arduo debe probar las obras y actitudes de cada persona. Todo lo que es madera, heno o rastrojo deberá ser consumido, pero lo que es oro y plata será llevado a un más alto grado de pureza. La prueba de fe es más preciosa que el oro para Dios. Por lo tanto, no piense que este fuerte proceso es extraño o raro, porque él deberá probar todo en nosotros, sino regocíjese sabiendo que las tribulaciones desarrollarán nuestra paciencia y producirán que no nos avergoncemos de creer, resistir y seguir adelante hasta que recibamos nuestro ministerio final y cumplamos nuestro destino (1 Corintios 3:13; 1 Pedro 1:8).

ELISEO: Llamado a ser profeta de Israel. Eliseo tuvo que pasar unos veinte años de aprendizaje desde su llamado hasta su comisión. Después de que Elías salió de su cueva de desesperación, Dios le habló para que ungiera a Hazael para ser rey sobre Siria, a Jehú para ser rey sobre Israel, y *"también a Eliseo hijo de Safat, de Abel Mejolá, para que te suceda como profeta"* (1 Reyes 19: 16b). Encontró a Eliseo arando en el campo con doce yuntas de bueyes. Elías fue a él y arrojó su manto sobre Eliseo. Eliseo supo desde este acto que había sido llamado a ser el aprendiz de Elías para heredar su unción profética. Sacrificó dos de sus bueyes como una ofrenda al Señor y tuvo banquete para su gente, entonces les dio un beso de despedida a su padre y su madre. *"Luego partió para seguir a Elías y se puso a su servicio"* (1 Reyes 19:21c). Observe que el llamado profético se le hizo a un acaudalado agricultor dispuesto a renunciar a toda su riqueza y prestigio para convertirse en el sirviente de un profeta mayor. Esto revela algunas de las cualidades que pudo necesitar para insistir en recibir una doble porción de la unción de su mentor.

Por doce años Eliseo sirvió a Elías llevando su equipaje, preparando sus comidas y haciendo todo las otras cosas que un sirviente haría por su amo. No existen constancias de que Eliseo haya llevado a cabo algunos milagros o profetizado a alguien durante esos doce años. Finalmente la prueba vino para ver si Eliseo podía superar un último obstáculo. La historia se nos revela en 2 Reyes capítulo 2. Cuatro veces Eliseo tuvo la oportunidad de perder su comisión de ser el profeta que tomara el lugar del profeta Elías como vocero de Dios para Israel.

Elías sabía dónde el Señor quería que estuviera cuando debía ser arrebatado hacia el cielo en medio de un torbellino y un carro de fuego. Sabía que Eliseo tenía que estar ahí para que lo viese ascender al cielo y poder recibir su manto profético. Sabiendo esto, Elías le dio a Eliseo su examen final antes de graduarlo a su posición. Se detuvo en Gilgal, Betel, Jericó y el río Jordán. En cada lugar Elías le dijo a Eliseo: "*Quédate aquí, por favor, porque el Señor me ha enviado...*", pero cada vez Eliseo respondía con voz determinada: "*Vive Jehová, y vive tu alma, ¡que no te dejaré!*" Dios siempre verifica o comprueba en nosotros cuán comprometidos estamos para seguir todo el camino con Él y para recibir todo lo que ha sido proféticamente prometido. Eliseo invirtió doce años para llegar a este lugar y no iba a permitir que nada interrumpiera o cortara la finalización del proceso ministerial de Dios para su vida.

No solamente su maestro lo probó hablándole para que se quedara, sino también sus hermanos profetas trataron de desanimarlo. Los profetas salieron de sus escuelas de profetas en Betel y Jericó, y antes que él cruzara el Jordán le dijeron: "*¿No sabes que tu maestro te va a ser quitado hoy mismo? ¿Por qué insistes en seguir con él cuando se habrá ido antes de que termine Él día?*" Cada vez Eliseo enfáticamente contestaba con determinación: "*Sí, lo sé; ¡callen!*" En el río Jordán Elías tomó su manto y golpeó contra el agua, y entonces partió. El sendero a través del Jordán se secó inmediatamente y él cruzó sobre tierra seca.

Haz que Dios señale el momento y el lugar. ¡Eliseo hizo eso! Entonces la revelación fue dada para mostrar por qué era necesario que Eliseo lo siguiera aferrándose como una sanguijuela.

> *Al cruzar, Elías le preguntó a Eliseo:*
> *–¿Qué quieres que haga por ti antes de que me separen de tu lado?*

> *–Te pido que sea yo el heredero de tu espíritu por partida doble respondió Eliseo.*
> *–Has pedido algo difícil le dijo Elías, pero si logras verme cuando me separen de tu lado, te será concedido; de lo contrario, no.*
>
> –2 Reyes 2:9-10

En otras palabras, si Eliseo hubiese estado en cualquier otro lugar a lo largo del camino y no ahí para ver a Elías llevado hacia el cielo, no habría podido recibir el manto de Elías. Esto representó su doble porción y su comisión a ser el mayor profeta de Israel como Elías lo había sido. Sus doce años de aprendizaje pudieron haber servido para nada si él no se hubiese determinado a insistir y seguir adelante hasta el último momento. Eliseo pudo haberse desanimado pensando: "Elías no ha compartido nada de su unción conmigo durante estos doce años. No pienso que lo vaya a hacer y dejarme tener su manto". He visto a muchos que fielmente sirvieron a un ministerio por años, esperando heredar un rol de liderazgo o el poderoso ministerio del hombre de Dios, pero se impacientaron, perdieron su fe en el liderazgo y abandonaron el ministerio y al hombre de Dios justo antes de poder haber recibido todo. Una vez que ha sido llamado y situado en una posición de aprendizaje, manténgase con dedicada determinación y espere hasta que reciba lo que originalmente se había dispuesto a recibir.

La alegría y recompensa del cumplimiento final. Eliseo se mantuvo ahí hasta que vio a Elías ascender al cielo. Mientras Elías ascendía le lanzó su manto a Eliseo. Este quiso comprobar y ver si finalmente había recibido lo que había creído durante todos esos años. Recién había visto a Elías abrir el Jordán golpeándolo con su manto, el mismo que ahora sostenía en sus manos.

> *Luego recogió el manto que se le había caído a Elías y, regresando a la orilla del Jordán, golpeó el agua con el manto y exclamó: "¿Dónde está el Señor, el Dios de Elías?" En cuanto golpeó el agua, el río se partió en dos, y Eliseo cruzó. Los profetas de Jericó, al verlo, exclamaron: "¡El espíritu de Elías se ha posado sobre Eliseo!" Entonces fueron a su encuentro y se postraron ante él, rostro en tierra.*
>
> –2 Reyes 2:14-15

Aquellos que lo habían ridiculizado justamente pocas horas antes, ahora admitían que Eliseo había heredado la poderosa unción del profeta

Elías como el mayor profeta de Dios sobre Israel. Los registros de los dos profetas muestran que Eliseo efectivamente recibió la doble porción; por su mano se llevaron a cabo tantos milagros en su ministerio como los que Elías había hecho. Después de atravesar su momento más oscuro y su prueba más grande, Eliseo recibió la unción de la doble porción y fue iniciado dentro de un exitoso ministerio de más de cincuenta años. No hay gozo ni sentimiento de realización como este, que finalmente recibimos con respecto a aquello que hemos creído y perseguido por muchos años.

JOSÉ: Llamado a ser un gobernante y salvador. Su vida muestra dramáticamente el proceso por el que Dios puede llevar a algunos entre su llamado y la comisión para su destino sobrenaturalmente revelado. José recibió su llamado a través de dos sueños proféticos cuando tenía diecisiete años de edad (Génesis 37:2-11). Pero pasaron trece años antes de que viera el cumplimiento parcial de su llamado, y otros dos años antes de que sus sueños sucedieran exactamente como los había visto. Desde el mismo momento en que recibió sus sueños y se los contó a su padre y a sus hermanos, las cosas empezaron a caerse alrededor de él. Pasó de ser el hijo favorito de su padre, con vestidura real, a ser despreciado por sus celosos hermanos y que le arrancaran su túnica de colores. Lo desnudaron y lo lanzaron a un pozo con la intención de dejarlo morir en ese lugar. Pero algunos comerciantes ismaelitas aparecieron, de manera que sus hermanos vendieron a José a estos comerciantes por veinte piezas de plata. Los ismaelitas lo llevaron a Egipto y lo vendieron a Potifar, un capitán de la guardia egipcia sobre todas las prisiones en Egipto.

Circunstancias negativas contra la voluntad y presencia de Dios. Es bueno saber que nuestras circunstancias no determinan si Dios está **con** nosotros y no dirigen los asuntos de nuestras vidas. Gracias a Dios, La Biblia declara:

> *Ahora bien, el Señor estaba con José y las cosas le salían muy bien. Mientras José vivía en la casa de su patrón egipcio, este se dio cuenta de que el Señor estaba con José y lo hacía prosperar en todo. José se ganó la confianza de Potifar, y este lo nombró mayordomo de toda su casa y le confió la administración de todos sus bienes. Por causa de José, el Señor bendijo la casa del egipcio Potifar a partir del momento en que puso a José a cargo de su casa y de todos sus bienes. La bendición del Señor se*

> *extendió sobre todo lo que tenía el egipcio, tanto en la casa como en el campo. Por esto Potifar dejó todo a cargo de José, y tan solo se preocupaba por lo que tenía que comer. José tenía muy buen físico y era muy atractivo.*
>
> –Génesis 39:2-6

Estas escrituras muestran algunas de las actitudes y actividades que José experimentó durante su humillante y depresivo proceso. Trabajó duro para su maestro pagano con un espíritu y actitud alegre y dispuesta. A causa del llamado, la actitud y unción de José, Dios bendecía todo lo que él hacía para Potifar. Dios lo promovió para que fuera el mayordomo y capataz sobre todos los negocias de Potifar. Esto le dio un rayo de esperanza de que pudiera ir progresando hasta la posición donde sus proféticos sueños pudieran realizarse.

Contratiempos y tratos injustos contra el proceso y los propósitos de Dios. De repente todas las esperanzas y posibilidades de José se vieron hechas añicos. Debido a que era un hombre de tipo atractivo y encantador, la esposa de Potifar empezó a desearlo. José sirve de ejemplo de un carácter virtuoso: le declaró a la esposa de Potifar que no podía hacerlo, porque no podía traicionar la lealtad de su maestro y la confianza que Potifar había puesto sobre él. Pero más que todo, podía hacerlo pecar en contra de su Dios. Sin embargo, ella persistió día a día hasta que la oportunidad surgió cuando no había nadie en la casa más que ellos dos. Ella lo agarró de su túnica y trató de forzarlo para que vaya a la cama con ella. José se apartó, pero parece que ella lo agarraba bien fuerte. Él se escapó pero su túnica se quedó en las manos de la esposa de Potifar. **Una persona despreciada y rechazada se vuelve un amargo enemigo en contra de nosotros.** Ella lo demandó por haber cometido adulterio. Falsamente acusó a José de tratar de violarla, mostrándole a su esposo la túnica como prueba. El esposo le creyó y se volvió en enojo contra José y lo mandó a prisión, donde los prisioneros del rey eran confinados. ¿Puede Dios permitir que cosas como estas nos sucedan por elección suya? José era inocente y justo en todo lo que hacía, pero fue hasta tratado injustamente, condenado y sentenciado como si fuese completamente culpable. ¿Por qué Dios no lo protegió y defendió su integridad? ¿Podrían todas estas experiencias negativas ser providenciales en cuanto a conducir a José al lugar donde sus sueños proféticos podrían realizarse? Sí, puesto que en la prisión hizo los contactos y adquirió la experiencia que resultó en entrar en la posición para su comisión al ministerio ordenado. Los actos justos no son siempre inmediatamente recompensados, pero nos mantienen bien posicionados para con Dios, de manera que Él pueda progresivamente movernos sobre nuestro ministerio final. José fue injustamente enviado a la cárcel, pero Las Escrituras declaran:

> *Y mandó que echaran a José en la cárcel donde estaban los presos del rey. Pero aun en la cárcel el Señor estaba con él y no dejó de mostrarle su amor. Hizo que se ganara la confianza del guardia de la cárcel, el cual puso a José a cargo de todos los prisioneros y de todo lo que allí se hacía. Como el Señor estaba con José y hacía prosperar todo lo que él hacía, el guardia de la cárcel no se preocupaba de nada de lo que dejaba en sus manos.*
>
> –Génesis 39:20-23

Cuando los contratiempos y degradaciones son situaciones para ascender. Lo que debemos saber más que nada es si el Señor está *con* nosotros. No son ni nuestros éxitos o fracasos aparentes, ni nuestras circunstancias, sino que el Señor Jesús está *con nosotros*. Después de aproximadamente dos años en la prisión, Dios hizo que el copero y el panadero del rey, quienes habían sido encarcelados en la misma prisión, cada uno tuviera un sueño. La interpretación de José para estos sueños fue que el copero iba a ser devuelto a su ministerio con el rey, pero el pastelero iba a ser asesinado. Y le pidió al copero que le diese su nombre al Faraón con la esperanza de que este pudiera ponerlo en libertad de la prisión. Pero dos años más pasaron, sumando un total de cuatro años, antes de que el copero lo recordara.

Faraón tuvo un sueño muy perturbador que sus médiums, astrólogos, magos y hombres sabios no pudieron descifrar. El copero de repente recordó a José y mencionó cómo él había interpretado su sueño y le había sucedido tal cual José había descrito. El Faraón mandó a llamar a José, quien entonces interpretó su sueño prediciendo siete años de abundante cosecha y siete años de hambruna. José entonces procedió a darle a Faraón la sabiduría de cómo debía hacerse. Él debía seleccionar un hombre sabio y educado para nombrarlo como gobernador sobre toda la tierra de Egipto.

> *Al faraón y a sus servidores les pareció bueno el plan. Entonces el faraón les preguntó a sus servidores:*

–¿Podremos encontrar una persona así, en quien repose el espíritu de Dios? Luego le dijo a José:

–Puesto que Dios te ha revelado todo esto, no hay nadie más competente y sabio que tú. Quedarás a cargo de mi palacio, y todo mi pueblo cumplirá tus órdenes. Solo yo tendré más autoridad que tú, porque soy el rey.

Así que el faraón le informó a José:

–Mira, yo te pongo a cargo de todo el territorio de Egipto.

De inmediato, el faraón se quitó el anillo oficial y se lo puso a José. Hizo que lo vistieran con ropas de lino fino, y que le pusieran un collar de oro en el cuello. Después lo invitó a subirse al carro reservado para el segundo en autoridad, y ordenó que gritaran: "¡Abran paso!" Fue así como el faraón puso a José al frente de todo el territorio de Egipto.

Entonces el faraón le dijo:

–Yo soy el faraón, pero nadie en todo Egipto podrá hacer nada sin tu permiso. Y le cambió el nombre a José, y lo llamó Zafenat Panea; además, le dio por esposa a Asenat, hija de Potifera, sacerdote de la ciudad de On. De este modo quedó José a cargo de Egipto. Tenía treinta años cuando comenzó a trabajar al servicio del faraón, rey de Egipto. Tan pronto como se retiró José de la presencia del faraón, se dedicó a recorrer todo el territorio de Egipto.

–Génesis 41:37-46

De prisionero a Primer Ministro en un día. De este modo, después de trece largos años, José ha progresado de *llamado a ser* a *ser*, de llamado a comisionado, de prisionero a Primer Ministro. Cuando Faraón puso su anillo y ropa nueva de lino fino sobre él, José fue iniciado en su totalidad en el ministerio que había sido llamado a realizar. Vemos qué importante es para uno mantener la actitud correcta, resistir a la tentación, guardar la integridad y nunca dejar de dar lo mejor de uno en cada situación injusta y humillante que parece ser un contratiempo para el progreso hacia nuestro objetivo final. Dios recompensa la fidelidad. Los problemas de José empezaron cuando empezó su ministerio de sueños e interpretaciones. Pero fueron justamente los sueños e interpretaciones de sueños que abrieron el camino para que fuera lanzado hacia su ministerio. Nunca diga: "Nunca haré esto o ese ministerio otra vez porque esto fue lo que causó que mis hermanos se pusieran en mi contra y me dieran trece años de experiencias horribles". De ser así, perderá la mismísima cosa que Dios ha arreglado para su liberación.

Los sueños proféticos finalmente se cumplen. Nueve años después, sus hermanos fueron a comprar trigo y cumplieron el primer sueño inclinándose ante él. Entonces Jacob y todos sus sesenta y seis descendientes vinieron y se reverenciaron ante José, lo que constituyó el cumplimiento de su segundo sueño. José les dio completamente su perdón y restauración a sus hermanos, quienes lo habían dañado tanto. Los llevó a Egipto a ser parte de su ministerio y los bendijo con la zona de Gosén, la mejor tierra de pastos en Egipto. Después de que Jacob murió, a la edad de ciento cuarenta y siete años, los hermanos de José vinieron y le suplicaron que no tomara venganza sobre ellos. A causa de la revelación que recibió acerca de todo lo que había ocurrido, pudo decir con convicción sincera: "*No tengan miedo (...) ¿Puedo acaso tomar el lugar de Dios? Es verdad que* ***ustedes pensaron hacerme mal****, pero Dios transformó ese mal en bien* ***para lograr*** *lo que hoy estamos viendo:* ***salvar la vida de mucha gente***" (Génesis 50:19-20). José recibió la misma revelación que Pablo contó a los cristianos romanos. "*Ahora bien,* ***sabemos que Dios dispone todas las cosas para el bien*** *de quienes lo aman,* ***los que han sido llamados de acuerdo con su propósito***" (Romanos 8:28). Este es un entendimiento y actitud vital para que una persona pueda pasar el proceso. Porque José mantuvo la actitud apropiada y tomó las acciones correctas durante las pruebas y el proceso de preparación, fue comisionado a esa elevada posición de ser el salvador no solo de su palacio en Egipto, sino también de sus familiares. Pasó de prisionero a Primer Ministro en un día. A la edad de diecisiete años fue llamado; pero a la edad de treinta fue comisionado y lanzado hacia ochenta años de ministerio exitoso, que lo concluyó a la edad de ciento diez años, cuando murió.

ABRAHAM: Llamado a ser padre de muchas naciones. Su vida también retrata esta verdad. Como estoy en el proceso de escribir un libro sobre "El Profeta Abraham, el padre de todos nosotros", no daré los detalles de su vida. Fue llamado alrededor de la edad de cincuenta años para ser el padre de todas las naciones. Tuvo que dejar a todos sus familiares e ir y delimitar con estacas una tierra que Dios le daría como su herencia. En su primer intento de realizar esta palabra no llegó a la Tierra Prometida. Tomó a toda su familia y viajaron desde Harán hasta la Mesopotamia, que eran unos trescientos kilómetros más allá de Canaán. Estuvo ahí por veinticinco años hasta que su padre murió. Tenía setenta y cinco años de edad cuando salió otra vez a cumplir su llamado profético. Esta vez pasó el límite de la tierra de Canaán por alrededor de unos trescientos kilómetros y acabó en Egipto. Finalmente volvió de Egipto y se detuvo en la mitad de la tierra de Canaán. Ahí el Señor le dijo que esa era la tierra.

Tratar de ayudar a Dios a realizar la profecía produce un ministerio de "Ismael". Abraham y Sara decidieron ayudar a Dios a realizar su profecía después de diez años en la tierra y sin ser aún capaces de tener un hijo. Tratar de realizar un llamado con razones y lógica humana los llevó a concebir a Ismael, quien no era la elección de Dios. Ismael representa un ministerio que es nacido de la carne, puesto en existencia por la manipulación del hombre y no por el Espíritu y voluntad de Dios. Entonces, catorce años después, Dios dijo a Abraham que él había fallado. Ismael no era el hijo que Dios le había prometido. Dios cambió a Abraham del estado de *llamado a ser* hacia *ser* el padre de todas la naciones. Después de cincuenta años (Abraham tenía cien años y Sara ochenta y nueve), Abraham había progresado del llamado a la comisión de Dios al permitirle a Sara concebir y dar a luz al hijo prometido.

Las profecías progresivas de Dios y el proceso de la prueba. Durante su vida Abraham recibió **once profecías personales** y pasó por **siete pruebas difíciles.** Al pasar cada prueba, Dios incrementaba las promesas proféticas. La última prueba más difícil tuvo lugar veinticinco años después de que Isaac naciera. Dios le pidió que tomara a Isaac, su único hijo a quien amaba profundamente, y lo ofreciera como un sacrificio de fuego en el altar. Abraham tomó la madera y el fuego, puso la madera en el altar y entonces ató a Isaac sobre la superficie del altar. Luego tomó su cuchillo y estuvo listo para clavarlo en el corazón de Isaac, ¡cuando de repente el ángel del Señor le gritó a Abraham para que se detuviera! *"No pongas tu mano sobre el muchacho, ni le hagas ningún daño –le dijo el ángel–.* ***Ahora sé*** *que temes a Dios, porque ni siquiera te has negado a darme a tu único hijo"* (Génesis 22:12).

Hay un lugar más allá del llamado y la comisión. Cuando Dios vio la obediencia incondicional de Abraham para tomar lo que significaban todas sus promesas proféticas y destruirlas, cambió sus palabras hacia él de una profecía personal condicional a un juramento ratificado. Dios juró por su propio honor y su eterno nombre que nada podría dejar de hacer cumplir lo que le había prometido desde su pasado.

> *Y le dijo: **Como has hecho esto**, y no me has negado a tu único hijo, juro por mí mismo afirma el Señor que te bendeciré en gran manera, y que multiplicaré tu descendencia como las estrellas del cielo y como la arena del mar. Además, tus descendientes conquistarán las ciudades de sus enemigos. **Puesto que me has obedecido**, todas las naciones del mundo serán bendecidas por medio de tu descendencia. Abraham regresó al lugar donde estaban sus criados, y juntos partieron hacia Berseba, donde Abraham se quedó a vivir.*
>
> –Génesis 22:16-19

Obediencia y paciencia apropiadas. Por lo tanto, vemos que hubo un proceso de cincuenta años para que Abraham pasara de *llamado a ser padre* a *ser un padre* efectivamente. Y tomó unos veinticinco años más para que Dios llevara a Abraham hacia la última prueba que lo llevaría a una relación y pacto con Dios, de una manera que muy pocas personas jamás alcanzan. Como en la educación natural, el maestro no puede pasar a los estudiantes al siguiente nivel hasta que ellos no aprueben el examen. Las Escrituras en Génesis 22:1 dicen que Dios **probó** a Abraham. Nosotros debemos entender los propósitos positivos de las pruebas de Dios, y no temer o resistirnos a ellos; los métodos de Dios están para determinar si estamos listos para la promoción. Es asombroso que el Dios eterno, quien sabe todas las cosas, le dijo a Abraham, antes de que él hubo demostrado que podía hacer lo que sea: "**Ahora sé que temes a Dios**". Muchos son llamados, pero pocos son escogidos o comisionados. Cómo respondemos al proceso de preparación de Dios para probarnos y examinarnos determinará si podremos alguna vez alcanzar el estado de ser escogidos y comisionados. Si pasamos o no la última prueba, determinará si nuestros descendientes continuarán con nuestro ministerio. Si la pasamos, entonces Dios cambiará nuestras profecías condicionales a profecías decretadas y serán respaldadas sin condición por el propio juramento y palabra de Dios. Él personalmente se asegurará de que cada promesa profética llegue a cumplirse.

JESUCRISTO: Llamado a ser Redentor, Cabeza de la Iglesia, Rey del Universo. Los profetas antiguos profetizaron los ministerios según la voluntad y el propósito del Padre. En la plenitud de los tiempos, Jesús fue concebido sobrenaturalmente en el vientre de María y nació en este mundo. Fue el perfecto y santo Hijo de Dios, quien vivió una vida sin pecado. Fue llamado desde su nacimiento, pero pasaron treinta años antes de que

Dios lo comisionara a hacer la tarea que había venido a hacer sobre la Tierra. Pasó treinta años en el proceso preparativo de Dios, pero solo tres años y medio en el ministerio. Tan solo piense: Jesús pasó treinta años de su vida en el proceso de preparación y solo tres años y medio en su ministerio. Esa es una proporción de diez a uno. Si el Padre sintió que Jesús, el Hijo de Dios sin pecado, necesitaba mucha preparación antes que pudiera ser comisionado a su ministerio, entonces cuánto más usted o yo necesitamos atravesar el proceso de preparación de Dios. Jesús tuvo que pasar la mayor prueba ayunando cuarenta días y cuarenta noches, y luego entonces fue tentado con las grandes estratagemas y manipulaciones del diablo. Después que Él pasara la prueba, "... *lo ungió Dios con el Espíritu Santo y con poder, y cómo anduvo haciendo el bien y sanando a todos los que estaban oprimidos por el diablo, porque Dios estaba con él*" (Hechos 10:38). Cuando Jesús fue bautizado en aguas, el Dios Padre dijo: "*Este es mi Hijo amado, en quien yo tengo complacencia*". Pero fue recién cuando Jesús pasó la prueba en el desierto que Dios lo comisionó para empezar su milagroso ministerio.

Después de que Jesús realizara tres años y medio de ministerio, Dios le puso la última prueba, para ver si podía ser promovido a ser la cabeza sobre todas las cosas de su Iglesia universal. Cuando pasó por el Jardín de Getsemaní sufrió indescriptiblemente en su alma y voluntad. Gritó con angustia desde su quebrantado corazón: "*Padre, si es posible, deja que esta copa de sufrimiento pase de mí, sin embargo no se haga mi voluntad, sino la tuya*". Soportó un increíble sufrimiento físico desde golpes, la corona de espinas, treinta y nueve latigazos en su espalda, y finalmente el más atroz e insoportable dolor de ser crucificado sobre una cruz de madera y ejecutado hasta que su cuerpo expiró en muerte física. Él pagó el precio más alto de sufrimiento personal hasta su muerte. Y a causa de su buena voluntad y obediencia de pagar el precio extremo, fue exaltado hasta la más alta posición que el Cielo pudo ofrecer.

> *Por el contrario, se rebajó voluntariamente, tomando la naturaleza de siervo y haciéndose semejante a los seres humanos. Y al manifestarse como hombre, se humilló a sí mismo y se hizo obediente hasta la muerte, ¡y muerte de cruz! Por eso Dios lo exaltó hasta lo sumo y le otorgó el nombre que está sobre todo nombre, para que ante el nombre de Jesús se doble toda rodilla en el cielo y en la tierra y debajo de la tierra, y toda lengua confiese que Jesucristo es el Señor, para gloria de Dios Padre.*
>
> –Filipenses 2:7-11

El alcance de Jesús de la posición suprema dependía de su buena voluntad de soportar la última prueba en el proceso de sufrimiento y muerte. Él aprendió obediencia y total sumisión hacia Dios a través de las cosas que sufrió mientras estaba en su cuerpo mortal. Aquellos que realizan su destino final habrán pasado por las tres fases del vencedor. *"Ellos lo han vencido por medio de la sangre del Cordero y por el mensaje del cual dieron testimonio;* ***no valoraron tanto su vida como para evitar la muerte****"* (Apocalipsis 12:11). Los únicos que serán exaltados en una alta posición de poder y reinarán con Cristo, serán los que estén dispuestos a sufrir la muerte completa de su propia vida, siendo totalmente crucificados con Cristo, y no tratando de preservar sus vidas, sino colocándose debajo de los pies de la cruz de Cristo. Volverse hijos de Dios lavados en su sangre y nacer en su Espíritu no es garantía de heredar con Cristo Jesús. *"Y si somos hijos, somos herederos; herederos de Dios y coherederos con Cristo, pues si ahora sufrimos con él, también tendremos parte con él en su gloria. De hecho, considero que en nada se comparan los sufrimientos actuales con la gloria que habrá de revelarse en nosotros"* (Romanos 8:17-18). *"Al que salga vencedor le daré el derecho de sentarse conmigo en mi trono, como también yo vencí y me senté con mi Padre en su trono"* (Apocalipsis 3:21). *"El que salga vencedor heredará todo esto, y yo seré su Dios y él será mi hijo"* (Apocalipsis 21:7).

LOS DOCE APÓSTOLES: Llamados a establecer la Iglesia del Nuevo Testamento. Solo tuvieron tres años y medio de entrenamiento desde el tiempo de su llamado hasta su comisión, pero esos fueron años intensos de trabajo con Jesús noche y día. Jesús estaba con ellos en persona enseñándoles por sus palabras, dándoles ejemplo vivo y poderosas demostraciones de su poder y gloria. Esto hizo posible que pasaran el proceso de preparación de Dios en un breve período de tiempo. Además, esto nos muestra que hay un tiempo de preparación y aprendizaje entre el llamado y la comisión.

APÓSTOL PABLO: Llamado a revelar el Cuerpo de Cristo, la Iglesia. Hemos hecho un minucioso estudio e investigación de la vida y ministerio de Pablo. Todo indica que hubo un período de diecisiete años entre su conversión sobrenatural y llamado a ser un apóstol, y su comisión como apóstol. Tuvo una conversión milagrosa en el camino hacia Damasco. Le sobrevino una ceguera por una luz procedente de Dios. Fue llevado hasta Damasco. Un discípulo llamado Ananías recibió la visión de Dios que le revelaba donde Saulo/Pablo estaba, lo que debía hacer por él y qué cosa debía profetizarle. Ananías oró por él y Pablo recibió la vista y fue lleno con el Espíritu Santo. Ananías entonces le profetizó a Pablo acerca de su llamado apostólico a los gentiles, a los reyes y los hijos de Israel. Luego le profetizó acerca de los grandes sufrimientos que iba a atravesar por amor al nombre de Jesús. Pablo inmediatamente empezó a predicar en Damasco que Jesús era el Hijo de Dios y el Mesías prometido. Una conspiración en su contra para matarlo fue descubierta, de tal forma que los hermanos cristianos lo tomaron por la noche y lo ayudaron a escapar descolgándolo de un muro en una gran canasta. Pablo regresó a Jerusalén y trató de unirse a los apóstoles y discípulos ahí, pero ellos sospechaban de él y no le creían que era un discípulo de Jesucristo.

Bernabé fue al rescate de Pablo y lo llevó a los apóstoles. Ellos permitieron a Pablo que hablara, de manera que les declaró cómo había visto al Señor en el camino, lo que Cristo Jesús le había hablado y como había predicado valientemente en el nombre de Jesús.

Aceptaron a Saulo como un verdadero discípulo. Saulo predicó un corto tiempo en Jerusalén y tuvo discusiones con los griegos, y ellos intentaron matarlo. Cuando los hermanos lo encontraron, lo sacaron fuera de Cesarea y entonces lo enviaron a Tarso, su ciudad. Él fue hacia Arabia, donde pasó tres años a solas con Cristo. Allí recibió la revelación de que Jesús elegía a los judíos y gentiles para que fueran un solo Cuerpo de Cristo, la Iglesia. Entonces pasó otros catorce años haciendo tiendas de campaña y predicando todo el tiempo.

Antioquía, la iglesia profética. Cuando los apóstoles escucharon que una iglesia se había iniciado en Antioquía, enviaron a Bernabé a que averiguara qué era lo que sucedía. Después de que Bernabé estuvo ahí por un corto período, los dejó para ir a buscar a Pablo. Cuando lo encontró, lo trajo de regreso a Antioquía donde ministró por un año. Entonces algunos profetas vinieron de Jerusalén hasta Antioquía. Uno de los profetas era Ágabo, quien profetizó que iba a haber una gran hambruna en todo el mundo. Ellos tomaron una gran ofrenda y les delegaron a Bernabé y a Saulo que la llevaran a los hermanos en Judea. Después de haber entregado la ofrenda, regresaron a Antioquía y continuaron trabajando con la iglesia. Entonces Dios puso las cosas en marcha y comisionó al discípulo Saulo a su llamado apostólico, y cambió su nombre por Pablo. *"En la iglesia de Antioquía eran profetas y* *maestros Bernabé; Simeón, apodado el Negro; Lucio de Cirene; Manaén, que se había criado con Herodes el tetrarca; y Saulo"* (Hechos 13:1). Ellos no sabían cuál de los cinco ministerios tenía Saulo, de manera que los nombraron a todos profetas y maestros, y a Saulo también. *"Mientras ayunaban y participaban en el culto al Señor, el Espíritu Santo dijo: 'Apártenme ahora a Bernabé y a Saulo para el trabajo al que los he llamado'. Así que después de ayunar, orar e imponerles las manos, los despidieron"* (Hechos 13:2-3).

Presbiterio profético. Hubo algunos cuarteles de profetas en Antioquía. Cuando Las Escrituras declaran que el "Espíritu Santo dijo", eso no significa que una poderosa voz retumbó en el cielo. Esto implica que uno de los profetas escuchó el pensamiento y tuvo la intención de expresar lo que el Espíritu Santo decía. Nosotros que hemos ministrado bajo esta unción profética por años, hemos desarrollado con certidumbre una manera de determinar cuando Dios realmente nos transmite sus pensamientos y palabras. Una palabra *rhema* se da cuando un individuo recibe una profecía e iluminación divina en su interior. Cuando un profeta declara individualmente una palabra profética, declaramos que "el profeta dijo" o "un profeta dijo" o "el profeta Hamon profetizó". Cuando dos o más profetas profetizan a la misma persona, nos referimos a ellos como "Presbiterio profético". Después de que una palabra es confirmada y aceptada como inspiración del Espíritu Santo procedente de Dios, en el futuro nos referimos a esta palabra como "la palabra que Dios nos habló" o "lo que el Espíritu Santo dijo". Creo que esto es lo que Lucas, el autor del libro de los Hechos, quiso hacer al escribir esta acotación. Lucas recordó este incidente después de haber sucedido. Entonces comprobó que la palabra profética recibida fue total inspiración del Espíritu Santo. Sin entrar en detalles de cómo Dios hizo conocer sus pensamientos, Lucas solo escribió que "el Espíritu Santo dijo".

Un presbiterio profético de varios profetas y maestros impuso manos a Bernabé y Pablo, les profetizaron y les dieron una carga profética que los lanzó dentro del ministerio apostólico. Para Pablo especialmente esta fue su transición del *llamado a ser apóstol*, a específicamente *convertirse en apóstol* a los gentiles con la revelación del Cuerpo de Cristo. Estas son algunas de las razones por las que llamamos a esta imposición de manos unción y activación profética del ministerio apostólico como una "comisión de presbiterio profético".

Profetas y maestros ministraron a los apóstoles. Es interesante que el Espíritu Santo no les dijera a los apóstoles de Jerusalén que impusieran manos y comisionaran a Pablo y Bernabé hacia su ministerio apostólico, mientras estaban allí. El Espíritu Santo no escogió a los apóstoles de Jerusalén para que impusieran manos sobre Pablo y Bernabé y los comisionaran hacia su ministerio apostólico, sino que Él planeó que esto fuera hecho por los profetas de Antioquía. A pesar de cualquier confusión sobre cómo Dios hizo saber sus pensamientos y deseos, este ejemplo bíblico definitivamente contradice la enseñanza antibíblica de que solo los apóstoles pueden comisionar a otros apóstoles.

El proceso del llamado a la comisión llevó aproximadamente diecisiete años. A Dios le tomó diecisiete años sentir que el discípulo Saulo estaba ya listo para convertirse en Pablo, el apóstol de Jesucristo y de su Iglesia. Desde entonces, se refirieron a ellos como apóstoles. *"Al enterarse de esto los apóstoles Bernabé y Pablo* " (Hechos 14:14). De esta manera, Pablo fue comisionado y lanzado a su ministerio apostólico del Cuerpo de Cristo. Cuando leemos algunas de las epístolas de Pablo en sus inicios, siempre se refiere a sí mismo como un apóstol. *"Pablo, siervo de Cristo Jesús, llamado a ser apóstol"* (Romanos 1:1a); *"Pablo, llamado por la voluntad de Dios a ser apóstol de Cristo Jesús"* (1 Corintios 1:1a); *"Me dirijo ahora a ustedes, los gentiles. Como apóstol que soy de ustedes"* (Romanos 11:13a); *"De este evangelio he sido yo designado heraldo, apóstol y maestro"* (2 Timoteo 1:11); *"Pablo, apóstol de Cristo Jesús por mandato de Dios"* (1 Timoteo 1:1a).

El proceso de preparación de Dios es para todos los que han sido llamados a ser suyos. Hemos visto en el Antiguo y Nuevo Testamento que Dios tiene un proceso de preparación que lleva a sus servidores del llamado a la comisión. Este puede ser un período de tiempo que dure tres o treinta años. Si quien es llamado es fiel y se somete a todos los tratos de Dios y pasa todos los exámenes que Dios le da, entonces llegará el día cuando el llamado se convertirá en comisión. No vamos a ver manifestaciones completas en nuestro ministerio hasta que progresemos del estado de *llamados a ser* hasta *ser* completamente, para lo que Dios nos ha escogido y llamado a ser. Después de la comisión divina el ministro debe tener algunas décadas de ministerio exitoso. José tuvo ochenta años de un ministerio exitoso, David tuvo cuarenta, Eliseo tuvo cincuenta, Pablo más de treinta y Jesucristo tres años y medio sobre la Tierra, y un ministerio eterno como Cabeza de su Iglesia y del universo. Si pudiéramos comunicarnos con esta gran nube de testigos sobre el valor de todo el camino a través del proceso del llamado a la comisión, podrían decirnos: "Vale la pena todo lo que tengan que pasar en la Tierra para cumplir el destino de Dios en sus vidas, lo que resultará en recibir el gozo inexorable de su recompensa eterna en Cristo Jesús". Hay un viejo himno que expresa cómo nos sentiremos ese glorioso día.

Todo habrá valido la pena
cuando veamos a Jesús.
Las pruebas de la vida parecerán pequeñas
cuando veamos a Cristo.
Una vislumbre de su amado rostro
toda pena borrará
Entonces corran con valentía esta carrera
hasta que veamos a Cristo.

En el siguiente capítulo vamos a ver que Dios tiene un proceso de llamado y comisión incluso para su Iglesia como cuerpo. La Iglesia fue llamada en el día de Pentecostés. Nació y aparentemente creció hasta su cumbre en treinta años. Luego atravesó el "Desierto de David", "La prisión de José", "El ministerio de Abraham" y "La esclavitud de Israel en Egipto" por alrededor de unos miles de años. El Espíritu Santo fue comisionado para traer restauración total a la Iglesia de Cristo, de manera que el Cuerpo de Cristo pueda ser comisionado en el 1500 a ser totalmente restaurado y restaurar todas las cosas. Finalmente, en la segunda venida de Cristo, la Iglesia será lanzada a este ministerio y destino eternos.

Todas las profecías condicionales se cumplirán, todas las cosas temporales serán hechas eternas. Todos los que pasaron por el proceso divino de Dios sobre la Tierra hasta ser transformados a la imagen de Jesucristo, serán comisionados para unirse a su ministerio con Él. Estos serán introducidos e iniciados a un exitoso ministerio que continuará hasta el final de los tiempos y la eternidad. Pablo recibió una vislumbre de la eternidad y exclamó que: *"De hecho, considero que en nada se comparan los sufrimientos actuales con la gloria que habrá de revelarse en nosotros. (...) ¡A él sea la gloria en la iglesia y en Cristo Jesús por todas las generaciones, por los siglos de los siglos! Amén"* (Romanos 8:18; Efesios 3:21).

7

El deseo y propósito de Dios al establecer su Iglesia

Para apreciar todo movimiento restaurador de Dios dentro de la Iglesia, primero debemos saber varias cosas sobre ella, la cual puede ser definida como **el Cuerpo de Cristo universal compuesto por muchos miembros**. Uno debe entender qué preciosa es la Iglesia para Cristo Jesús. Le costó más dar a luz la Iglesia que ninguna otra cosa que haya hecho a lo largo de toda la eternidad.

Cuando Dios creó **los cielos y la Tierra**, todo lo que tuvo que hacer fue pensar en lo que quería y luego pronunciar su palabra creativa, y todo fue traído a la existencia. Cuando Dios creó al **hombre**, todo lo que tuvo que hacer fue tomar un puñado de polvo y transformarlo en el cuerpo humano de Adán. Fue simplemente por un acto creativo artesanal, y luego por soplar algo de su Espíritu eterno dentro del hombre y convertirlo en un alma viviente. Cuando Dios llamó a **Abraham** para comenzar la **raza hebrea**, la cual daría a luz su nación escogida de Israel, todo lo que tuvo que hacer fue darle una revelación a Abraham y luego vigilar a sus descendientes hasta que volvieron de Egipto a poseer su tierra prometida de Canaán.

¿Cuánto le costó a Dios formar la Iglesia? Ahora veamos cuánto le costó a Dios formar la Iglesia. Ah, sí, toda la divinidad se involucró en producir la Iglesia. Jehová Dios dio a su Hijo Jesús al mundo para la redención de la humanidad, para que ellos pudieran ser miembros de la Iglesia de Cristo. Jesús amó a la Iglesia y se dio a sí mismo por ella, para poder presentársela como una Iglesia gloriosa sin mancha ni arruga (Efesios 5:25-27). Jesús dio el Espíritu Santo a la Iglesia para su poder, preservación y perfección. El Espíritu Santo le da a cada miembro individual la capacidad de comunicarse con Dios en un nuevo lenguaje de oración y alabanza del Espíritu, una dínamo que genera vida y poder interior.

La Iglesia es tan eterna como Cristo Jesús. La Iglesia no era algo que Dios decidió hacer luego de que Israel lo rechazó. La Iglesia fue concebida en la mente de Dios desde el pasado eterno. Estaba en la mente del Eterno desde el comienzo y fue planeada y ordenada antes de la fundación del mundo (Efesios 1:4; Apocalipsis 13:8). El concepto de Iglesia es tan eterno como Cristo mismo. La **muerte de Jesús** en la cruz pagó el **precio redentor** por cada persona que se convertiría en un miembro de **la Iglesia**. La resurrección de Jesús autorizó la creación de la Iglesia, y la venida del **Espíritu Santo** en el día de Pentecostés le **dio nacimiento**.

¿Cuánto le costó a Cristo comprar y crear la Iglesia? Su indescriptible agonía en el Huerto de Getsemaní, una corona de espinas en su cabeza, treinta y nueve dolorosos latigazos sobre su lomo, llevar la pesada cruz de madera sobre su espalda lacerada y finalmente su horrible humillación, sufrimiento y el derramamiento de la última gota de su sangre mientras colgaba de esa cruel cruz hasta morir: ese fue el precio de compra que pagó para tener su Iglesia. Batalló contra las huestes del infierno y salió victorioso al tercer día de la tumba. Sí, personalmente le costó a Dios más que ninguna otra cosa que jamás haya hecho. La Iglesia significa más para Cristo que la vida misma, porque Él se entregó por ella. No ha de extrañarnos que la Iglesia sea tan estimada y preciosa para Jesús. La Iglesia es más preciosa para Él que ninguna otra cosa en los cielos o en la Tierra.

¿Dios quería la Iglesia? Y de ser así, ¿por qué? ¡Absolutamente! Él personalmente declaró: *"Yo (...) edificaré mi iglesia"* (Mateo 16:18). Note las poderosas implicancias de cada palabra.

"YO"	Jesús está personalmente comprometido con la edificación de su Iglesia. Declara enfáticamente que toma el lugar de dueño personal y Cabeza. Toda su eterna vida está abocada a redimir, situar y hacer crecer a esos miembros hasta la madurez total.

(Tiempo futuro) — Cuando Jesús hizo esta declaración la Iglesia no había nacido todavía, pero era la soberana voluntad de Jesucristo. El futuro indica la determinación de producir y perfeccionar a pesar del tiempo y esfuerzo requeridos, aunque llevara dos mil años hacerlo.

"EDIFICARÉ" — Sugiere un largo, lento e interminable proceso (Efesios 2:20, traducción literal: la Iglesia está "siendo edificada"). Él la está edificando conforme a un plan. No dejará de edificarla hasta que cada miembro necesario sea ubicado en su posición correcta, y todo el edificio finalizado a la perfección.

"MI" — La Iglesia es su propiedad personal, orgullo y posesión (Hechos 20:28). "*Cristo (...) se entregó por ella* [la Iglesia]" (Efesios 5:25b). "*Él adquirió* [la Iglesia] *con su propia sangre*" (Hechos 20:28c). Jesús es celoso de su posición como dueño y cabeza de lo que Él llama "Mi Iglesia".

"IGLESIA" — Establece de una vez la distinción entre esta compañía especial y llamada de cualquier otra clasificación de seres humanos. Todo el cielo y hasta el infierno reconocen que la Iglesia le pertenece a Jesús. Todas las fuerzas de maldad y la gente humanista tratan de impedir que la Iglesia de Cristo se convierta en todo lo que Dios ha planeado de antemano para la cantidad y calidad de sus miembros, el propósito final y la obra que ella hará durante la era de la Iglesia y por toda la eternidad.

Jesús, en su cuerpo humano, compró a la Iglesia, pero es a través de la obra de su Espíritu Santo que está edificándola. Una analogía relacionada es la siguiente: David, el profeta de Dios y rey de Israel, recibió por revelación divina el plano del templo de Dios. Juntó oro, plata y bronce e hizo provisión para todos los otros materiales necesarios para edificar el templo. Luego se los dio a Salomón, quien dirigió la edificación del templo hasta que estuviera acabado. Jesús proveyó todas las cosas para la edificación de la Iglesia (Juan 17:4; 19:30). Luego comisionó al Espíritu Santo para que tomara las provisiones, diera a luz la Iglesia y continuara trabajando dentro de ella hasta que cada parte esté en su lugar y todo sea perfectamente completado. Jesús también dio la unción quíntuple de apóstol, profeta, evangelista, pastor y maestro a miembros especiales de su Cuerpo con el propósito de edificar y perfeccionar a su Iglesia. **Los apóstoles y profetas juegan un rol definido** en cuanto a trabajar junto a Cristo Jesús en su Iglesia. Son los que ponen el fundamento y hacen los toques de acabado al edificio de Dios, la Iglesia. Nació en el día de Pentecostés, pero tuvo que ser construida de cierta forma. Serán *"edificados sobre el fundamento de los apóstoles y los profetas, siendo Cristo Jesús mismo la piedra angular. En él todo el edificio, bien armado, se va levantando para llegar a ser un templo santo en el Señor. En él también ustedes son edificados juntamente para ser morada de Dios por su Espíritu"* (Efesios 2:20-22). Ellos no solo ponen el fundamento, sino que fueron establecidos como ministros permanentes durante toda la era de la Iglesia. *"En la iglesia Dios ha puesto, en primer lugar, apóstoles; en segundo lugar, profetas; en tercer lugar, maestros; luego los que hacen milagros; después los que tienen dones para sanar enfermos, los que ayudan a otros, los que administran y los que hablan en diversas lenguas"* (1 Corintios 12:28). Fueron puestos para trabajar primeramente con la Iglesia, hasta que cada miembro sea edificado a la plena estatura y ministerio de Cristo Jesús.

> *Él mismo constituyó a unos, apóstoles; a otros, profetas; a otros, evangelistas; y a otros, pastores y maestros, a fin de capacitar al pueblo de Dios para la obra de servicio, para edificar el cuerpo de Cristo. De este modo, todos llegaremos a la unidad de la fe y del conocimiento del Hijo de Dios, a una humanidad perfecta que se conforme a la plena estatura de Cristo.*
>
> –Efesios 4:11-13

Esas escrituras definitivamente declaran que los apóstoles y profetas tenían un ministerio vital en cuanto a echar el cimiento de la Iglesia, y tienen que tener un ministerio continuo de llevar a la Iglesia a la plenitud de la verdad, la semejanza con Cristo, la madurez en el ministerio y en la fase personal. La última generación de la Iglesia mortal alcanzará todas estas características, ministerios y madurez. Hay una razón por la cual los apóstoles y profetas están siendo restaurados nuevamente a la Iglesia, porque ellos cumplen un rol vital en el proceso de llevarla a la "plenitud de Cristo". Dios ha predeterminado una obra que la última generación hará y que ninguna otra generación en la Iglesia ha hecho jamás. Para cumplir esta tarea necesitará toda la perfección, edificación, unidad de la fe y conocimiento que el

Hijo de Dios tiene, hasta la completa medida de la madurez y plenitud de Cristo mismo. Como los apóstoles y profetas son una parte esencial de ese proceso, deben ser restaurados, reconocidos y aceptados para poder cumplir su parte en ministrar a la Iglesia hasta que esta alcance el propósito predestinado de Dios para ella. Se precisa elevar un clamor en la Iglesia: "Dios, levanta tu compañía de profetas y apóstoles de los últimos días".

Jesús quiere regresar a la Tierra y unirse con su Novia/Iglesia. Dios quiere enviar a Jesús a la Tierra por segunda vez, no para sufrir, sangrar y morir, sino para inmortalizar a su amada Iglesia y ser plenamente unido con ella, de modo que ella pueda colaborar con Él en establecer su Reino por toda la Tierra. Pero todavía no puede porque es retenido, restringido y mantenido en el ámbito de los cielos hasta que ciertas cosas tengan lugar en la Tierra en su Iglesia. "*Enviándoles el Mesías que ya había sido preparado para ustedes, el cual es Jesús.* ***Es necesario que él permanezca en el cielo hasta*** *que llegue el tiempo de la restauración de todas las cosas, como Dios lo ha anunciado desde hace siglos por medio de sus santos profetas*" (Hechos 3:20-21).

La restitución/restauración de la Iglesia comenzó en el año 1517 luego de más de mil años en que la Iglesia se encontraba en condición de apostasía, llamada la Edad Oscura. En esa fecha vino la gran restauración de la Iglesia, cuando comenzó el Movimiento Protestante. Desde ese momento ha habido cinco grandes movimientos de restauración: los movimientos Protestante, de Santidad, Pentecostal, Carismático y Profético. Cada movimiento restauró varias verdades esenciales y ministerios, nuevamente a la iglesia, que se habían perdido durante la Edad Oscura.

Para los que están interesados en un estudio más profundo sobre lo que cada uno de los movimientos restauró, un cuadro detallado sobre la restauración de la Iglesia se encuentra en mi libro *The Eternal Church* (La Iglesia eterna). Hay un cuadro actualizado en mi libro *Los profetas y el movimiento profético*. El capítulo siguiente abarcará las diez cosas principales que el Espíritu Santo restauró en la Iglesia a través del Movimiento profético.

8

El Movimiento Profético y lo que restauró

El Movimiento profético sirvió al mismo propósito que los movimientos de restauración previos de Dios. Cada movimiento dio un paso más en la Iglesia de Cristo para la restauración y madurez en la preparación para su ministerio del tiempo final. Fue y es una obra divinamente ordenada por el Espíritu Santo para restaurar y reactivar ciertas verdades, ministerios, experiencias espirituales y manifestaciones en la Iglesia.

El Movimiento profético cumplió los siete principios o criterios que deben reunirse por parte de todo movimiento de restauración verdaderamente ordenado por Dios. Cumplió los siete requisitos que los cuatro movimientos anteriores también habían cumplido. Son los siguientes:

1. Iluminación divina y conocimiento revelado de nuevas verdades y ministerios.
2. La transición de individuos ocasionales a una compañía consistente.
3. Nueva autoridad divina y unción para establecer las nuevas verdades y ministerios.
4. Un comienzo pequeño en un lugar insignificante, y luego crecer hasta abarcar la Tierra.
5. Poder para reproducirse por medio de enseñanza, entrenamiento, activar y madurar a los santos en sus verdades y ministerios.

6. Practicados y divulgados hasta volverse controversiales, combatidos y finalmente aceptados.
7. Nuevas canciones, coros y otra música que representa el mensaje de restauración.

Una explicación más detallada y ejemplos prácticos son dados en el capítulo siete del libro *Profetas y el Movimiento profético*. Todos los movimientos orquestados por el Espíritu Santo que han tenido lugar durante los últimos quinientos años, han cumplido con estos requisitos. Incluso el "Movimiento Jesús el Mesías" y el "Movimiento Iglesia del Nuevo Testamento", como están descritos en los evangelios y el libro de los Hechos, cumplieron esos siete principios. El reciente y continuo Movimiento profético incluye los siete principios de un verdadero movimiento de restauración.

Movimientos de restauración. Los historiadores de la iglesia reconocen el año 1517 como el comienzo oficial del período de la restauración de la Iglesia. Ha habido cinco grandes movimientos desde ese tiempo: Protestante, de Santidad, Pentecostal, Carismático y Profético. El Movimiento de santidad en abarcó un período de trescientos años, e incluyó la restauración de tres verdades y prácticas cristianas. La Renovación Carismática abarcó un período de cuarenta años, cuando tres verdades marcadas fueron restauradas por diferentes movimientos dentro del tiempo de la Renovación. Si categorizamos esos movimientos individuales de acuerdo al siglo y década en particular en que cada verdad y ministerio fue restaurado, sería algo así como sigue:

RESTAURACIÓN

AÑO DEL MOVIMIENTO	VERDAD PRINCIPAL RESTAURADA
1500 Movimiento Protestante	Salvación por gracia a través de la fe (Efesios 2:8-9).
1600 Movimiento Evangélico	Bautismo en aguas, separación de la Iglesia y el Estado.
1700 Movimiento de Santidad	Santificación, la Iglesia se separa del mundo.
1800 Movimiento de Fe Sanadora	Sanidad divina para el cuerpo físico, sanidad en la expiación.
1900 Movimiento Pentecostal	Bautismo del Espíritu Santo con el hablar en lenguas, dones del Espíritu.
1950 Evangelismo de la lluvia tardía	Presbiterio profético, cantar alabanzas y adoración melodiosa.
1950 Evangelismo de Liberación	Ministerio del **evangelista** y reactivación del evangelismo masivo.
1960 Movimiento Carismático	Renovación de todas las verdades restauradas en todas las iglesias de los movimientos pasados. Los **pastores** fueron restaurados a la posición de cabeza soberana de sus iglesias locales.
1970 Movimiento de Fe	Confesiones de fe, prosperidad y actitud y vida victoriosa. El ministerio del **maestro** es reestablecido como uno de los ministros quíntuples.
1980 Movimiento Profético	Dones proféticos de activación, alabanza de guerra, profetas a las naciones. El ministerio del **profeta** es restaurado y una compañía de profetas fueron dados a luz.
1990 Movimiento Apostólico	Señales milagrosas y maravillas, ministerio apostólico, y unidad; grandes cosechas de almas. El ministerio del **apóstol** está siendo restaurado para traer orden divino y estructura, y finalizar la restauración de los ministros quíntuples.

Restauración de verdades y ministerios en el Movimiento profético

Como este libro trata acerca de la restauración de profetas y apóstoles, es preciso dar una cobertura más detallada de cuáles verdades, ministerios, bendiciones y experiencias espirituales fueron restaurados y activados en la Iglesia a través del Movimiento profético.

1. Profetas restaurados: El propósito principal de Dios era producir la restauración completa de los cinco dones de la ascensión y el oficio de profeta. Los profetas y la profecía se encuentran en La Biblia desde su primer libro, Génesis, hasta los últimos capítulos del libro de Apocalipsis. Los profetas siempre han estado vivos y activos en cada dispensación de Dios para con la humanidad. Pero los teólogos declararon que ya no eran un ministerio activo dentro de la Iglesia. Entonces el Espíritu Santo tuvo que restaurar la realidad de la existencia de profetas en la Iglesia presente. Luego tuvo que venir el reconocimiento y la aceptación del ministerio del profeta y su posición legitima, como uno de los cinco ministerios dentro de la Iglesia actual. Muchos libros se han escrito para validar escrituralmente la realidad de los profetas en la Iglesia. Numerosos seminarios y conferencias se han organizado desde principios de los años ochenta para enseñar y demostrar el ministerio del profeta. Ahora hay miles de profetas que operan dentro del Cuerpo en la mayoría de las naciones del mundo. Algunos textos clave sobre el profeta incluyen los siguientes: Efesios 2:19; 3:5; 4:11; 1 Corintios 12:28; Amós 3:7; Salmo 105:15; 2 Crónicas 20:20; Mateo 10:41; Lucas 11:49; Apocalipsis 10:7.

2. Una compañía de profetas. Cada movimiento de restauración trae iluminación y aplicación de Las Escrituras que no fueron entendidas o aplicadas de ese modo previo a ese tiempo. La escritura profética de Malaquías fue el texto clave para establecer el hecho de que Dios levantaba una compañía de profetas con un propósito específico. *"He aquí, yo os envío el profeta Elías, antes que venga el día de Jehová, grande y terrible. Él hará volver el corazón de los padres hacia los hijos, y el corazón de los hijos hacia los padres, no sea que yo venga y hiera la tierra con maldición"* (Malaquías 4:5-6). La revelación fue que Dios cumplió esa profecía en una manera singular cuando el profeta Juan el Bautista vino en el poder y espíritu del profeta Elías. Él fue el cumplimiento de las profecías de Malaquías 3:1; 4:5 e Isaías 40:3. Juan "preparó el camino y un pueblo bien dispuesto" para la primera venida de Jesús a la

Tierra como el Mesías de Israel y el Redentor del mundo (Lucas 1:17,76; Mateo 10:9-14; 17:11).

Observe en esta última referencia cómo Jesús responde la pregunta de Pedro, Juan y Santiago cuando estaban descendiendo del Monte de la Transfiguración. Recién acababan de ver a Jesús glorificado y sabían con certeza que era el Mesías manifestado y el Unigénito de Dios. Eso también los confundía por lo que los escribas enseñaban: "*Entonces los discípulos le preguntaron a Jesús: –¿Por qué dicen los maestros de la ley que Elías tiene que venir primero? –Sin duda Elías* ***viene***, *y* ***restaurará todas las cosas****' –respondió Jesús–*" (Mateo 17:10-11). Jesús primero dijo: "Elías VIENE". Luego les explicó que era el tiempo para que Él se manifestara como Mesías prometido. "*Pero les digo que Elías* ***ya vino****, y* [los escribas y fariseos] *no lo reconocieron*" (Mateo 17:12a). Jesús les reafirmó a sus tres apóstoles especiales que Él estaba en el orden profético, porque Elías, a través del ministerio del profeta Juan el Bautista, ya había venido y había preparado el camino para su primera venida a la Tierra como el Mesías de la humanidad. Declaró que la profecía concerniente al profeta Elías viniendo primero ya se había cumplido. **Pero todavía hay un cumplimiento futuro** cuando Elías venga a preparar el camino para la segunda venida de Cristo. Esta vez no será solo un profeta, sino una gran compañía de profetas la que preparará el camino y dispondrá un pueblo; ellos **restaurarán todas las cosas**.

Pedro les declaró a los judíos después de la resurrección de Jesús: "... *de este modo Dios cumplió lo que de antemano había anunciado por medio de todos los profetas: que su Mesías tenía que padecer*" (Hechos 3:18). Él no podía abandonar la Tierra hasta que hubiera cumplido todas las profecías mesiánicas. Entonces les dijo que se arrepintieran y se prepararan para los tiempos de descanso (restauración) que vendrían de la presencia del Señor, "*enviándoles el Mesías que ya había sido preparado para ustedes, el cual es Jesús.* ***Es necesario que Él permanezca*** [sea mantenido, guardado, retenido] *en el cielo* ***hasta*** *que llegue el tiempo de* ***la restauración de todas las cosas****, como Dios lo ha anunciado desde hace siglos por medio de sus* ***santos profetas*** (Hechos 3:20-21).

Más de un tipo de profecía. Hay varios tipos de profecías en La Biblia: profecías generales, profecías personales, profecías mesiánicas y profecías de doble aplicación, para mencionar solo algunas.

Profecías de doble aplicación. Son aquellas que tienen más de un significado o aplicación profética legítima. Un ejemplo: el profeta Oseas proféticamente describió la liberación de Israel de Egipto. *"Desde que Israel era niño, yo lo amé; de Egipto llamé a mi hijo"* (11:1). Pero el apóstol Mateo usó esta misma frase y proféticamente la aplicó a Jesús cuando volvía de Egipto luego de que José hubiera recibido instrucciones de Dios en un sueño: *"Donde permaneció hasta la muerte de Herodes. De este modo* ***se cumplió*** *lo que el Señor había dicho por medio del profeta: 'De Egipto llamé a mi hijo'"* (Mateo 2:15). Este es un ejemplo bíblico de una profecía de doble aplicación.

La misma frase profética puede ser aplicada al principio de una gran restauración de la Iglesia, cuando Jesús llamó a sus Hijos/Iglesia a salir de la esclavitud religiosa de Egipto. Moisés fue el profeta que sacó a Israel de Egipto mil quinientos años antes de la venida de Cristo; Martín Lutero fue el profeta que sacó a la Iglesia de su Egipto mil quinientos años después de la venida de Cristo.

El mismo principio profético se aplica a Malaquías 4:5. El profeta Juan cumplió esta profecía como quien preparó el camino para la primera venida de Cristo. Ahora hay un cumplimiento superior, a una escala colectiva a través de una compañía de profetas que preparan el camino para la segunda venida de Cristo.

Esta compañía sale a la luz con la misma comisión que el profeta Juan en la unción del profeta Elías. Jesús dijo del profeta Juan el Bautista que él era más que un profeta; era un profeta particular que cumplía las profecías concernientes a preparar el camino y formar un pueblo bien dispuesto para el regreso de Cristo a la Tierra otra vez. Esta vez Cristo no regresa para sufrir y morir en las crueles manos de los hombres, sino como el Juez del mundo y el Rey conquistador de la Iglesia.

Ellos preparan el camino para que Cristo Jesús establezca su Reino sobre todos los reinos de este mundo. Dios declara que su ministerio es tan trascendente que si ellos no cumplen su ministerio profético, Dios tendrá que maldecir la Tierra hasta la destrucción total. Los profetas están profetizando los misterios de Dios y el tiempo en que serán cumplidos (Apocalipsis 10:7). El fin resultará en el cumplimiento de Apocalipsis 11:15, que dice: *"El reino del mundo ha pasado a ser de nuestro Señor y de su Cristo, y él reinará por los siglos de los siglos"* (vea también Malaquías 4:5, Mateo 11:9-14; Isaías 40:3-5, Lucas 1:16-17; Apocalipsis 10:7, 11:15; Mateo 17:11, Hechos 3:21).

3. Activación de dones espirituales y ministerios: En el Movimiento Pentecostal hubo una revelación no solo del don del Espíritu Santo con la evidencia de hablar en otras lenguas, sino también de los nueve dones del Espíritu (Hechos 2:1-39; 1 Corintios 12:7-11). Creían y demostraban muchos de los dones, pero enseñaban que los dones operaban solo cuando el Espíritu Santo soberanamente quería. Enseñaban, predicaban, oraban y ministraban a los creyentes para recibir y manifestar el don del Espíritu Santo, pero no había revelación abierta para activar a los santos en los dones del Espíritu Santo.

El Movimiento profético trajo con él la revelación de cómo enseñar, entrenar, activar y madurar a los santos en sus dones espirituales, así como el Movimiento Pentecostal trajo la revelación sobre cómo enseñar, orar y ayudar a los santos a recibir el don del Espíritu Santo. Los predicadores proféticos usaban la palabra "activar", y ella se volvió controversial con algunos líderes del Movimiento Pentecostal, Carismático y de Fe. Sin embargo ha demostrado ser una verdadera revelación, porque miles de santos en varias naciones han sido activados en sus dones, ministerio personal y en el ministerio profético. Esos pastores y líderes que han sido entrenados están a su vez activando a sus santos del mismo modo que ellos lo fueron.

Ministros del Espíritu. Otro ministerio profético similar fue enseñar, entrenar, activar y madurar a los ministros de iglesia hasta convertirse en ministros del Espíritu del Nuevo Testamento. La gente en el mundo como ser políticos, líderes de sectas, todos los oradores públicos y ministros de iglesia pueden ponerse de pie ante una audiencia y declarar sus convicciones, filosofía y teología. Pero solo los nacidos del Espíritu y los ministros bautizados en Él que se han convertido en ministros del Espíritu del Nuevo Testamento, pueden mostrar las manifestaciones sobrenaturales del Espíritu Santo. Los ministros que no ministran los dones sobrenaturales y ministerios del Espíritu Santo no desarrollan en su plenitud el llamado de Dios como ministros en la Iglesia de Cristo. La revelación y aplicación de 2 Corintios 3:6 ha activado a cientos de ministros hasta convertirse en ministros del Espíritu, así como también en maestros y predicadores de La Biblia (1 Corintios 2:4; 14:6; 2 Corintios 3:6).

4. Cruzar el Jordán: El Movimiento profético ha restaurado a la Iglesia a cruzar su río Jordán, así como el Movimiento Protestante sacó a la Iglesia de su yugo con Egipto, enviando al Cuerpo de Cristo a su peregrinaje a la Canaán prometida. Los viajes de los hijos de Israel de Egipto a Canaán se relacionan con la restauración de la Iglesia a la tierra de Canaán de su destino. Su principal experiencia se relaciona con los mayores movimientos de restauración.

La fiesta de la Pascua israelita con el sacrificio del cordero y la sangre aplicada a sus casas, es un tipo de la verdad del Movimiento Protestante, el cual proclamó que la única limpieza por el pecado provenía de Jesús, el Cordero de Dios. El cruce del Mar Rojo y la sanidad de las aguas de Mara son tipos de las verdades del Movimiento de santidad del bautismo en aguas, la santificación y sanidad divinas. La experiencia de recibir sobrenaturalmente el agua de la roca es un tipo de la verdad del Movimiento Pentecostal del bautismo del Espíritu Santo, el cual hace que una persona sea llenada con el agua viva que fluye desde el interior. Las experiencias del Monte Sinaí, su tiempo de renovación y actualización, y sus desafíos de fe en Cades-barnea, son todos tipos de las verdades del Movimiento carismático del ministerio de los miembros, la renovación, restauración y fe.

Luego ellos vagaron por el desierto durante treinta y ocho años más, hasta que se levantó una nueva generación que fue desafiada a cruzar el Jordán y comenzar a poseer su proféticamente prometida Tierra de Canaán. El Movimiento profético, con sus verdades y ministerios, activó a la generación de Josué y abrió el Jordán. El camino estaba abierto y había un pueblo preparado para cruzar el Jordán. Los pioneros del frente de batalla y los santos y líderes de la verdad presente, como la división de los marines, han cruzado el Jordán de la restauración. Ahora están cumpliendo su ministerio en Canaán, de destruir a todos los "itas" y quitarlos de sus posesiones proféticamente destinadas y de sus posiciones de gobernar en vida con Cristo Jesús (1 Corintios 10:1-13; Deuteronomio 6:2; Josué 1-6; Apocalipsis 10:7).

5. Alabanza de guerra e intercesión de guerra espiritual profética: El Movimiento profético trajo la revelación y activación de la alabanza de guerra y la guerra profética a través de la oración intercesora. Cada movimiento de restauración ha traído nuevo entendimiento y aplicación de la oración, alabanza y adoración. Las Escrituras revelan todos los propósitos de la alabanza. Uno de ellos es el uso de la alabanza como una de las más poderosas armas de guerra que la Iglesia tiene para usar en contra de sus enemigos.

El salmista profético Robert Gay, en su libro *Silencing the Enemy* (Silenciando al enemigo), provee y explica numerosas pruebas escriturales que verifican el hecho de que Dios tuvo la intención de que la alabanza espiritual fuera un instrumento de guerra. Está en el arsenal de armas que le dio a su Iglesia. En su libro, *Poseyendo las puertas del enemigo*, la profetiza Cindy Jacobs descubre la verdad de la oración de intercesión profética como absolutamente bíblica, y como un arma de guerra para derribar los principados y potestades de maldad que están reteniendo cautivas a nuestras familias, ciudades y naciones.

Desde que la Iglesia cruzó el Jordán y entró a su tierra prometida, ha estado en la ofensiva. Los marines proféticos de Dios han activado a la Iglesia a salir de su posición de guerra fría contra las fuerzas de maldad, y emprender una guerra candente tomando la ofensiva en una alabanza y oración de guerra agresiva para destruir a los malignos "itas" que ahora habitan en su tierra prometida (2 Crónicas 20; Salmo 8:2; 149:6-9; 2 Corintios 10:3-6; Efesios 6:18).

6. Equipo ministerial: La restauración del oficio del profeta y la aparición de una gran compañía de profetas activaron su ministerio de nivelar un camino para la segunda venida de Cristo. Dios proféticamente declaró en Isaías 40:3-5 que el ministerio de los profetas era: *"Enderecen en la estepa un sendero para nuestro Dios. Que se levanten todos los valles, y se allanen todos los montes y colinas; que el terreno escabroso se nivele y se alisen las quebradas. Entonces se revelará la gloria del Señor, y la verá toda la humanidad. El Señor mismo lo ha dicho"*.

Inmediatamente después del nacimiento del Movimiento profético, una multitud de profetas comenzaron a profetizar a las naciones. Como resultado, el Muro de Berlín fue derribado, la Cortina de Hierro fue desgarrada y la montaña del Comunismo fue nivelada. Muchos dictadores a través de todo el mundo fueron derrocados. Mientras que Dios sacudía el dictatorial "gobierno de un solo hombre" en las naciones, a la vez, trabajaba en la Iglesia. El día del ministerio "gran hombre" comenzó a llegar a su fin. Dios empezó a enfatizar el principio del "equipo ministerial" como nunca antes desde el primer siglo de la Iglesia. Los equipos de apóstoles-profetas fueron restaurados. Los equipos de marido y mujer fueron activados, de modo que la esposa, en vez de simplemente servir como una ayuda a su esposo, se convirtiera en una colaboradora del ministerio. Nosotros en las iglesias de

Christian International ordenamos al marido y a la mujer por igual. Si uno de los cónyuges no conoce su llamado quíntuple, entonces creemos que le será revelado en el presbiterio profético que damos con cada ordenación. Este es el día y la hora en que Dios está dando a luz mujeres para ser las ministras que Dios les ordenó ser. Los equipos de marido y mujer son uno de los mayores rangos en los equipos ministeriales.

Una iglesia realmente profética es la que prepara a cada miembro para estar en un equipo ministerial. Hay equipos proféticos, equipos apostólicos, equipos de sanidad, equipos administrativos, equipos pastorales y equipos de visitación, solo por mencionar algunos. De hecho, todos los miembros de la iglesia deben estar en un equipo que encaje con su llamado y habilidad ungida para ministrar a la gente. Por ejemplo, el cuerpo humano tiene muchos miembros, pero no funcionan independientemente. Todas las partes principales del cuerpo tienen su propio equipo de miembros que están especialmente dotados para hacer que el ojo, oído, mano o corazón cumplan su propósito. La activación de los equipos ministeriales es definitivamente una obra del Espíritu Santo para este tiempo y esta hora (Romanos 12:3-8; 1 Corintios 12:12-31; Levítico 26:8; Deuteronomio 32:30).

7. **Profetas a las naciones**: Los profetas operan de forma distinta que los evangelistas o misioneros cuando van a una nación. No van solo para tener una gran cruzada evangelística o construir una estación misionera en un pueblo pequeño. Dios envía a sus profetas no solo a las iglesias, sino a las naciones para cumplir la comisión del profeta Jeremías de arrancar, derribar y destruir los principados de maldad sobre esa nación o iglesia. También cumplen la otra mitad de esa comisión al plantar La Palabra del Señor en ellos, y luego al edificarlos y establecerlos en esas palabras proféticas de la verdad presente de parte del Señor. En el Antiguo Testamento las naciones se levantaban y caían, tenían éxito o fracasaban, por causa de su respuesta a la palabra personal de Dios hacia ellos. Alrededor del noventa y nueve por ciento de las veces, Dios daba su palabra a una nación a través de los labios de uno de sus profetas. Aun con su especial nación, Israel, Dios se comunicaba mediante los profetas.

Los santos profetas de Dios están yendo a las naciones del mundo y dándoles un "Así dice el Señor", y su destino es determinado por su respuesta

a la palabra de Dios para ellos. Creo que la generación que está viva hoy verá la consumación de esta era de la Iglesia. Los profetas de Dios alinean las naciones en el lugar donde Cristo Jesús puede cumplir sus juicios y separar ministerio con justicia y rectitud.

> *Todas las naciones se reunirán delante de él, y él separará a unos de otros, como separa el pastor las ovejas de las cabras. Pondrá las ovejas a su derecha, y las cabras a su izquierda. "Entonces dirá el Rey a los que estén a su derecha: 'Vengan ustedes, a quienes mi Padre ha bendecido; reciban su herencia, el reino preparado para ustedes desde la creación del mundo'".*
>
> –Mateo 25:32-34

Note que Jesús no habla de individuos aquí, sino de naciones. Habrá naciones-oveja que serán bendecidas y continuarán en el Reino de Dios sobre la Tierra. Pero también habrá naciones-cabra a quién Él pondrá a su izquierda y pronunciará sobre ellos sus juicios. *"Luego dirá a los que estén a su izquierda: 'Apártense de mí, malditos, al fuego eterno preparado para el diablo y sus ángeles'"* (Mateo 25:41). Cómo las naciones respondan a la palabra de Dios para ellos, determinará si irán a la derecha o a la izquierda de Cristo Jesús en ese día del juicio.

Solamente a través de nuestro grupo ministerial de unos pocos cientos de profetas, más de cuarenta naciones han recibido una palabra específica de parte del Señor. En la mayoría de las naciones los profetas pudieron hablarle al presidente o a quien tuviera el liderazgo de la nación. "Profetas a las Naciones" es algo nuevo que Dios hace. Dios está cumpliendo muchos de sus propósitos para el tiempo final a través de su compañía de profetas que se ha levantado durante el Movimiento profético (Jeremías 1:5,10; 1 Juan 3:8; 2 Crónicas 20:20; 36:15-16; 2 Corintios 10:4-6; 2 Pedro 1:12).

8. Evangelismo personal profético: Toda nueva verdad que es realmente revelada por el Espíritu Santo, está edificada sobre los movimientos de restauración pasados. El Movimiento Evangélico de 1600 activó la verdad del evangelismo personal. El Movimiento de sanidad divina de 1800 agregó las sanidades físicas al ministerio evangelístico. El Movimiento Pentecostal de 1900 añadió el don del Espíritu Santo y sus obras a las campañas evangelísticas. El Evangelismo de Liberación que nació en 1947 agregó a la ecuación evangelismo masivo y milagros convincentes.

Ahora el ministerio profético está sumándole una nueva dimensión al evangelismo personal. El objetivo final de activar y entrenar a los santos para manifestar los dones espirituales, es poder llevar la profecía a las calles, autopistas y carreteras, y forzar a la gente a volverse a Cristo mediante los dones sobrenaturales del Espíritu Santo. Los líderes militares entrenan a sus soldados en sus bases militares antes de enviarlos a las líneas de batalla. Ellos practican unos con otros por meses, incluso años, antes de salir a enfrentar al enemigo. Las numerosas razones por las que los generales entrenan a sus soldados, son las mismas por las que los generales en la Iglesia entrenan a los santos en sus armas de guerra antes de enviarlos a enfrentar los argumentos que vienen del enemigo.

El evangelismo personal profético prepara un pueblo para recoger la gran cosecha de almas que jamás se ha registrado en la historia de la Iglesia. Los santos deben estar preparados y prontos a ser los principales protagonistas en el próximo movimiento de Dios después del Movimiento apostólico. Si los líderes y pastores en la Iglesia no comienzan a entrenar a sus santos ahora, no estarán preparados para entrar en los propósitos del tiempo final de Dios para sus santos. Habrá una gran compañía de santos que ministrarán en evangelismo personal con la unción profética y apostólica. Habrá una guadaña y una hoz en la mano de Dios para segar la gran cosecha final de almas. Serán instrumentos en la mano de Dios que cumplirán la palabra de Joel 2:13 y Apocalipsis 14:14-19.

9. Purificar y madurar a los santos: El Movimiento profético restauró el ministerio del profeta a la Iglesia como Dios originalmente lo ordenó. El profeta es uno de los cinco ministerios que Jesús le dio a la Iglesia para perfeccionar a los santos. Los profetas y apóstoles tienen que ser completamente restaurados, porque se necesitan los cinco para perfeccionar a los santos y llevar a la Iglesia a la madurez y plenitud de Cristo, no solo tres de ellos. Ellos también deben estar activos en la Iglesia para que Cristo cumpla su propósito de tener una Iglesia gloriosa sin manchas ni arrugas. Todos los movimientos han trabajado en este proceso de llevar a la Iglesia de la infancia a la madurez, de manchada a inmaculada, de inmadura a madura, de injusta a la justicia imputada y acumulada de Cristo Jesús.

Sin embargo, los profetas tienen una unción especial para purificar y perfeccionar que otros no tienen. Cristo viene a su Iglesia en este tiempo a través de sus profetas-mensajeros, que son los instrumentos de su fuego purificador. "*Porque será como fuego de fundidor o lejía de lavandero. Se sentará como fundidor y purificador de plata; purificará a los levitas y los refinará como se refinan el oro y la plata*" (Malaquías 3:2-3).

Cuando el Movimiento profético nació en 1988, Dios declaró proféticamente que ya no toleraba más la injusticia en su Iglesia. Ya no podríamos más seguir viviendo del modo en que lo hacíamos en el Movimiento carismático. Estaba añadiendo justicia a la plomada. Dios comenzó a hacer públicos casos de grandes ministerios televisivos que no mantenían un estándar de rectitud en sus vidas y ministerios. Eran tan solo la punta del iceberg, pero Dios hacía lo mismo por todo el espectro del cristianismo. Dios está haciendo una obra rápida en este tiempo y trayendo rectitud. Los profetas son instrumentos del fuego y la justicia de Dios.

El profeta Juan el Bautista, de quien los profetas del tiempo actual son una extensión, dijo: "*El hacha ya está puesta a la raíz de los árboles*" (Mateo 3:10a). Jesús dijo que a menos que nuestra justicia sobrepase a la de los fariseos, no entraríamos a su Reino (Mateo 5:20), Ellos hacían obras justas, pero no tenían la justicia de Dios dentro de ellos como su vida interior, carácter y motivación. Los actos externos de una vida bíblica ya no serán aceptables, a menos que la naturaleza y el carácter de Cristo haya sido integrado al hombre interior. Yo he establecido las diez M para evaluar ministros, y para mantener la madurez en la vida y el ministerio personal. Ellas son las M de Modelo humano, Ministerio, Mensaje, Madurez, Matrimonio, Métodos, Modales, Materialismo, Moral y Motivación. El Movimiento profético activó a los profetas para que ellos pudieran hacer su parte en purificar y madurar a los miembros de la Iglesia de Cristo (Malaquías 3:1-5; Efesios 4:11-16; 5:27; Mateo 5:20; Oseas 10:12; Isaías 28:17; Romanos 9:28; Mateo 24:22).

10. Preparar el camino para la restauración de los apóstoles: Han sido mayormente los líderes del Movimiento profético quienes han proclamado la restauración de los profetas y apóstoles. Desde 1983, cuando comencé a escribir mi primer libro sobre profetas, *Profetas y profecía personal*, se hicieron declaraciones una y otra vez sobre que pronto vendría un movimiento de Dios para la total restauración de los profetas de Dios. El Movimiento profético nació en la Iglesia en 1988. También se hicieron declaraciones proféticas de que luego del Movimiento profético vendría un movimiento de Dios para restaurar a los apóstoles. Luego, después del Apostólico, vendrán tres movimientos más antes de la venida literal de Cristo.

A la edad de dieciocho años nací a la enseñanza de restauración de que había profetas y apóstoles en la actualidad en la Iglesia. Fui ordenado y comencé a pastorear cuando tenía diecinueve años. Cumplí sesenta y dos años en 1996, lo que significa que por cuarenta y tres años de ministerio mi creencia había sido que los apóstoles y profetas estaban vivos en la Iglesia. Romanos 12:6 dice que profetizamos según nuestra revelación y fe. Por causa de esta fe y de la revelación de Dios, durante los cuarenta y tres años de mi ministerio he profetizado a más de dos mil personas que eran llamadas a ser apóstoles o eran apóstoles. De más de veinticinco mil personas a quienes les he dado profecía personal, más del veinticinco por ciento tenían que ver con ser profetas o profetisas, o que la persona tenía una unción profética, un ministerio profético o algo similar.

Creo con todo mi corazón que Dios me mostró que habría diez mil profetas en el continente norteamericano y cien mil de ellos a lo largo de todo el mundo. Esto va a suceder más rápido de lo que fue anticipado. Las compañía de profetas no era solo para preparar el camino y hacer un pueblo dispuesto para el regreso de Cristo a la Tierra en su cuerpo humano glorificado, sino también para que Cristo venga a la Iglesia como el Apóstol.

Una de las comisiones divinas del Movimiento profético era señalar el camino para la completa restauración de los santos apóstoles de Cristo. La restauración de los apóstoles no es una amenaza o intimidación para los profetas, porque ellos saben que tienen que preparar un pueblo para recibir el ministerio de los apóstoles. No habrá competencia entre los verdaderos profetas de Dios y su nueva raza y generación de apóstoles. Ellos sabrán lo necesarios que son unos para otros. No habrá superioridad ni inferioridad en sus corazones, sino sometimiento y consideración mutua. Los que tienen este entendimiento trabajarán juntos en red para cumplir su ministerio mutuo de preparar a los santos para el próximo movimiento de Dios, el cual actualmente yo llamo el Movimiento de los santos. Este movimiento, que viene luego del Movimiento apostólico, será considerado con más profundidad en la sección que trata sobre los próximos movimientos de Dios.

DIECISÉIS TRANSICIONES
QUE OCURREN CUANDO UN CRISTIANO EN EL SENTIDO DE RESTAURACIÓN DEJA EL DESIERTO, CRUZA EL JORDÁN Y ENTRA EN SU TIERRA DE CANAÁN

(Para una información más detallada, lea los capítulos 4-6 de *Profetas y el movimiento profético*)

MOVIMIENTO CARISMÁTICO comparado con *(Viajes de restauración en el desierto)*	MOVIMIENTO PROFÉTICO *(Pasar el Jordán y la conquista de Canaán)*
1. Viajes por el desierto - Dt. 2:7	Conquista de Canaán - Jos. 1:1-6; Dt. 7:22
2. Incircuncisos en el desierto - Jos. 5:5	Circuncisión antes de la comisión - Ex. 4:24; Ro. 2:29; 4:1; Col. 2:11
3. Don del Espíritu Santo	Dones del Espíritu Santo - 1 Co. 12:7-11
4. Libertad, derechos, independencia Jue. 17:6	Justicia, relación, rendición de cuentas
5. Sangre del cordero y el testimonio Ap. 17:14	No amar sus propias vidas hasta la muerte Ap. 12:11
6. Milagros de preservación - Dt. 6:24	Milagros de posesión - Jos. 10:8-14
7. Maná en el desierto - Ex. 16:35	Comida de Canaán - Jos. 5:12; Dt. 8:7-10
8. Alabanza por su presencia Sal. 22:3	Alabanza de guerra poderosa - 2 Cr. 20:19-23
9. Renovación y mantenimiento Nm. 20	Cruzar y conquistar - Jos. 3:1-17
10. Generación que duró hasta la muerte Nm. 14:33	Nueva generación de Jos. - Nm. 14:28-31
11. Fuego de noche / nubes de día Nm. 9:16-22	Profetas y apóstoles - Ef. 3:3-5
12. Revelación de los profetas - Ef. 4:11	Restauración de los profetas - Lc. 11:49
13. Batallas defensivas ocasionales	Constante ofensiva de guerra - Ap. 11:15
14. Benignos,melodiosos,misericordiosos	Milagroso, militante, sin piedad para los "itas" Sal. 78:9-54; 1 Co. 10:7; Dt. 7:1-2; 20:16-17
15. El balido del Cordero	El rugido del León de Judá - Is. 40:1-2; Cnt. 2:4; Am. 1:2; 3:8; Pr. 28:1; Ap. 5:5; 10:3-7
16. Ministerio de plataforma unipersonal	Equipos ministeriales y equipos de apóstoles/profetas

9

Los ministerios especiales de apóstoles y profetas

Los significados originales en griego y hebreo para las palabras *profeta* y *apóstol* tienen un énfasis diferente que los de *evangelista*, *pastor* y *maestro*. Profeta significa "el que habla de parte de Dios y tiene un mensaje divino específico para aquellos a los que ministra". Los profetas pueden enseñar la palabra *logos*, predicar el Evangelio, pastorear a los santos y hacer casi todo lo mismo que los otros cuatro pueden hacer, pero no con la misma unción y éxito que los que están especialmente llamados a su oficio o ministerio. Los profetas sobresalen cuando funcionan en su llamado y su unción especial. He tratado en profundidad todas las funciones y ministerios del profeta en mi trilogía de libros sobre los profetas. No tomaré más espacio aquí para repetir muchas de esas cosas, ya que este libro trata de darle prioridad al apóstol y dejar como tema secundario al profeta.

Profetas: La especialidad de los profetas es su habilidad dada por Dios para hablar en nombre de Él, no solo enseñar y predicar las verdades de La Biblia sobre Dios y su Hijo, Jesucristo. Tienen un llamado especial para hablar una palabra de tipo "así dice el Señor". El profeta tiene derechos y autoridad en su acto de profetizar que otros no tienen, como ser aquellos con el don de profecía o aquellos que operan en el nivel del ministerio profético de los santos. Los profetas que son verdaderamente comisionados tienen el derecho a profetizar dirección, corrección, guía y nueva revelación a una persona, iglesia o nación. Algunos son usados para pronunciar los juicios de Dios y revelar el llamado y los propósitos de Dios a quienquiera que Él desee hablarle. De hecho, los profetas han de ser la boca de Dios para hablar cuando y donde quiera que Dios desee expresar personalmente sus pensamientos, propósitos y voluntad específica.

Apóstoles: En otros capítulos de este mismo libro hemos presentado la raíz del lenguaje original que expresa el significado y ministerio singular del apóstol, así como está representado en el Nuevo Testamento. He hecho un estudio exhaustivo e investigado sobre el *apóstol* en las siguientes áreas: etimológicamente (para determinar el uso más apropiado del término); teológicamente (para evaluar el pensamiento de otros teólogos); exegéticamente (para hallar el significado griego original); temáticamente (para asegurarme de que la interpretación dada está de acuerdo con la enseñanza de toda La Palabra de Dios). La conclusión es que el significado básico de la raíz es "uno enviado como representante de otro, con el poder y la autoridad del representado otorgados al representante". Es como el embajador que representa a un país. El ministerio continuo de un apóstol/embajador está basado en lo bien que comunique el corazón y el mensaje del rey.

Profetas y apóstoles: Cuando estudiamos los cinco ministerios con los mismos métodos de estudio previamente mencionados, descubrimos que los apóstoles y profetas tienen un ministerio y una comisión especiales para hablar directamente de parte de Dios. Hablan su palabra r*hema* y REVELACIONES de los MISTERIOS DE CRISTO. También revelan su voluntad y propósito, lo que establece a la Iglesia sobre los fundamentos de Dios y la alinea con Jesucristo, la piedra angular del edificio.

El mismo estudio de pastores, evangelistas y maestros revela que ellos no tienen el mismo tipo de comisión y unción que los apóstoles y profetas. Esto nos muestra que tienen la unción para enseñar La Palabra escrita de Dios (*logos*) y proclamar las revelaciones que los apóstoles y profetas han traído con cada movimiento de restauración dentro de la Iglesia. El pastor, evangelista y maestro son extensiones de Jesucristo, como también lo son el apóstol y el profeta. La diferencia principal radica en que a estos últimos se les ha dado una unción única, y con ella una gran responsabilidad y rendición de cuentas directamente ante Dios.

Algunos historiadores se refieren a Martín Lutero como un profeta. Yo creo que todos los padres del movimiento de restauración eran apóstoles o profetas. Esto no los hace mayores o menores que los otros tres, pero es un hecho bíblicamente demostrado que Dios invistió estas unciones y ministerios en sus profetas y apóstoles.

Recuerde que los profetas escribieron la mayoría de los treinta y nueve libros del Antiguo Testamento. Los apóstoles escribieron la mayoría de los veintisiete libros del Nuevo Testamento, con Pablo a la cabeza, que escribió catorce de ellos. Esto nos provee una mayor evidencia de su ministerio igualmente especial de revelación de parte de Dios, y de cómo pusieron el fundamento de la Iglesia del Nuevo Testamento y de cada verdad y ministerio de restauración. Todas Las Escrituras revelan esta verdad. Algunos han dicho que los apóstoles de la Iglesia tomaron el lugar de los profetas de Israel. Esta es una suposición imprecisa. Las Escrituras no afirman o sugieren algo así. Es posible que, si el ministerio de los apóstoles hubiera existido en el Antiguo Testamento, varios de los hombres que eran llamados profetas hubieran sido llamados apóstoles, como es el caso de Moisés, Abraham y David. La Biblia declara que esos grandes líderes eran profetas. Hoy podemos llamarlos profetas apostólicos o apóstoles proféticos. Los apóstoles no restan al ministerio de los profetas. Como ya hemos analizado en otras áreas del libro, el apóstol es un nuevo ministerio que Cristo dio a luz por su especial propósito. Los apóstoles son únicamente encontrados en el Antiguo Testamento, evaluándolos simbólicamente en relación con los patriarcas, jueces y reyes. Los apóstoles y profetas son dos ministerios distintivos que Cristo estableció en la Iglesia. Ellos tienen unciones más parecidas y ministerios más similares que ningunos otros dos ministerios en La Biblia.

> *En verdad, nada hace el Señor omnipotente sin antes revelar sus designios a sus siervos los profetas.*
>
> –Amós 3:7

> *... el misterio que me dio a conocer por revelación, como ya les escribí brevemente. Al leer esto, podrán darse cuenta de que comprendo el misterio de Cristo. Ese misterio, que en otras generaciones no se les dio a conocer a los seres humanos, ahora se les ha revelado por el Espíritu a los santos apóstoles y profetas de Dios.*
>
> –Efesios 3:3-5

Por lo tanto, ustedes ya no son extraños ni extranjeros, sino conciudadanos de los santos y miembros de la familia de Dios, edificados sobre el fundamento de los apóstoles y los profetas, siendo Cristo Jesús mismo la piedra angular.

–Efesios 2:19-20

En los días en que hable el séptimo ángel, cuando comience a tocar su trompeta, se cumplirá el designio secreto de Dios, tal y como lo anunció a sus siervos los profetas.

–Apocalipsis 10:7

¡Alégrate, oh cielo, por lo que le ha sucedido! ¡Alégrense también ustedes, santos, apóstoles y profetas!, porque Dios, al juzgarla, les ha hecho justicia a ustedes.

–Apocalipsis 18:20

Los varios ministerios de los profetas están plenamente demostrados en su ministerio al pueblo elegido de Dios, Israel. Los ministerios de los apóstoles están plenamente demostrados en su ministerio al pueblo escogido de Dios, la Iglesia. Dios no cambió cuando la Iglesia y la Dispensación de la gracia fueron establecidas. Él solo demostró su naturaleza de gracia amorosa, perdonadora, redentora y salvadora, y su carácter a través de Jesucristo, su Hijo. Dios no cambió. Simplemente cambió su pacto con nuevas maneras para que su pueblo se relacionara con Él. Dios es el mismo en el Antiguo Testamento que en el Nuevo. *"Yo, el Señor, no cambio"* (Malaquías 3:6a). Si el Dios Eterno no cambia, y Jesucristo es el mismo ayer, hoy y siempre (Hebreos 13:8), y si Jesucristo y el Padre son uno (Juan 10:1), entonces no hay un Dios del Antiguo y un Dios del Nuevo Testamento, sino un SEÑOR Dios eterno e inmutable. Fue Dios el Padre el que tanto AMÓ al mundo que dio a su Hijo unigénito (Juan 3:16). La Biblia habla sobre el AMOR de Dios y el hecho de que Dios es AMOR. Todo el plan de amor, misericordia y gracia para el Nuevo Testamento provino del corazón y la naturaleza de Dios. Jesús fue la manifestación del Dios de amor y el instrumento para implementar todas las bendiciones que tenemos en la Iglesia.

Los profetas del Antiguo Testamento eran una extensión y expresión del corazón y la mente de Dios. Los profetas del Nuevo Testamento son una extensión y expresión de Jesucristo, el Hijo de Dios, que es el mismo que el Padre. Jesús, el Hijo de Dios, y Dios el Padre no son dos dioses separados con diferentes características, atributos, actitudes y carácter. Jesús dijo que Él y su Padre eran uno, lo cual significa que Ellos son idénticos en cada área de su ser. ¿Entonces por qué algunos maestros declaran que los profetas del Antiguo Testamento son diferentes a los profetas del Nuevo? Los profetas son iguales como el Dios eterno al que representan. Jesús fue declarado como el profeta de Dios, es decir, la expresión del corazón y la mente de Dios. El profeta es uno de los cinco ministerios que son a su vez una extensión y expresión del corazón y la mente de Cristo, quien era Dios "*manifestado en carne*" (1 Timoteo 3:16). Dios ya tenía varios miles de años de los ministerios de sus profetas registrados y listos para ser canonizados. Por lo tanto, en los registros de la Iglesia del Nuevo Testamento Él minimizó las ilustraciones sobre el profeta y maximizó las del apóstol. Debido a que los apóstoles eran ministerios desconocidos, tuvieron que ser establecidos como permanentes, importantes y vitales en edificar la Iglesia de Cristo según su patrón preordenado y su propósito final.

Los profetas del Antiguo Testamento hicieron por el pueblo del Dios lo mismo que los apóstoles del Nuevo Testamento lo hicieron por el pueblo de Cristo. Los profetas actuales tienen la misma unción, autoridad y ministerio que tuvieron en el Antiguo Testamento. Los apóstoles y profetas son ministerios semejantes con muchas unciones, habilidades, autoridades y ministerios similares. Los apóstoles son casi siempre mencionados primero por todas las razones anteriormente referidas, y por la preeminencia de los doce que Jesús escogió, a los cuales llamó *apóstoles*. Él no los llamó sacerdotes, sumos sacerdotes, reyes, profetas, pastores, evangelistas o maestros. Ninguno de los libros del Nuevo Testamento fue escrito por otro ministerio reconocido de los cinco ministerios, además de los apóstoles. Es lo mismo en el caso de la mayoría de los libros del Antiguo Testamento, que fueron escritos por hombres a los que Dios llamó *profetas*, como Moisés, Samuel, David y los cinco profetas mayores y los doce menores que tienen libros de La Biblia llamados por su nombre, tales como Daniel, Isaías, Jeremías, Joel y Malaquías. Lucas, el médico, escribió la única historia bíblica sobre la Iglesia en acción, "Los Hechos de los apóstoles". A través de la historia "el libro ha sido llamado con una variedad de nombres además del que actualmente lleva: *Los hechos del Señor ascendido y glorificado*, *El libro*, *La demostración de la resurrección*, *Los hechos del Espíritu Santo*, *El Evangelio del Espíritu Santo*, y a veces llamado *El quinto Evangelio*"[1]. La razón principal por la cual

---

1 Adam Clarke, *Comentario de La Santa Biblia*, Casa Nazarena de Publicaciones.

optaron por "Hechos de los Apóstoles" es que el libro se basa en el ministerio de dos apóstoles, Pedro en la primera parte, y Pablo en el resto del libro.

El nombre del libro no estuvo decidido por varios siglos después de que la Iglesia fuera establecida. Para ese tiempo el título de obispo se había vuelto sinónimo de apóstol. El Obispo Calixto en el año 220 fue el primero en proclamarse como obispo de obispos y apóstol de apóstoles. Él basó su autoridad en Mateo 16:18, alegando que estaba en sucesión apostólica directa del Apóstol Pedro. La Iglesia mundial hizo otra transición en el siglo IV.

> Para fines del siglo IV el título Obispo fue reemplazado por Patriarca. Eran de una autoridad igual, cada uno con completo control sobre su provincia. Los cinco Patriarcas que dominaron el cristianismo tenían su sede central en Roma, Constantinopla, Antioquia, Jerusalén y Alejandría. Luego de la división del imperio romano en este y oeste, la lucha por el liderazgo del cristianismo era entre Roma y Constantinopla[2].

La Iglesia mundial luego se dividió en dos grandes organizaciones religiosas. La Iglesia griega ortodoxa oriental tuvo sus cuarteles generales en Constantinopla, y el mundo occidental bajo el dominio de la Iglesia católica romana, en Roma. Los ortodoxos retuvieron los títulos de patriarcas, pero los católicos usaron los títulos de padres, sacerdotes y obispos, y gradualmente desarrollaron otros títulos, como ser cardenales, para describir las posiciones en su pirámide de autoridad. Luego de muchos años el rótulo de Papa fue elegido para identificar al hombre que era el padre de padres y apóstol de apóstoles. Él también alega la línea sucesoria del Apóstol Pedro. Mi esposa y yo estuvimos en Roma y visitamos la Catedral de San Pedro. En una pared enorme han listado los nombres de los apóstoles desde Jesucristo, junto con el Apóstol Pedro, y luego una sucesión de cientos de nombres hasta el último apóstol, el Papa actual en Roma. Dicen que sus derechos y autoridad vienen de estar en directa sucesión con el Apóstol Pedro hasta el actual apóstol-papa de la Iglesia católica romana. Cuando su posición soberana fue establecida, fue proclamado "El apóstol-padre-papa" con el derecho al liderazgo de todo el cristianismo, sólo debajo de Jesús. Fue proclamado como el único sobre la Tierra que puede recibir revelación

---

2 Bill Hamon, *The Eternal Church* [La Iglesia eterna], Santa Rosa Beach, FL, Christian International Publishers, 1981, p. 94.

directa de parte de Dios y emitir decretos apostólicos-papales que eran tan obligatorios como Las Escrituras. Así que podemos ver por qué estos líderes cristianos preferían el título "Hechos de los apóstoles" por encima de los demás títulos que habían sido usados para describir la actividad de la Iglesia durante sus primeras décadas de existencia.

Los líderes eclesiásticos de muchas naciones están preocupados sobre esta área y sobre cómo se desarrollará el Movimiento apostólico. Algunos ya enseñan y escriben libros afirmando lo siguiente acerca de los apóstoles: que cada ministro e iglesia local debería estar debajo de un apóstol y, que si no, están fuera del orden divino e incorrectamente cubiertos. Esta declaración es idealista, pero no realista. ¿Por qué? Primero, porque no hay texto correctamente interpretado que sugiera este concepto. Tiene algo de verdad, pero no lo suficiente como para ser dogmático. En segundo lugar, porque conducirá a abusos y al extremismo.

Es el mismo pensamiento y razonamiento de Las Escrituras con que los extremistas del Movimiento de discipulado solían declarar que cada mujer, casada o soltera, debía tener un hombre que fuese su cobertura, o de otro modo ella estaría fuera de orden y sin una cobertura apropiada. Eso ha creado una gran atadura, confusión y una estructura de autoridad piramidal que Dios tuvo que disipar. Ellos tenían, al menos, afirmaciones bíblicas: "*Cristo es cabeza de todo hombre, mientras que el hombre es cabeza de la mujer*" y "*ni tampoco fue creado el hombre a causa de la mujer, sino la mujer a causa del hombre*" (1 Corintios 11:3b, 9). Pero aquí no hay ninguna declaración de que el apóstol es la cabeza de todo ministro o iglesia local. Los apóstoles no fueron creados para el resto de los cinco ministerios e iglesias locales, ni tampoco los ministros e iglesias fueron creadas para que los apóstoles tuvieran dominio sobre ellos y que siempre fueran supremos en dirección. Tal enseñanza, de ser llevada al extremo, puede producir los mismos resultados que ocurrieron en el deterioro de la Iglesia y que produjo el sistema papal.

Aunque yo soy un apóstol, preferiría tener como líder a un pastor maduro que tenga años de experiencia y haya alcanzado gran sabiduría y consejo que un novato que ha sido proféticamente *llamado a ser* un apóstol, pero sin años de experiencia, madurez, sabiduría y comisión apostólica. Lea otra vez el Capítulo 6 sobre "Llamado o comisión". Recuerde que el llamado a un ministerio quíntuple no le da a uno automáticamente la habilidad de ser inmediatamente ese ministro con toda la autoridad y unción que el oficio lleva.

Los que somos escogidos y destinados a ser líderes en el Movimiento apostólico no debemos irrumpir y empezar a hacer declaraciones enfáticas respecto de quiénes son los apóstoles y qué pueden o no pueden hacer. Hasta ahora no ha habido un Movimiento apostólico oficial que cumpla los siete principios de un movimiento ordenado por Dios y dirigido soberanamente por el Espíritu Santo. A modo de ilustración, tuvimos cuatro apóstoles y cuatro profetas como oradores en nuestra Sexta Conferencia Anual de Profetas organizada por CI en 1992. La mayoría de ellos no eran ministros de CI. Todos ellos atestiguaron y profetizaron que la concepción de lo apostólico había tenido lugar para ellos en esa conferencia. Otros varios ministerios han testificado que cosas similares estaban sucediendo en los últimos años.

En 1994, en la Octava Conferencia Anual de IGOP acepté la *comisión* de Dios como uno que formaba parte de su nueva generación de apóstoles restaurados del tiempo final. Este era el cumplimiento de más de veinte profecías que había recibido durante los últimos veinticinco años, y que contenían afirmaciones tales como "llamado a ser apóstol", "unción y manto apostólico", "un apóstol a los profetas y un profeta a los apóstoles", "un apóstol que creará una compañía de apóstoles" (como ya había engendrado y creado una compañía de profetas). Todas esas declaraciones proféticas habían sido habladas por profetas maduros en muchas partes de los Estados Unidos y en varias naciones del mundo. Pero no propagué estas cosas hasta que el proceso de preparación de Dios me había llevado a su tiempo divino y comisión para el cumplimiento de esa parte de mi llamado y destino.

CI no ha tenido, como tampoco ningún otro lugar que yo sepa, un movimiento soberano de Dios de restauración que pudiera ser llamado el nacimiento del Movimiento apostólico. Sin embargo, Dios podría hacer algo nuevo y permitir que los apóstoles evolucionen y terminen junto con los profetas, colaborando en el cumplimiento de la restauración plena de apóstoles y profetas. Una de las diez cosas principales que Dios hizo en el Movimiento profético, fue preparar el camino y alistar a la gente para recibir el ministerio de los apóstoles. Sin embargo, eso sería diferente al modo habitual en que Dios ha restaurado verdades y ministerios en su Iglesia. A pesar de lo que haya pasado, o cómo, cuándo y dónde tendrá lugar, el hecho es que la revelación de lo que los apóstoles son para la Iglesia ha sido extendida por ministros e iglesias que caminan en la verdad presente. Muchos ministerios influyentes están de acuerdo en que el Espíritu Santo está dando a luz un Movimiento apostólico que no cesará hasta que los apóstoles sean plenamente restaurados, y cumplan su ministerio en la Iglesia como Dios predestinó y ordenó para ellos.

Ejemplos de los ministerios de apóstoles y profetas que trabajan juntos: En el capítulo 16 de Mateo, Pedro recibe la revelación de que Jesús es el Hijo de Dios. En el capítulo 17, Jesús toma a Pedro, Juan y Jacobo y los lleva con Él a la cima de lo que luego se conoció como Monte de la Transfiguración. Él quería clarificarle la revelación a Pedro y al resto de los apóstoles de que Él no era simplemente un gran profeta como Elías o meramente un gran líder y libertador como Moisés. **Jesús es el Hijo de Dios**. Él es el Unigénito de Dios. Él no era tan solo un hombre maravilloso, sino que era el Hombre que sería el único Mediador entre Dios y la humanidad. Cuando Pedro vio a Moisés y Elías de pie junto a Jesús en gloria, dijo algo que reveló que no tenía la revelación completa de Jesucristo.

> *Pedro le dijo a Jesús:*
> *–Señor, ¡qué bien que estemos aquí! Si quieres, levantaré tres albergues: uno para ti, otro para Moisés y otro para Elías.*
> *Mientras estaba aún hablando, apareció una nube luminosa que los envolvió, de la cual salió una voz que dijo: "Este es mi Hijo amado; estoy muy complacido con él. ¡Escúchenlo!"*
>
> –Mateo 17:4-5

Luego de eso, Elías y Moisés desaparecieron y Jesús quedó solo delante de ellos.

Aunque Pedro había recibido una revelación de que Jesús era el Hijo de Dios, no había recibido la completa implicancia de ellos. Estaba listo para hacer tres tabernáculos de igual importancia, lo cual reduciría a Jesús a ser solo uno entre los grandes representantes de Dios. Muchos grupos nombrados entre el cristianismo describen a Jesús así, al igual que la religión islámica. Este relato bíblico muestra que podemos tener una revelación de un Movimiento apostólico venidero y la restauración de los apóstoles, pero no tener sentido pleno de las implicancias y aplicaciones correctas de esa revelación. Solo hay un Apóstol Supremo y un Profeta que todo lo sabe, Jesucristo, el gran Pastor y Apóstol de nuestras almas, y el poderoso Profeta, que no solo señala el camino, sino que es el Camino, la Verdad y la Vida. De ninguna manera debemos trasmitir la idea que los apóstoles y profetas del tiempo final tienen alguna posición elevada o autoridad sobre la Iglesia como el apóstol-papa de Roma dice tener. Ellos son simplemente dos expresiones de Jesucristo. Su posición está por debajo del edificio de la Iglesia, no en lo alto. Su lugar dado por Dios no fue el pináculo o el techo de la Iglesia, sino sus fundamentos. No son ministerios exaltados, sino ministerios sobrenaturales de sostén de la Iglesia.

Había otro propósito más en la transfiguración. Pablo declaró a los judíos que Moisés y los profetas testifican de Jesús como el Mesías prometido y el Hijo unigénito de Dios. Se refería al Pentateuco (los primeros cinco libros de La Biblia) que Moisés había escrito, los cuales incluían la Ley y el Tabernáculo de Dios. Los profetas hacían referencia a todos los libros del Antiguo Testamento que fueron escritos por los profetas. Los libros que Moisés escribió y los escritos de los profetas eran la única Biblia que tuvo la Iglesia del primer siglo, además de las cartas/epístolas que habían sido escritas por hombres reconocidos con autoridad divina dentro de la Iglesia. Pasaron varios siglos hasta que los escritos del Nuevo Testamento fueron compilados y reunidos con los escritos del Antiguo Testamento de modo de armar La Biblia de sesenta y seis libros. Hay varias aplicaciones de verdades del pasado, presente y futuro que la transfiguración de Jesús con Moisés y Elías representa, además de simplemente atestiguar del mesianismo de Cristo. Creo que también hay una aplicación para la restauración de apóstoles y profetas.

RETRATO DE MOISÉS Y ELÍAS

MOISÉS

A. Pentateuco, Ley y Tabernáculo
B. Testigo de la Ley
C. Apóstoles del Nuevo Testamento
   1. El olivo de la derecha del candelabro
   2. Una rama de olivo que ministra aceite
   3. Uno de los dos testigos
   4. Mano derecha y ojo del Cuerpo

ELÍAS

A. Escritos de los Profetas
B. Testigo de los Profetas
C. Profetas del Nuevo Testamento
   1. El olivo de la izquierda del candelabro
   2. Otra rama de olivo que da aceite
   3. El otro testigo
   4. Mano izquierda y ojo del Cuerpo

El profeta Zacarías vio una visión de una lámpara con un recipiente en la parte superior. Había dos árboles de olivo junto a ella, una a la izquierda y otra a la derecha. También vio ramas de olivo que chorreaban aceite en los receptáculos de los dos tubos de oro del cual el aceite drenaba. Entonces el ángel le preguntó si sabía lo que era todo esto, y él dijo: *"No, señor mío"*. Luego el ángel le dijo: *"Estos son los dos ungidos que están delante del Señor de toda la Tierra"* (Zacarías 4). Los teólogos han interpretado que esos dos eran Moisés y Elías, Israel y la Iglesia, el Arcángel Miguel y el Arcángel Gabriel. Cualquiera de los dos o posiblemente de los tres pares en diferentes maneras, tiempos y propósitos de Dios, podrían representar los dos olivos. Quisiera presentar otra posibilidad de los olivos como los apóstoles y profetas del tiempo final. Ellos bien podrían ser una compañía de profetas y una compañía de apóstoles de pie a la derecha y a la izquierda de Cristo que colaboran con Él en provocar la consumación de la era de la Iglesia de Jesucristo y ayudan a establecer el Reino de Dios sobre la Tierra. Consideremos primero varias cosas a fin de determinar la validez de esto como una posibilidad real.

El apóstol y el profeta son los dos que tienen la unción para derramar el aceite de la revelación en el recipiente de los otros ministerios quíntuples y líderes que son los tubos de los cuales el aceite dorado de la verdad se derrama sobre toda la Iglesia. Escuche lo que este pasaje profético tiene para decir: "*¿Quién es esta que se muestra como el alba, hermosa como la luna, esclarecida como el sol, imponente como* ***ejércitos*** *en orden? Vuélvete, vuélvete, oh sulamita* [Iglesia]; *vuélvete, vuélvete* [sé restaurada], *y te miraremos. ¿Qué veréis en la sulamita? Algo como la* ***reunión de dos campamentos***" (Cantar de los Cantares 6:10,13, RVR60). Esto podría aplicarse a las dos compañías de apóstoles y profetas que traerán revelación, aplicación y tiempo específico para que los santos del ejército del Señor se levanten y tomen el Reino para Dios (Daniel 7:18,27). Pero el clamor del Novio es que los apóstoles y profetas de Dios, sean completamente restaurados dentro de la Iglesia, y llevarlos a la plena belleza y estatura que Dios ha predestinado para la Novia de Cristo.

El libro de Apocalipsis, que habla mucho sobre el ministerio de la Iglesia en los tiempos finales y sobre su destino eterno, hace las siguientes declaraciones: declara que un gran ángel vino del cielo y puso su pie derecho sobre el mar y su pie izquierdo sobre la tierra. Entonces rugió como un león mientras que dijo que ya no habría más demora en ejecutar y finalizar todos los propósitos proféticos de Dios. Luego declaró que "*se cumplirá el designio secreto de Dios, tal y como lo anunció a sus siervos los profetas*" (Apocalipsis 10:7). Los profetas que revelan los misterios finales de Dios comenzarán a hacerlo con la primera nota del sonido de las siete trompetas. Los días del sonar de la séptima trompeta continuarán hasta que todos los misterios sean revelados, Las Escrituras cumplidas y todo esté preparado, para que cuando el séptimo ángel toque la última nota, una transición victoriosa en su clímax pueda tener lugar en la Iglesia de Cristo y este mundo que le pertenece a Dios. "*Tocó el séptimo ángel su trompeta, y en el cielo resonaron fuertes voces que decían: 'El reino del mundo ha pasado a ser de nuestro Señor y de su Cristo, y él reinará por los siglos de los siglos'*" (Apocalipsis 11:15).

Sin embargo, muchas cosas ocurren entre Apocalipsis 10:7 y 11:15. El apóstol Juan, que tenía la visión y se comunicaba con el ángel, comió el librito que el ángel le dio. Entonces el ángel le dijo: "*Entonces se me ordenó: 'Tienes que volver a* ***profetizar*** *acerca de muchos pueblos, naciones, lenguas y reyes'*" (Apocalipsis 10:11b). Le entregó al apóstol Juan una vara de medir y le dijo: "*Levántate y mide el templo de Dios y el altar, y calcula cuántos pueden adorar allí*" (Apocalipsis 11:1b). Esto significa que los apóstoles proféticos o los profetas apostólicos van a medir la Iglesia de arriba abajo, descubriendo dónde está la falta, y luego traerán a la Iglesia a la medida de la plena estatura de Cristo Jesús.

Dios declara entonces:

> *Por mi parte, yo encargaré a mis dos testigos que, vestidos de luto, profeticen durante mil doscientos sesenta días. Estos dos testigos son los dos olivos y los dos candelabros que permanecen delante del Señor de la tierra. Si alguien quiere hacerles daño, ellos lanzan fuego por la boca y consumen a sus enemigos. Así habrá de morir cualquiera que intente hacerles daño. Estos testigos tienen poder para cerrar el cielo a fin de que no llueva mientras estén profetizando; y tienen poder para convertir las aguas en sangre y para azotar la tierra, cuantas veces quieran, con toda clase de plagas.*
>
> –Apocalipsis 11:3-6

Esto suena como las mismas cosas que Moisés y Elías hicieron. Moisés azotó a Egipto con las diez plagas, incluyendo cambiar el agua en sangre, hacer que el clima y los elementos de la naturaleza atrajeran plagas de moscas, granizo, enfermedades y muerte a sus animales, y finalmente la muerte a los primogénitos de Egipto. Elías profetizó y atrajo tres años de hambre sobre Israel. El profeta Elías también hizo descender fuego del cielo que consumió a dos grupos de cincuenta personas cada uno que venían a detenerlo a él. El fuego cayó y los quemó hasta dejarlos hechos cenizas. Pedro habló juicio sobre Ananías y Safira por mentirle al Espíritu Santo, haciéndolos morir inmediatamente. Pablo pronunció un juicio de ceguera sobre un hombre que trató de obstaculizar el Evangelio. El profeta Ágabo profetizó sobre el hambre y las condiciones mundiales. Los decretos proféticos de los profetas de antaño y las señales, maravillas y milagros de Moisés son las mismas cosas que los apóstoles y profetas hicieron en el Nuevo Testamento. Los apóstoles hicieron señales, maravillas y milagros, mientras que los profetas profetizaron decretos divinos que afectaron los elementos naturales, naciones y pueblos. Hay muchas similitudes que los profetas Moisés y Elías tienen con los apóstoles y profetas de la Iglesia de Dios. Tienen el mismo ministerio y atributos de los dos testigos que profetizaban poderosamente y hacían milagros en el capítulo 11 de Apocalipsis. Por lo tanto, creo que esta correlación y aplicación de todos estos pares cumplen las reglas de la interpretación bíblica y profecías de doble aplicación para ser los apóstoles y profetas de los tiempos finales completamente restaurados por Dios. Ellos son los generales de una compañía de ministros apostólicos y santos, y de una compañía de profetas, ministros proféticos y santos proféticos.

La persecución y el poder de los apóstoles y profetas (Lucas 11:49; Apocalipsis 18:20). Dios, en su sabiduría, dijo que Jesús enviaría Apóstoles y Profetas **durante** la era de su Iglesia y algunos de ellos serían perseguidos y asesinados (Mateo 23:24). Apocalipsis capítulos 16-18 contiene la descripción de la gran Babilonia, la madre de las rameras. Caracteriza a Babilonia, como el sistema religioso y secular del imperio babilónico. Estos capítulos describen los juicios de Dios sobre Babilonia. Son similares a los juicios de Dios derramados sobre Egipto a través de Moisés. *"Dios se acordó de la gran Babilonia y le dio a beber de la copa llena del vino del furor de su castigo"* (Apocalipsis 16:19b).

Dios declaró que sus juicios y plagas serían derramados sobre Babilonia: *"ellos derramaron la sangre de* ***santos y de profetas****, y tú les has dado a beber sangre, como se lo merecen"* (Apocalipsis 16:6). En el medio de estas plagas que vienen sobre Babilonia y de los santos siendo grandemente perseguidos, el Señor Jesús da una palabra de consuelo a su Iglesia:

"¡Cuidado! ¡Vengo como un ladrón! Dichoso el que se mantenga despierto, con su ropa a la mano, no sea que ande desnudo y sufra vergüenza por su desnudez" (Apocalipsis 16:15).

Juan, el de la revelación, dijo que él vio a la mujer (Babilonia) ebria con **la sangre de los santos** y con **la sangre de los mártires de Jesús**. *"Los habitantes de la tierra, cuyos nombres, desde la creación del mundo, no han sido escritos en el libro de la vida..."* (Apocalipsis 17:8b). Durante ese tiempo habrá santos en la Tierra cuyos nombres estarán escritos en el Libro de la Vida de Dios. Otro ángel *"gritó a gran voz: '¡Ha caído! ¡Ha caído la gran Babilonia! Se ha convertido en morada de demonios y en guarida de todo espíritu maligno, en nido de toda ave impura y detestable'"* (Apocalipsis 18:2). *"Luego oí otra voz del cielo que decía: 'Salgan de ella,* ***pueblo mío****, para que no sean cómplices de sus pecados, ni los alcance ninguna de sus plagas'"* (Apocalipsis 18:4).

Luego vino una voz del cielo que dijo: *"¡Alégrate, oh cielo, por lo que le ha sucedido! ¡Alégrense también ustedes,* ***santos****,* ***apóstoles*** *y* ***profetas****!, porque Dios, al juzgarla, les ha hecho justicia a ustedes"* (Apocalipsis 18:20). Al igual que los dos testigos que fueron martirizados, pero sobrenaturalmente levantados de vuelta a la vida, muchos de los apóstoles y profetas que ministren durante ese tiempo serán perseguidos y muertos. La razón por la que Babilonia se indigna tanto con los santos apóstoles y profetas de Dios, es porque ellos son los instrumentos de Dios sobre la Tierra que declaran estas plagas y las hacen realidad. **Lo que los ángeles hacen sonar con sus trompetas en el cielo, los profetas y apóstoles hacen eco sobre la Tierra**. Son ministros sobre la Tierra que proclaman lo que los ángeles decretan en los cielos; al igual que cuando Moisés hablaba los juicios y plagas sobre Egipto, los ángeles hacían sonar eso mismo en el cielo.

Los santos profetas y apóstoles de la Iglesia de Dios tienen un ministerio en conjunto para precipitar la caída de Babilonia la Grande. Su autoridad será fuera de todo lo que hemos visto en nuestros días. Ellos también recibirán la mayor persecución por parte del sistema religioso, la Babilonia, y el imperio babilónico mundano. Cómo Moisés y Elías, los apóstoles y profetas de Dios prevalecerán sobre todos sus enemigos hasta el fin.

Los ministerios mutuos de apóstol y profeta

El significado ético de mutualismo es interdependencia, como contrario al individualismo. Mutuo significa que dos personas tienen tantas cosas en común en sus habilidades, visión y ministerios, que son interdependientes uno del otro en vez de ser independientes uno del otro. No hay competencia, sino un complemento del otro. Sus llamados, ministerios y destinos están ligados. Ellos se dan uno al otro su mutuo respeto y honor, cuando cada uno acepta y aprecia al otro. Los ministerios mutuos de apóstoles y profetas pueden estar unidos como mellizos y tener tanto en común, pero cada uno tiene su personalidad singular y sus propias habilidades. Sin embargo, sus métodos y enfoques parecen venir de direcciones opuestas, como la mano derecha y la izquierda, para cumplir sus metas para su vida y ministerio personal.

A ambos les fue dado el ministerio de revelación para la Iglesia (Efesios 3:5). Pablo declaró que su entendimiento de la Iglesia como el Cuerpo de Cristo compuesto por muchos miembros, fue obtenido por la unción de revelación divina que Dios le había dado como apóstol. Él recibió esta revelación de la Iglesia directamente del corazón y la mente de Dios. La revelación consistía en el hecho de que judíos y gentiles, tanto hombres como mujeres, libres y esclavos, podían transformarse en miembros directos del Cuerpo de Cristo, sin la Ley de Moisés, la circuncisión, o convertirse en judíos prosélitos primero. En sus epístolas a la iglesia de Roma, Galacia y Éfeso, él puso el fundamento de esta verdad revolucionaria. También revela que su unción de revelación divina no fue dada solo a los profetas de la antigüedad, sino que ahora había sido igualmente dada a los santos apóstoles y profetas en su Iglesia.

Su ministerio mutuo de echar los cimientos (Efesios 2:20). Pablo enfatizó que Jesucristo era la piedra angular de la Iglesia, la cual es llamada a ser un edificio que crezca hasta que sea capaz de convertirse en una habitación de Dios a través de su Espíritu Santo. Por el espíritu de revelación en Cristo Jesús, declaró que los apóstoles y profetas eran el cimiento sobre el cual la Iglesia/Edificio de Dios había de ser construida. Ellos no solo debían poner el fundamento para la era de la Iglesia, sino también debían ser los ministerios actuales que colocaban los cimientos para la Iglesia. Tienen ministerios semejantes para establecer el fundamento de las iglesias. Pero al igual que la mano derecha y la izquierda que llevan alimento a la boca, su acercamiento proviene de diferentes direcciones.

El apóstol y profeta funcionan en manera diferente en su ministerio mutuo de colocar el cimiento. Durante años me he movido en este ministerio de profeta y también he colaborado con apóstoles estableciendo iglesias sobre una base firme. Ahora, desde hace pocos años, he comenzado a operar como un apóstol y he sido divinamente investido de ambos ministerios. Puedo decir cuándo estoy moviéndome en lo profético y cuándo en lo apostólico, o cuándo ministro en ambos oficios.

Permítame tratar de explicar el enfoque del profeta por un lado y del apóstol por otro. Hace más o menos veinte años Dios comenzó a desafiarme a dar una palabra profética de lo que Cristo le diría a una iglesia local en particular si Él estuviera allí personalmente. Esto les ayudaría a encontrar un fundamento de confianza respecto a dónde estaban en su viaje progresivo de cumplir el propósito de Dios para su existencia.

Jesús le dictó a Juan siete cartas para siete iglesias de Asia. Siguió el mismo patrón para cada una de las iglesias, pero tenía una revelación, recomendación y condenación específicas para cada iglesia local. Jesús obra de una manera parecida conmigo cuando voy a distintas iglesias y países. Siempre me ha dado un marco escritural con una aplicación especial para el pastor o su congregación. Dios a veces revelará una de las siete cartas como aplicable a esa iglesia. El Espíritu Santo puede revelar dónde están en su peregrinaje personal saliendo de Egipto para entrar en su Canaán prometida, dónde pelean para poseer su heredad. Otras veces Él usa un fondo bíblico en uno de los libros de los profetas o de los libros históricos. Este tipo de palabra profética no es entregada del mismo modo que la profecía personal. Les explico que estoy hablándoles ese domingo a la mañana, no como un predicador con su mensaje favorito o un maestro que enseña una verdad bíblica establecida, sino como un profeta con una palabra profética que el Espíritu Santo quiere aplicar en su iglesia de forma personal.

Sabiduría para profetizarle al liderazgo. El liderazgo en la mayoría de los lugares donde ministré, tiene la seguridad de que la palabra hablada será precisa, sazonada con sal y entregada en amor con sabiduría y discreción. Tengo la política de siempre comprobar primero con los pastores que no están familiarizados con este tipo de ministerio profético. Si ellos se sienten incómodos o dicen que preferirían no recibir ese tipo de ministración, entonces busco al Señor por la verdad *Logos* que Él quiere que predique, o simplemente predico sobre lo que siento más cómodo en mi espíritu. Sin embargo, si Dios declara que debo decirlo, ya sea que el pastor lo quiera o no, entonces le hablo al pastor en privado o lo escribo y se lo doy allí mismo o más tarde lo envío por correo. Esto se basa en los principios proféticos que se encuentran en Jeremías y Ezequiel.

Si hubiera cosas principales en la palabra profética que pudieran sugerir un cambio de dirección o cambios de personal para el liderazgo local, entonces se las comunico primero al pastor en detalle, y hago una aplicación general para que la escuche la congregación. Les enseño a todos nuestros profetas y apóstoles que viajan a otras iglesias, a respetar y honrar la directiva pastoral de la iglesia local. Él es el cuidador de ese rebaño. El pastor tiene la responsabilidad delante de Dios respecto de lo que hace con esa palabra. Si sabe que es de Dios, entonces debe obtener la sabiduría de Él sobre el cuándo, dónde y cómo entregar esa palabra profética a la iglesia.

Los **profetas** y **apóstoles** no tienen más derecho a entrar en una iglesia y tratar de reorganizar todo del que un padre de un hijo casado y con varios hijos tiene el derecho de entrar en su casa y reacomodarle todo. Ni tampoco un verdadero pastor entra en el hogar de uno de sus miembros y reacomoda todo en esa casa. Si una familia le da el derecho al pastor o un pastor da su supervisión apostólica el derecho y la autoridad, entonces tienen la libertad de ir y transmitir un fundamento apropiado para esa familia e iglesia. Si algún pecado fragante se está cometiendo en la iglesia local, entonces su supervisor apostólico o profético tiene el derecho de tomar cartas en el asunto para traer corrección y hacer modificaciones en la situación. Las iglesias o pastores independientes, así como los ministros itinerantes, que no están seriamente comprometidos en una relación de pacto con un supervisor maduro, no tendrán a nadie a quien acudir en la hora de la necesidad. Los amigos brindarán comprensión y ayuda cuando puedan, pero nadie traerá sabiduría y resolución a la situación como aquellos que han sido dados y han sido aceptados como autoridades delegadas por Dios para supervisar la vida y el ministerio de uno. La peor posición en la que alguien puede colocarse en este tiempo, es la del ministro o santo "llanero solitario" que es su propia cobertura y no está sometido a nadie. Junto a este, la próxima peor posición en la que alguien puede estar es la de estar ligado al grupo incorrecto, bajo un liderazgo inmaduro, que ni está ungido ni camina en la verdad presente. Al igual que hay algo peor para un mujer joven que estar soltera, y eso es estar casada con el hombre equivocado y fuera de la voluntad de Dios.

Los profetas ayudan a echar el cimiento en las iglesias, aclarando proféticamente la visión, dando dirección profética y orden en ciertas áreas de la iglesia, y revelando dónde se encuentran en su viaje hacia el cumplimiento del propósito progresivo de Dios para su iglesia local. Los profetas pueden revelar lo que ocurre en el mundo espiritual demoníaco, respecto a los demonios que han sido asignados por el diablo para detener y destruir la obra de Dios. Los profetas pueden revelar sobrenaturalmente y traer claridad y aplicación a lo que el liderazgo siente, como el profeta Daniel hizo por el rey de Babilonia y José hizo por el Faraón de Egipto. He dado palabras así a cientos de iglesias en la última década.

Descubrir y establecer los fundamentos. Se ha descubierto a través del Espíritu Santo que muchas iglesias fueron fundadas de la peor manera por alguien que solo quería abrir camino para su ministerio. Otras iglesias fueron verdaderamente engendradas por Dios y han sido levantadas para cumplir el propósito de Cristo. Algunos pastores toman el liderazgo de una congregación que ha sido establecida por muchos años. Pueden conocer su visión pero no saber si fue Dios o el hombre quien plantó esa iglesia. Si fue una iglesia que nació y se estableció por voluntad de Dios, el pastor puede no saber cuál era el propósito original de Dios al establecer ese tipo de iglesia en esa zona en particular. Algunas veces el propósito fundacional original tiene que ser descubierto proféticamente, o un nuevo fundamento debe ser puesto para cumplir el propósito de Dios actual para esa iglesia. Todas las iglesias que practican y predican la verdad son buenas. No obstante, algunas son ordenadas por Dios y Él especialmente dirigió a esa iglesia o ministerio a ser establecido por su causa, y no solamente por la causa del pastor o de la congregación. Una revelación profética tal pone un fundamento que no puede ser sacudido cuando el pastor lo sabe en su corazón y luego es confirmado y ampliado mediante un "Así dice el Señor".

El poder de la revelación profética. Muchas iglesias se han librado de divisiones y destrucción cuando un profeta vino, no sabiendo nada sobre el pastor o la congregación, y proféticamente reveló lo que sucedía en el reino espiritual. Cambia a los santos y al liderazgo de pelear unos con otros, a unirse para pelear contra los principados y potestades del diablo que están formados para batallar en contra de ellos. Especialmente ayuda cuando la palabra profética puede confirmar que el pastor no fue seleccionado por la denominación o auto designado, sino por elección de Dios, y está en esa posición y lugar por voluntad divina. Cuando la congregación y el pastor se dan cuenta de que no es con humanos de carne y sangre contra los que pelean, sino contra fuerzas malignas espirituales, eso destruye la confusión y establece un fundamento de unidad. Hace que la congregación se una cada uno entre sí y con el liderazgo, y depongan su propia visión personal para comprometerse en el cumplimiento de la única visión de Dios y el único propósito principal para su iglesia local.

Los apóstoles ponen el fundamento mediante la revelación divina, presentando la verdad con autoridad apostólica y sabiduría. A los apóstoles generalmente les gusta "oír las dos campanas" y luego dar un consejo sabio que corrija y se adapte a la voz de sabiduría, madurez y autoridad divina. Si es un nuevo fundamento que es puesto para la plantación de iglesias, entonces enseñan, predican y demuestran las doctrinas de Dios y echan el fundamento con los principios de la fe cristiana. Los verdaderos apóstoles que están ungidos por Dios y caminan en la verdad presente, hacen esto más que decir simples palabras y argumentos que convencen la mente. Ellos establecen el fundamento con una autoridad espiritual sobrenatural que cambia los corazones y activa los dones espirituales de vida eterna, el Espíritu Santo y los ministerios de los miembros. No establecen a las personas engañándolas con palabras de humana sabiduría, sino con poder y demostración del Espíritu Santo, con señales, prodigios y milagros (vea 1 Corintios 1-16).

Los apóstoles y profetas entrenan y ayudan a madurar a los santos. Ellos son colaboradores de Cristo, con los evangelistas, pastores y maestros, para equipar espiritualmente a los santos en su ministerio particular en el Cuerpo de Cristo (Efesios 4:11-16). Cuando cada miembro del Cuerpo está en su correcto lugar y funciona plenamente como debe, entonces todo el Cuerpo de Cristo trabaja y cumple su propósito, ya que es motivado por amor. **Este pasaje es el único en La Biblia en donde los cinco ministerios están enumerados juntos** (v. 11). Los cinco, incluyendo apóstoles y profetas, deben continuar funcionando hasta que como Iglesia de Cristo "*todos llegaremos a la unidad de la fe y del conocimiento del Hijo de Dios, a una humanidad perfecta que se conforme a la plena estatura de Cristo*" (v. 13). Ahora bien, ¡esa es una gran comisión de parte de Jesucristo! La palabra *estatura* significa edad o madurez. Eso quiere decir que el destino de Dios para la Iglesia es que se conforme a la semejanza de Cristo y manifieste la plenitud de su madurez y ministerio antes de la segunda venida de Jesús. La Biblia declara que cada Escritura será cumplida. Los cielos y la Tierra podrán pasar, pero La Palabra de Dios nunca pasará o fallará (Mateo 24:35). Está establecida para siempre en los cielos así como también en la Tierra (Salmo 119:89).

Hay algunos ministros cristianos que no creen en la plena restauración de la Iglesia. Creen que habrá solo unos pocos caminando en la fe. Declaran que el propósito de la segunda venida de Cristo (el rapto) es arrebatar la Iglesia de la Tierra antes de que el Anticristo se levante y los destruya por completo.

¿Qué motivará a Cristo a volver por su Novia/Iglesia? Jesús no estaba motivado a quitar a la Iglesia de la Tierra cuando millones de millones eran martirizados durante los primeros tres siglos. No estaba motivado a regresar durante la gran caída de la Iglesia. Ella estuvo en la condición de apostasía por más de mil años durante la Edad Oscura. Si Jesús estuviera esperando la gran caída de la Iglesia antes de venir, entonces pudo haber venido durante ese tiempo, pero no lo hizo. Sin embargo, sí vino a través de su Espíritu Santo para comenzar la gran restauración de la Iglesia, la cual ha ido creciendo progresivamente desde el año 1500 hasta el momento.

La Biblia revela solo una cosa que motivará a Jesús a regresar, y esa es el cumplimiento de Las Escrituras proféticas escritas por los profetas y apóstoles. Uno de esos pasajes proféticos es el que estamos considerando, el cual declara que los cinco ministerios deberán funcionar hasta que la Iglesia de Cristo sea completamente restaurada, una Iglesia gloriosa y sin mancha, una Iglesia vencedora, que someta a los enemigos de Cristo y los ponga debajo de sus pies. Si el rapto de la Iglesia tiene lugar antes de que esto se cumpla, entonces tendríamos que declarar que esas Escrituras fallaron en cumplirse, o los apóstoles y profetas y los otros ministerios quíntuples tendrán que continuar con su ministerio después del rapto y hasta que Las Escrituras se cumplan.

Los apóstoles y profetas tienen un ministerio similar respecto de llevar a la Iglesia de Cristo al ministerio y la madurez plena. Dios estableció cinco, no tres, para cumplir este ministerio. Por lo tanto, la restauración total de los profetas y apóstoles es esencial para que el propósito de Dios sea cumplido. Se necesita elevar un clamor dentro de las filas de los santos y del liderazgo, para que los apóstoles y profetas sean restablecidos a su posición legal y ministerio de poder dentro de la Iglesia.

En conclusión: se ha presentado suficiente evidencia escritural de que los apóstoles y profetas son ministerios gemelos. Ellos pueden hacer las mismas cosas, pero se abordan desde direcciones contrarias. Ambos echan el fundamento en la Iglesia y tienen el ministerio de revelar las cosas nuevas que Dios hace sobre la Tierra. Ambos ministran con una unción similar, pero tienen diferentes preocupaciones y métodos para lograr sus objetivos mutuos. Ambos profetizan, activan dones y ministerios, hacen milagros y tienen señales sobrenaturales y prodigios en sus ministerios. Sin embargo, los apóstoles tienen más unción para plantar iglesias y pastorear con éxito. Los profetas tienen una unción mayor para activar espiritualmente a los santos y ministros en sus dones y ministerios.

Los profetas hacen la mayoría de sus milagros mientras que profetizan y reciben una palabra de conocimiento sobre cierta situación, y entonces decretan proféticamente el poder milagroso de Dios. Yo diría que más del noventa por ciento de los cientos de milagros que he realizado en mi ministerio profético, ocurrieron mientras profetizaba. Ha habido cánceres sanados, corazones y sistemas sanguíneos restaurados y numerosas parejas que no podían tener hijos que fueron sanadas y pudieron concebir y tener hijos.

Los apóstoles hacen sus señales, maravillas y milagros con el poder de los dones de obrar milagros y el don de la fe. Tienen más milagros exteriores, tales como lisiados que caminan, ciegos que ven o sordos que oyen. (En otra sección abarcaremos las diferencias entre el ministerio de milagros del evangelista y el del apóstol.) Estas habilidades divinas son parte del equipamiento normal que viene con la comisión al oficio de un apóstol. Así como el gozo y la paz vienen con el don de la vida eterna, y un nuevo lenguaje espiritual viene con el don del Espíritu Santo, así también el profetizar viene con el don de revelación del profeta y lo milagroso con el apóstol. Podría llevar cientos de libros y horas de enseñanza y demostración por parte del apóstol antes de que él sea plenamente entendido en la Iglesia. Los apóstoles fueron los primeros en ser activados en la Iglesia, y ahora son los últimos en ser restaurados. Sin embargo, en este tiempo queremos establecer la realidad bíblica de que hay profetas y apóstoles presentes en la Iglesia.

Los apóstoles y profetas tienen ministerios mutuos en todo lo que hacen en el Cuerpo de Cristo. Al igual que los mellizos, están separados y son únicos en sus propios ministerios, pero tienen más cosas en común que con cualquiera de los demás ministerios mencionados. Son poderosos y efectivos en su propio ministerio, pero cuando se unen se multiplican varias veces. Uno puede poner en fuga a mil, pero cuando colaboran juntos, dos pueden hacer huir a diez mil. El diablo, la religión del viejo orden y los pseudo apóstoles y profetas independientes harán todo lo que esté a su alcance para que mantener a los apóstoles y profetas separados en dos campos bien diferentes. Tratarán de generar competencia y conflicto entre estos dos ministerios ungidos. Pero la voluntad de Dios en esta área ya está preestablecida para ser hecha, porque es su voluntad que los profetas y apóstoles trabajen juntos.

Los apóstoles y profetas son como un equipo de dos caballos que se arrean juntos y hacen avanzar a una carreta llena de ministerio ungido. Son como Elías y Moisés, los dos testigos, los dos olivos y las ramas que están delante del Dios de toda la Tierra. Han sido unidos por el Dios todopoderoso; y lo que Dios ha unido, ningún hombre lo separa.

10

El llamado y los ministerios de los ministros quíntuples

En los últimos años de la década de los noventa y los primeros del nuevo milenio, una mayor iluminación y entendimiento vendrán del Espíritu Santo para ayudar a los cinco ministerios a interrelacionarse correctamente durante la restauración de los apóstoles. También habrá revelación y diligencia divinas para la colaboración entre profetas y apóstoles.

En las cartas de Pablo a Timoteo y Tito, les dio directivas acerca de los requisitos para los obispos, ancianos y diáconos (1 Timoteo 3:1-13; Tito 1:5-9). Estas son instrucciones generales y requerimientos para aquellos que estarán en el liderazgo dentro de la Iglesia de Cristo. Pero no hay declaraciones en el Nuevo Testamento que hagan una distinción entre los cinco ministerios en relación a requisitos de carácter o de experiencias sobrenaturales, como tampoco hay distinciones o directivas dadas acerca de las posiciones que pueden ocupar dentro de la estructura de la Iglesia.

Cinco importantes observaciones deben ser consideradas y comprendidas respecto de los cinco ministerios:

1. Son todos ministerios de dirección. Es decir, son una extensión del ministerio de dirección de Jesucristo, la cabeza de la Iglesia. No son ministerios de "cuerpo", como los dones y ministerios que el Espíritu

Santo les da a los miembros del Cuerpo de Cristo. Técnicamente hablando, no son dones del Espíritu Santo, sino dones de la ascensión de Jesucristo mismo.

2. Los ministerios quíntuples son llamados a gobernar, guiar, reunir, cimentar y proteger al pueblo de Dios. Sin embargo, cada uno ha recibido una gracia especial y una habilidad en algún área más que en otra. Estas simples explicaciones no debieran ser vistas como limitaciones a las actividades de cada ministro, sino más bien como simples descripciones de la habilidad principal y unción divinamente otorgada a cada uno.
3. No es bíblico ni sabio poner un apóstol, profeta, evangelista, pastor o maestro en un molde de unciones o actividades limitadas. No hay Escrituras que sugieran que los cinco ministerios estén limitados a ciertas actividades ministeriales o posiciones de liderazgo. Los cinco dones de la ascensión de Cristo se superponen e integran como lo hacen los nueve dones del Espíritu Santo. Los cinco ministerios no son independientes, separados unos de los otros, sino más bien, ministerios con interdependencia relacionados vitalmente unos con otros en Cristo. Son el ministerio quíntuple de un solo Cristo. Son cinco partes de un todo. Se precisa que los cinco trabajen juntos para alcanzar la plenitud del ministerio de Cristo, en el Cuerpo de Cristo. Ninguno es inferior o superior, sino que todos son ungidos y señalados por Dios con un propósito específico.
4. Es perjudicial a la función de los cinco ministerios ser categorizados con detalles concernientes a personalidades, desempeños o posiciones. El Espíritu Santo es también contristado cuando la gente formula métodos para evaluar y limitar un oficio ministerial quíntuple por medio de alguna técnica de psicoanálisis o algún perfil de personalidad. Dios no permitirá que nada ocupe su lugar en esta área.
5. Cada ministro quíntuple conoce mejor su propio llamado y ministerio. No es una prerrogativa del profeta dar lineamientos, direcciones y restricciones al ministerio del apóstol. De la misma forma, el apóstol tampoco tiene autoridad del Dios Padre para ser el papá o el director sobre el profeta. Solamente un profeta conoce realmente el ministerio y la función de un profeta. Tampoco un profeta debería tratar de encajonar a otro profeta en su rol profético, personalidad o desempeño. Sin embargo, todos debemos recibir unos

de otros y estar sujetos a corrección y ajustes en metodologías y en interrelaciones.

La poderosa mano de Dios

Los cinco ministerios pueden ser ilustrados por la mano humana.

El Apóstol = dedo pulgar: El dedo pulgar representa más propiamente el ministerio del apóstol. Notemos que el pulgar puede tocar y ministrar a los otros cuatro dedos. Cuando la mano trabaja, a veces es plana y todos los dedos están uno al lado del otro. Cuando sostiene algo, el pulgar va a un lado del objeto y los otros dedos lo rodean del lado opuesto. Este movimiento de agarrar viniendo de direcciones opuestas le da poder a la mano. El pulgar no está en contra o sobre los otros dedos, sino que está designado para completar la mano en su plena función y poder. La mano de Dios del ministerio quíntuple ha sido muy restringida en sus poderosos propósitos. La mano de Dios ha tenido que funcionar con solo cuatro dedos. El poder y la función de una mano son limitados grandemente por la falta de un pulgar. Ahora el apóstol-pulgar de la mano de Dios está siendo restaurado a su propio lugar y poder. Como todos los elementos de la mano de Dios están siendo restaurados plenamente, la mano de Dios será extendida en pleno poder y demostración.

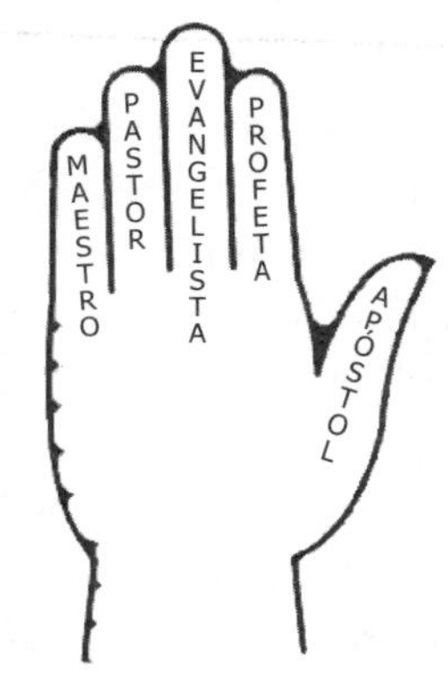

El Profeta = dedo índice: el dedo índice se refiere a aquel que indica. El profeta tiene el ministerio de revelación y unción que indica el camino para el Cuerpo de Cristo. El índice es también el más cercano al pulgar. A pesar de que se acercan para asir algo desde direcciones opuestas, es el acercamiento opuesto lo que le otorga a la mano el poder de agarrar fuertemente las cosas. El profeta y el apóstol tienen la relación de trabajo más cercana en el ministerio al Cuerpo de Cristo.

El Evangelista = dedo mayor: El dedo mayor es el que más lejos se extiende en la mano. Es el ministerio de mayor alcance extendido a la evangelización del mundo. Está en el medio de toda la actividad de la mano. Es usualmente el más largo de los dedos. El evangelista generalmente tiene las reuniones más grandes en las campañas evangelísticas. El evangelista es una parte vital del ministerio de la mano.

El Pastor = dedo anular: Este es el dedo donde va el anillo de casamiento. El pastor está casado con los santos. Está con ellos veinticuatro horas al día. Profetas y evangelistas vienen y van, pero el pastor está ligado a los santos locales por el anillo de su relación pastoral.

El Maestro = dedo meñique: A pesar de que el dedo meñique es el más pequeño, provee el balance a la mano. La enseñanza de La Palabra de Dios línea tras línea, precepto tras precepto, es desesperadamente necesaria dentro de la Iglesia. El maestro es un miembro vital del ministerio de Cristo a su Iglesia.

Hay muchas más ilustraciones aplicables que pueden ser hechas a los dedos y al pulgar que representan el ministerio quíntuple de Cristo. Algunos han tratado de decir que el pastor y el maestro son un solo ministerio y que entonces hay solo cuatro dones de la ascensión. Pero hay varias ilustraciones bíblicas que describen el ministerio quíntuple: la mano, las cinco barras en los lados del tabernáculo, las cinco columnas a la entrada del Lugar Santo, los cinco sentidos y el cinco como el número de gracia y redención.

El ministerio quíntuple es el grupo principal de ministros de Dios para ministrar su gracia y redención.

La mano es el único miembro externo del cuerpo que puede ministrar a todas las partes del cuerpo desde atrás hacia adelante, y desde la cabeza a los pies. En 1 Pedro 5:5-6 dice a los santos que se humillen bajo la poderosa mano de Dios para que sean exaltados en su debido tiempo. El ministerio quíntuple representa la mano de Dios. Es casi imposible para los individuos humillarse a sí mismos bajo la mano de Dios, sin humillarse a sí mismos en sumisión y relación a los representantes delegados de Cristo para su Iglesia.

Métodos artificiales para determinar el ministerio. A algunos ministros, maestros y teólogos les agrada tener a todos los ministerios organizados y categorizados en detalle de acuerdo a la personalidad, desempeño y posición. Pero esos diagramas y designaciones llevan a aquellos que los enseñan a ubicar a cada ministerio en una caja por separado. Esto puede ayudar a algunos ministros a entender mejor su llamado, pero al mismo tiempo, llevará a otros ministros a pensar que están encasillados en aquellas cosas designadas en el diagrama para su área.

También puede llevar a los novatos a suponer que tienen cierto don y llamado al ministerio quíntuple, simplemente porque parecen reunir las condiciones. Esto acaba por determinar los dones divinos de una persona o el llamado quíntuple mediante algún diagrama analítico en vez de mediante la revelación del Espíritu Santo y la convicción personal. Esto por no decir que algunas formas de análisis de personalidad, habilidades o propósito no son útiles en absoluto. Tales cuestionarios y cuadros pueden ser prácticos a la hora de entender los temperamentos individuales, las fortalezas y debilidades. Pero eso no es lo mismo que identificar el llamado divino de una persona.

El llamado divino viene de la revelación del Espíritu Santo. Dios soberanamente elige llamar a aquellos que quiere para cualquiera sea el propósito que Él desee. Y a menudo lo hace a pesar del temperamento, debilidades o fortalezas del individuo. La prueba de este llamado se evidencia por la sumisión del ministro al entrenamiento progresivo de Dios a lo largo de un período de años. Después de todo, el ministerio es reconocido por el resto del Cuerpo de Cristo por los años de ministerio fructífero y consistente, no mediante un cuadro analítico.

Los cuestionarios hechos por el hombre no pueden determinar el llamado divino. Una vez tuvimos a alguien que vino a nuestra iglesia a enseñar sobre cómo conocer y reconocer el ministerio. Había confeccionado algunos estudios médico-científicos sobre las funciones del hemisferio cerebral izquierdo y derecho. Según los resultados del estudio, la gente que usa más el hemisferio derecho es más artística, imaginativa, intuitiva y visionaria. La gente que usa más el hemisferio izquierdo es más analítica, matemática, lógica y práctica.

Toda esta fue información útil. Pero luego el maestro prosiguió diciendo que los profetas típicamente encajarían en el grupo del hemisferio derecho. Así que diez de nuestros profetas en la iglesia hicieron el test para comprobar su conclusión.

En una escala de 0 a 10, debajo de 5 muestra que la persona opera más desde el lado izquierdo, y por encima de 5, desde el lado derecho. El maestro quedó sorprendido y anonadado al descubrir que todos nuestros profetas, excepto nuestro líder de alabanza profética, sacaron menos de 5 puntos. Mi propio puntaje fue 3,9. Mi esposa también tomó el test no como uno de los diez profetas, sino por curiosidad. Su puntuación fue de 5 puntos.

Si los mismos resultados se aplican a la mayoría de los profetas, eso es difícil de decir. Pero el punto es que solo uno de diez de nuestros profetas que hicieron el test calificó como una persona del hemisferio derecho. El hombre natural quiere tener la fórmula para todo más que depender de la guía del Espíritu y el conocimiento por revelación de Cristo Jesús. Por lo tanto Dios nunca nos permitirá aparecer con métodos que tomen el lugar de Él mismo y las obras de su Espíritu Santo.

Los cuadros analíticos hechos por el hombre no pueden determinar el ministerio divino. En todas las declaraciones proféticas sobre mi persona, la confirmación de mi llamado al don y ministerio de profeta ha sido repetida más de cincuenta veces, y la de apóstol veinte veces, por parte de varios ministros proféticos a través de los años. Yo también he demostrado más de cuarenta y tres años de ministerio probado y fructífero como profeta, y los últimos cinco años como apóstol. Pero cuando hice el test de "dones de motivación" llegué a la conclusión de que mis principales dones de motivación eran la misericordia y la exhortación, no el de profeta o administración.

¿A cuál debería creerle? ¿A las profecías que han venido sobre mi vida con revelación interna y convicción y años de ministerio probado, o a un cuadro hecho por el hombre para determinar el don de una persona? Uno no puede determinar un llamado divino, ordenado por Dios, mediante análisis humanos, aunque estos puedan usar unas pocas escrituras como base para sus fórmulas y cuestionarios.

El test de los dones de motivación es bueno para proveer introspección al temperamento con que esa persona nació. Dividir a la gente dentro de "cuatro temperamentos" o evaluarlos para determinar los dones motivacionales o su naturaleza humana única, nos ayuda a entender por qué la gente actúa y reacciona de ciertas maneras. Tiene otros beneficios psicológicos para entendernos a nosotros mismos y aconsejar a otros. Pero ninguno de aquellos sistemas hechos por hombres puede ayudar a una persona a determinar su llamado divino como ministro quíntuple, o decirle su membresía ministerial en el Cuerpo espiritual de Cristo. En nuestra Escuela de Entrenamiento Ministerial CI, declaramos que ayudaremos a los estudiantes a conocer a su Dios, a conocerse ellos mismos, y conocer su llamado, dones y ministerios.

Usamos cada diagrama y análisis disponible para ayudarlos a conocer y entenderse a ellos mismos, pero esto no revela los dones divinos del Espíritu Santo, el llamado al ministerio quíntuple o cualquier otro ministerio bíblico que requiera la impartición y capacitación divina del Espíritu Santo.

La semilla divina de un don espiritual o llamado debe ser plantada por Dios, luego incubada en el vientre de la oración, obediencia y crecimiento espiritual hasta el tiempo señalado por Dios para el nacimiento. Luego de que el ministerio nace, debe ser nutrido, protegido, ejercitado y progresivamente madurado hasta que todo el potencial de la persona alcance la plenitud de hombría o feminidad y ministerio. Hay una diferencia entre el tiempo de un incipiente *llamado* ministerial, y el tiempo de una plena *comisión* a la posición ministerial en el Cuerpo de Cristo.

Limitaciones humanas contra permanencia en nuestro propio llamado. Nunca llegue al extremo de limitarse a sí mismo o a cualquier otro donde las Escrituras no imponen una limitación o restricción. Solo Dios conoce la plenitud de lo que ha llamado a una persona a ser y a transformarse.

Tampoco deberíamos ir al otro extremo de tratar de ser y hacer todo lo que otros ministros son y hacen. Los pastores, maestros y evangelistas que leen este libro no deberían tener un sentimiento de inferior importancia que el apóstol o el profeta. No los estamos enfatizando porque sean más importantes que, o superiores a los otros, sino simplemente porque son menos entendidos y reconocidos que los pastores, maestros y evangelistas. Los cinco ministerios nunca deberían compararse, considerándose como mayores o menores, más esenciales o menos esenciales, porque todos son partes iguales de un solo Cristo. No podemos decir que una parte de la naturaleza y desempeño de Cristo sea más valiosa que alguna otra parte de Cristo. Si leemos en 1 Corintios 12 y Romanos 12, encontraremos que el Espíritu Santo es muy enfático acerca de esto. Pablo declaró que aquellos que se comparan consigo mismos no son sabios (2 Corintios 10:12). Cada llamado y ministerio tiene su especial propósito y desempeño. Debemos estar contentos con nuestro llamado, mientras al mismo tiempo proseguimos a la meta, para lograr asir aquello para lo cual fuimos asidos por Cristo (Filipenses 3:12-14; 1 Corintios 7:20).

El principio bíblico acerca de los dones y talentos divinos es que si usamos fielmente lo que hemos recibido, luego Dios nos dará más (Mateo 25:14-30). De hecho, de acuerdo al principio bíblico, si nos convertimos en siervos fieles y fructíferos, Dios aun tomará los talentos de aquellos siervos infructuosos con miedo de usar lo que tienen, y nos los dará para bendecir a su Iglesia (vv. 28-29). Esta verdad y principio divino de Dios que duplica los dones y ministerios de uno, es lo que ha sido usado para ayudarnos a aceptar la unción para ser un apóstol. He sido pionero y he peleado por la restauración de los profetas y los derechos para sus ministerios por varias décadas. No quise que pareciera como que había abandonado a los profetas o me había graduado a un nivel superior cuando acepté el rol de apóstol. Definitivamente no creo que haya una superioridad o una línea jerárquica de autoridad e importancia entre los cinco ministerios. Dios me aseguró que esto no era lo que Él quería que yo hiciera, sino más bien, yo debería tomar el apostolado que Él me daba para ayudar a promover y hacer nacer una gran multitud de apóstoles, y luego unir a los dos como iguales, colaboradores representantes del ministerio apostólico y profético para su Iglesia. Porque he usado fielmente el talento de profeta y he reproducido y hecho nacer a cientos de profetas, Jesucristo iba a duplicar mis talentos, agregando el talento de apóstol a mi habilidad ungida. Esto sería como una escopeta de doble cañón; un cañón sería el de profeta y el otro sería el de apóstol. El Espíritu Santo me enseñaría qué gatillo apretar para suplir lo que se necesita, como también me mostraría cuándo necesitaría apretar los dos gatillos al mismo tiempo para soltar el poder en los cañones del apóstol y del profeta. Todas las cosas son posibles para aquellos que aceptan, creen y usan fielmente lo que han recibido divinamente.

Ninguna persona excepto Jesús tiene los cinco. Nunca permitamos que nuestra fe se convierta en una creencia presuntuosa de que podemos tener el llamado y las habilidades de los cinco ministerios. Solamente Jesús tenía la plenitud de los cinco ministerios en un solo cuerpo humano (Colosenses 2:9). Ningún otro ser humano puede tener la plenitud de los cinco ministerios, ni siquiera el Papa, o un Apóstol sobre cientos de ministros, o un Pastor de una congregación de miles.

Cristo nunca lo hizo, nunca lo hará, darle los cinco dones y unciones a una sola persona. Pero cuando ascendió a lo alto, dio su ministerio a hombres y mujeres (Efesios 4:8). Él tomó todo su manto ministerial y lo distribuyó en cinco partes, separando su sabiduría, habilidad y desempeño en cinco categorías. Las designó con ciertos títulos que revelan esos dones especiales y ministerios que ha dado a su Cuerpo. A algunos les dio su ministerio apostólico, a otros su manto profético, a otros su unción pastoral, a otros su celo evangelístico y a otros su habilidad diestra de maestro.

El Pastor no puede hacerlo todo solo. He visto algunos pastores que raramente invitan a predicadores de afuera; sin embargo, suponen que pueden perfeccionar y equipar adecuadamente a los santos ellos mismos. Pero no hay posibilidad de que una congregación local pueda alcanzar madurez bíblica y ministerial sin recibir el ministerio maduro de otros ministros quíntuples. No hay Escrituras que aun sugieran que un pastor principal de un rebaño local haya recibido toda la verdad y el ministerio necesario para perfeccionar a los santos.

Sin embargo, creo que las iglesias del siglo XXI que están caminando en la verdad presente tendrán ministros quíntuples dentro de la iglesia local. Aquí en la Iglesia Familiar de CI, tenemos quince ministros ordenados que son líderes de varias organizaciones y ministerios, y son, además, ancianos ministradores en la iglesia. Mi hijo y nuera, Tom y Jane Hamon, son los pastores de la iglesia local. Muchos han intentado tener todos los ministros quíntuples como líderes la iglesia local. Pero algo con más de una cabeza no está de acuerdo con el orden de Dios en la creación natural, y lo mismo sucede espiritualmente en la iglesia local. Debe haber un coordinador, el que tiene la visión, a quien Dios ha llamado y comisionado para cumplir su propósito para esa iglesia. Puede ser cualquiera de los ministros quíntuples. Si el que tiene la visión tiene el don y el llamado de pastor, eso no significa que los apóstoles y profetas de aquella iglesia local tengan autoridad o preeminencia sobre el pastor. Pero podríamos tener cinco departamentos en la iglesia supervisados por los ministros quíntuples.

Los llamados a ser apóstoles supervisarían el **departamento apostólico.** Su ministerio sería desarrollar equipos apostólicos para ministración de milagros, y enviar equipos apostólicos a otras iglesias para impartir, activar y demostrar la unción apostólica. Irían a otras regiones y naciones a establecer nuevas iglesias y ayudar a los pastores locales a restaurar el orden y la unidad en las congregaciones existentes.

El **departamento pastoral** supervisaría a los líderes de grupos hogareños, ayudando al pastor principal a cumplir el ministerio pastoral de celebrar casamientos, funerales, visitaciones, oración y ministración a las necesidades de la gente, a través de la consejería, así como también de los otros ministerios pastorales. En nuestra iglesia, el **departamento de enseñanza** está por encima de todos los ministerios educativos y de entrenamiento tales como nuestra Facultad de Educación a Distancia con ocho mil estudiantes, los estudiantes residentes de la Escuela de Entrenamiento Ministerial y otros programas de entrenamiento dentro de la iglesia local. El **departamento evangelístico** supervisa todos los programas de evangelismo y los ministerios evangelísticos, mantiene el entusiasmo y la visión de ganar más almas para Jesús y entrena evangelistas proféticos para dirigir ministerios como la campaña evangelística de Felipe en Samaria. El **departamento profético** supervisaría la actividad profética, desarrollando equipos proféticos que sean capaces de dar una palabra profética precisa y en el tiempo justo, en profecía personal y en la formación de presbiterios proféticos o equipos que consistan en dos o tres miembros calificados.

En nuestra última conferencia anual de CI asistieron más de mil personas, treinta de ellos de nuestra Junta Directiva. Estos son ministros maduros que son pastores de iglesias, ministros itinerantes o líderes de organizaciones. También hubo doscientos cincuenta de nuestros cuatrocientos cincuenta ministros de CINC. Formamos cincuenta equipos proféticos con grabadores de mano y les profetizamos a mil personas en una de las tardes. Entrenamos ministros proféticos por veinte años y solamente permitimos ministros probados que profeticen a la gente.

Cuando comenzamos los seminarios proféticos en 1983, yo era el único profeta maduro, entonces hacía toda la predicación, la enseñanza y la profecía. Uno puede ver el poder de la unción que se reproduce. Por ejemplo, al principio yo hacía todo, pero en la última conferencia ni siquiera participé en los equipos proféticos. Creemos que Dios nos ayudará a hacer lo mismo con aquellos llamados a ser apóstoles y otros ministros que quieren ministrar con unción profética. El principio de la siembra en Génesis, es que cada semilla debe reproducir de su misma clase. Basados en este principio, todos los ministros quíntuples que ministran a la gente deberían reproducirse en otros de la misma clase, no simplemente en uno o dos, sino en muchos. Por ejemplo, un grano de maíz reproducirá alrededor de dos mil granos en una mazorca. ¿No sería maravilloso si todos los grandes evangelistas y pastores exitosos que han estado en el ministerio por largos años, se reprodujeran en miles de ministros que pudieran hacer las mismas obras y ministerio que ellos están haciendo?

Un pastor puede adaptar su congregación a sus doctrinas, formas y ministerios, pero no hacerlo en la plenitud de Cristo. Las Escrituras enfáticamente declaran que se necesitan los cinco —incluyendo apóstoles, profetas, evangelistas, pastores y maestros— para hacer el trabajo. Los cinco son necesarios para perfeccionar, madurar y equipar a los santos para la obra de su ministerio como miembros en el Cuerpo de Cristo, de modo que este sea continuamente edificado, y así "*todos llegaremos a la unidad de la fe y del conocimiento del Hijo de Dios, a una humanidad perfecta que se conforme a la plena estatura de Cristo*" (Efesios 4:13).

El mismo don, diferente desempeño. No solamente cada uno de los cinco tiene su propio llamado singular y dones especiales, sino que cada uno de los llamados al mismo oficio no tiene la misma personalidad, comisión o desempeño. "*Ahora bien, hay diversos dones, pero un mismo Espíritu. Hay diversas maneras de servir, pero un mismo Señor. Hay diversas funciones, pero es un mismo Dios el que hace todas las cosas en todos*" (1 Corintios 12:4-6). Hay tantas diversidades de operaciones como personas con dones de la ascensión.

Apóstoles usados como ejemplos de todos. Dentro de los cinco ministerios tenemos más ejemplos del apóstol en el Nuevo Testamento, con información relacionada a su llamado, entrenamiento y ministerio. Entonces los usaremos para representar esta verdad, la cual se aplica a los cinco. Cada uno de los doce apóstoles originales, más los treinta otros mencionados —incluyendo a Pablo— tuvieron su propio llamado particular y comisión de parte del Señor Jesucristo. Los diferentes métodos de Dios para llamar, y sus comisiones especiales para Pablo y Pedro, muestran que la gente puede tener el mismo don de ascensión, aunque cada uno manifieste una personalidad y desempeño singular.

Pedro y Pablo son los únicos dos apóstoles de quienes La Biblia provee ejemplos de su ministerio apostólico. Pedro no tuvo una experiencia sobrenatural en su llamado a ser apóstol. Simplemente hizo su contacto con

Cristo a través del esfuerzo de su hermano Andrés en traerlo al Señor. Luego de que hubo seguido al Señor por un tiempo, Cristo lo comisionó como uno de los doce al mismo tiempo que los demás.

Pablo no fue uno de los doce originales, pero llegó a conocer al Señor después de que Cristo resucitó y se le apareció tras una sobrenatural luz cegadora en el camino a Damasco. La conversión y el llamado de Pablo a ser un siervo de Jesucristo vinieron a través de este encuentro sobrenatural con Jesús. Su llamado a llevar el nombre de Jesús a los gentiles vino a través de profecía personal (Hechos 9:15). Su comisión al apostolado vino por el presbiterio profético de Antioquia, cerca de diecisiete años más tarde.

Pedro tenía una escolaridad limitada y no tuvo educación teológica. Pablo era altamente educado y probablemente tenía lo que sería el equivalente de hoy a un grado de Doctorado en Teología.

En la casa de Cornelio Pedro fue el primero en recibir la revelación que los gentiles podrían convertirse en cristianos sin convertirse primero en prosélitos judíos. Pero fue Pablo quien recibió la comisión de Cristo a transformarse el apóstol de los gentiles.

Según la lógica humana, parecería que Pablo hubiera sido el apóstol a los judíos y Pedro el apóstol a los gentiles, pero Dios hace las cosas a su modo, no al nuestro. Pedro fue llamado y comisionado a ser apóstol a los judíos, mientras que Pablo recibió la comisión de parte de Cristo para ser un apóstol a los gentiles (2 Timoteo 1:11; Gálatas 2:7-9).

Tanto Pedro como Pablo eran apóstoles, pero cada uno tenía un llamado y comisión especial de parte de Dios, según su elección soberana.

El apóstol Santiago pasó toda su vida ministerial en la posición de pastor principal de la iglesia de Jerusalén. Aparentemente, nunca ministró fuera de Jerusalén. Pero Pablo viajó continuamente durante sus treinta y tantos años de ministerio. Su estadía más larga en una iglesia local fueron los dos años que pasó en Éfeso, donde estableció la primera iglesia del Nuevo Testamento, además de estar conectado con una sinagoga judía. Entonces no podemos decir que todos los apóstoles serán pastores de iglesias grandes, o que ellos solo viajarán o establecerán iglesias. Para el resto de los doce, y para la mayoría de los apóstoles de la Iglesia, no hay registro bíblico de lo que hicieron y por cuanto tiempo lo hicieron. No pongamos a los apóstoles en una caja y digamos que todos los apóstoles siempre harán esto o aquello, o estarán en alguna posición de supervisión en la Iglesia.

Perfiles de personalidad para profetas y apóstoles. Una vez me preguntaron: "Luego de más de tres décadas como profeta, ¿puede darnos el perfil de la personalidad de un profeta?" Busqué al Señor para preguntarle sobre esto, y esta fue su respuesta: "Toma a los doce apóstoles y evalúa cada una de sus personalidades. Si puedes encontrar que hay un patrón consistente de personalidad para un apóstol, entonces podrás dar un perfil de personalidad para los profetas". Esto también es cierto acerca de los pastores, evangelistas y maestros.

No es necesario decir que un estudio de los doce apóstoles muestra claramente que eran diferentes en personalidad, motivación natural y carácter. No hay un perfil de personalidad para apóstoles, profetas, evangelistas, pastores o maestros. No hay rasgos consistentes de carácter que sean exclusivos a ninguno de los cinco.

He profetizado a miles de personas sobre su llamado al ministerio quíntuple. Observé que la mayoría de aquellos que tenían el llamado de apóstoles generalmente eran robustos, hablaban lentamente, tenían modales más calmos, y estaban más preocupados por el lado práctico del cristianismo que por los dones espirituales y ministerios. La mayoría de los profetas eran más delgados, hablaban mucho más rápido y tenían una personalidad intensa con más preocupación porque la iglesia fuera espiritual, visionaria y con propósito. Sin embargo, nunca establecería esto como una manera de determinar si uno es un apóstol o profeta. He visto apóstoles probados que eran altos y esbeltos y tenían más temperamento que el del típico profeta. También he trabajado con profetas probados que eran corpulentos y tenían un temperamento y motivación típica del apóstol.

A veces le digo a la gente en broma: "Por treinta años de ministerio yo fui alto, flaco, hablaba rápido y era un visionario impaciente, pero durante los últimos veinte años me he apaciguado en mi predicación, me he vuelto más robusto, paciente y sosegado. Tenía el tipo del profeta, pero ahora tengo el tipo del apóstol. ¡Ahora estoy adaptando mi tamaño y equilibrándome para poder ser ambos a la vez!" Mientras que les profetizaba a un equipo de marido y mujer, donde el marido tenía el llamado de apóstol y la mujer de profetisa, a menudo he oído al Espíritu Santo usar el ejemplo del apóstol que sería como un caballo de trabajo y la profetisa como un caballo de carrera. Dios los ha unido y deben aprender a entenderse, apreciarse y tirar juntos. Estas observaciones son interesantes, pero no merecen ser un factor determinante para conocer el ministerio quíntuple de uno.

Los doce apóstoles originales fueron privilegiados al caminar y hablar con Cristo por más de tres años, pero los otros apóstoles mencionados no lo fueron. Solo tres de los doce escribieron material que se convirtió en libros de La Biblia. Aun así los escritos de Pablo produjeron catorce libros del Nuevo Testamento, más que los doce apóstoles juntos. De algunos de los apóstoles no tenemos registros de haber escrito alguna cosa. (Estoy, por supuesto, usando al apóstol como un ejemplo de modelo y principios que se aplican a los cinco ministerios.)

Conózcanlos por su fruto. La Biblia no presenta modelos de personalidad, estilo de ministerio, experiencias sobrenaturales, modo de ministración o ninguna otra fórmula por la cual podamos clasificar a una persona como un ministro quíntuple.

La única manera en que el llamado de un ministro quíntuple puede determinarse es recibiendo una revelación de parte de Dios, entrenándose para ese ministerio y luego evidenciando el fruto respectivo. Jesús da el llamado y los dones, y declara que por sus frutos los conoceremos (Mateo 7:16).

Podemos ilustrar esto un poco más. Algunos dicen hoy que todos los apóstoles serán pastores de iglesias grandes y exitosas, y tendrán varios ministros e iglesias quienes los verán como su apóstol-pastor. Pero Pablo durante aproximadamente treinta años de ministerio nunca estuvo como pastor de ninguna iglesia por más de dos o tres años. Era mayormente un ministro itinerante que viajaba por todas las naciones como lo que llamaríamos hoy un misionero apostólico. Pablo ganaba nuevos conversos para Cristo y los dejaba en la sinagoga local o en la iglesia establecida del Nuevo Testamento con ellos.

Regresaba a esas iglesias en otros viajes ministeriales y establecía liderazgo en esas congregaciones. Formó presbiterios proféticos e impuso manos sobre los candidatos, y les profetizó acerca de sus dones y llamados. Aquellos que él proféticamente sentía que tenían el llamado y las cualidades, los establecía en el ministerio de anciano sobre esa congregación (1 Timoteo 4:14; 1:18; Hechos 14:23).

Como mencionamos anteriormente, Santiago pastoreó la iglesia en Jerusalén todos los días de su ministerio. Hasta donde sabemos, nunca viajó más allá de su área local.

Todo aquel que confecciona un cuadro de perfil psicológico o establece modelos de personalidad, posiciones y desempeños para determinar si alguien es un apóstol, será injusto con los llamados y el propósito de Dios para sus ministros quíntuples. Usar cuadros analíticos para determinar el ministerio quíntuple de alguien, les causará más mal que bien. Requiere tan solo pensar un poco en este sentido para ver que cada ministro es tan singular en personalidad, poder, desempeño, posición y comisión, como cinco hijos naturales de un padre serán diferentes en estas mismas áreas.

Dos extremos de orgullo que deben ser evitados. Escucho de parte de algunas posiciones, dos enseñanzas que no están basadas bíblicamente y que limitan indebidamente la función de los ministros con dones de ascensión. **La primera es** que solo los apóstoles pueden gobernar y ser directores administrativos. **La segunda es** que solo los profetas pueden profetizar dando dirección, dones y ministerio. El plantío, desde el cual estas plantas de extremismo han brotado, es la lista ordenada de descripciones de una sola palabra que algunos han hecho para identificar el ministerio principal de cada uno de los cinco ministerios. Esta lista insiste en que los apóstoles gobiernan, los profetas guían, los evangelistas reúnen, los pastores cuidan y los maestros cimientan.

Por causa de estas dos palabras —*gobernar* para el apóstol y *guiar* para el profeta— la enseñanza se ha comenzado a esparcir entre ciertos círculos de líderes eclesiásticos influyentes, respecto de que los profetas no se supone que estén en ningún ministerio directivo, tal como pastor de una iglesia o presidente de una organización ministerial u obispo/supervisor de una fraternidad internacional de ministros. He investigado diligentemente y no pude encontrar ningún texto que imponga tales limitaciones sobre ninguno de los ministros quíntuples. No hay directivas respecto de cuándo, cómo, dónde o qué, algunos pueden o no pueden ministrar. No hay ejemplos bíblicos o Escrituras que declaren que algunos de los cinco ministerios pueden tener ciertas posiciones en la Iglesia y otros no.

¿Los profetas pueden gobernar y ser cabezas de ministerio? Si permitiéramos que las descripciones de una sola palabra acerca de los roles de los cinco ministerios citadas previamente se volvieran limitaciones literales (en vez de descripciones sugeridas), entonces los pastores podrían cuidar la iglesia pero no ser ministros principales en el liderazgo para gobernar esa iglesia. Los pastores podrían cuidar a las ovejas, pero no arraigarlas en La Palabra de Dios y la vida de la Iglesia, porque esa función debiera ser cedida a los maestros. Los apóstoles podrían gobernar, pero no hasta que los profetas los guiaran sobre qué gobernar o cómo hacerlo. Por lo tanto, podemos ver fácilmente la naturaleza no bíblica ni práctica de tales nociones limitantes sobre los cinco ministerios.

Un principio divino en la interpretación bíblica es que todo lo que fue establecido en el Antiguo Testamento sigue siendo apropiado como un principio o práctica, a menos que el Nuevo Testamento lo deseche. Por ejemplo, el diezmo fue establecido en el Antiguo Testamento, y como no hay nada que en el Nuevo declare su abolición, entonces todavía es una práctica adecuada para los cristianos. Lo mismo es cierto acerca de adorar y cantar alabanzas acompañados de toda clase de instrumentos musicales, como se hacía en el tabernáculo de David. Y también lo mismo es cierto respecto al ministerio del profeta.

Jesús vino y cumplió todas las cosas concernientes a la ley ceremonial de los sacrificios y ofrendas. Mediante el sacrificio de sí mismo sobre la cruz, cumplió el Viejo Pacto para la relación de la humanidad con Dios y estableció un Nuevo Pacto. En el Nuevo, Jesús es el único camino para que la humanidad sea perdonada de sus pecados y tenga comunión con Dios. Porque por un sacrificio Él ha hecho perfectos para siempre a los que santificó (Hebreos 10:14), y se ha vuelto el fin de la ley para la justicia para todos los creyentes (Romanos 10:4).

Un Dios que no cambia. A pesar de todo, no servimos a un Dios del Antiguo Testamento y otro Dios del Nuevo Testamento. Hay uno solo Dios eterno. Él permanece igual y nunca cambiará. Jesucristo es el mismo ayer, hoy y para siempre (Hebreos 13:8). Dios el Padre, Hijo y Espíritu Santo son uno en naturaleza, motivación y desempeño (Juan 5:7; Marcos 12:29; Malaquías 3:6; Deuteronomio 4:35; Isaías 45:5; 47:8).

Dios ha cambiado las maneras para que la humanidad se relacione con Él a través de las edades y las dispensaciones. Pero el Dios que ha hablado a través de sus profetas desde el comienzo, es el mismo Dios que habla a través de sus profetas en la Iglesia del Nuevo Testamento. Los privilegios, ministerios y autoridad que los profetas tuvieron en el Antiguo Pacto no fueron eliminados en el Nuevo. Sin embargo, los profetas del Antiguo Testamento pueden correctamente ser usados como ejemplos acerca de lo que los profetas de la Iglesia pueden ser y hacer (Hebreos 1:1; Lucas 11:49; 1 Corintios 12:28).

Los profetas del Antiguo Testamento prueban que los profetas del Nuevo Testamento pueden gobernar. Con estos principios en mente, podemos ahora responder la pregunta que se hacía durante el Movimiento profético y se hace nuevamente en el Movimiento apostólico. Sobre si los apóstoles pueden profetizar y los profetas pueden gobernar, administrar y ser cabezas de ministerios. Encontramos ejemplos de profetas que fundaron un grupo de personas, ejercieron el liderazgo principal, tomaron decisiones importantes para una gran multitud y sirvieron como administradores de los asuntos materiales de todo un reino.

Abraham era un profeta (Génesis 20:7) y fue el precursor y padre del pueblo hebreo/judío. Tuvo el ministerio fundacional de establecer límites para la tierra de Canaán. Recibió revelación, llamado y comisión de parte de Dios para fundar el pueblo judío. Fue el jefe de cientos de sirvientes nacidos y criados en su ministerio. Era capaz de administrar gran riqueza en posesiones materiales.

Moisés era un profeta (Deuteronomio 34:10; Hechos 3:22; Oseas 12:13). Recibió revelación divina de parte de Dios acerca de su propósito para su pueblo. No recibió esa guía divina y luego la volcó a un apóstol para gobernar y administrar. Demostró el poder milagroso de Dios y guió a tres millones de personas a salir de la esclavitud, y luego fue su pastor principal por cuarenta años. Tomó las decisiones vitales y administró los asuntos de Dios sobre su pueblo.

Samuel era un profeta (1 Samuel 3:20). Hizo más que profetizar y dar consejo. Fue juez sobre toda la nación de Israel (1 Samuel 7:15-17). Fundó las escuelas de los profetas y las estableció en ciudades a través de Israel. Tenía su casa y sus cuarteles en Ramá, pero viajaba a través de la nación. Era jefe de su propia asociación ministerial. Ungía y ordenaba otros profetas al ministerio. También ordenó sacerdotes, levitas, porteros y dos reyes sobre todo Israel (1 Crónicas 9:22; 1 Samuel 9:16-17; 10:1). Fue obispo supervisor de la compañía de profetas que estableció durante su tiempo (1 Samuel 19:20).

David era un profeta (Hechos 2:29-30), y fue el rey y administrador de todos los asuntos de la nación de Israel. Ambos, el profeta Moisés y el profeta David recibieron conocimiento por revelación para la construcción de la casa de Dios. Moisés recibió el modelo para el tabernáculo y David recibió el anteproyecto para el templo que Salomón construyó (1 Crónicas 28:11-12).

José fue probablemente un profeta, porque tuvo sueños, interpretó sueños y finalmente fue designado supervisor de la nación de Egipto.

Daniel era un profeta (Mateo 24:15) que recibió e interpretó muchos sueños. Fue hecho presidente y supervisor de todos los príncipes en el gran Imperio Babilónico.

Jesucristo era un profeta (Lucas 24:19; Hechos 3:22-23; Juan 4:19,44; 6:14; 7:40; 9:17) y estableció la Iglesia del Nuevo Testamento. Él continúa dando directivas y administrando los asuntos de la Iglesia. Jesús fue el primer profeta de la Iglesia del Nuevo Testamento, y estableció el modelo para todos los profetas de su Iglesia.

Estos ejemplos de algunos profetas bíblicos deberían ser suficientes para demostrar que Dios ha conferido mucha más capacidad a sus profetas que tan solo hacerlos una boca que provea guía. No tomaremos espacio para hablar en detalle de otros profetas y profetisas que tuvieron responsabilidades similares como Isaías, Débora y otros.

Apóstoles y profetas: el fundamento

En la Iglesia del Nuevo Testamento Pablo declara que los profetas junto a los apóstoles son ministros fundacionales sobre los que la Iglesia es construida: *"Edificados sobre el fundamento de los apóstoles y los profetas, siendo Cristo Jesús mismo la piedra angular"* (Efesios 2:20). En ningún lugar en La Escritura se dice que el apóstol tiene más sabiduría o autoridad dada por Cristo para edificar iglesias sobre su fundamento que el profeta, y tampoco que el profeta lo tenga más que el apóstol.

Los apóstoles y profetas verdaderos de Dios no están en competencia entre ellos. Fueron diseñados por Cristo para complementarse. Son los únicos dos de los cinco que van juntos en el ministerio y que tienen capacidades similares ungidas. Pablo declara que son los dos ministros quíntuples que tienen la unción para recibir revelación de Cristo acerca de las nuevas verdades que Dios quiere dar a luz:

> *El misterio que me dio a conocer por revelación, como ya les escribí brevemente. Al leer esto, podrán darse cuenta de que comprendo el misterio de Cristo. Ese misterio, que en otras generaciones no se les dio a conocer a los seres humanos, ahora se les ha revelado por el Espíritu a los santos apóstoles y profetas de Dios.*
>
> –Efesios 3:3-5

Los apóstoles y profetas fueron los primeros dos ministerios que Dios estableció en la Iglesia: *"En la iglesia Dios ha puesto, en primer lugar, apóstoles; en segundo lugar, profetas"* (1 Corintios 12:28). Ellos son los dos ministerios enviados por Jesús que Él dijo que serían perseguidos y rechazados en su mayoría por el viejo orden religioso: *"les enviaré profetas y apóstoles, de los cuales matarán a unos y perseguirán a otros"* (Lucas 11:49). De hecho, es el derramamiento de la sangre de los profetas lo que trae la ira de Dios sobre el sistema de la ramera babilónica descrito en Apocalipsis:

> *¡Alégrate, oh cielo, por lo que le ha sucedido! ¡Alégrense también ustedes, santos, apóstoles y profetas!, porque Dios, al juzgarla, les ha hecho justicia a ustedes. Porque en ti se halló sangre de profetas y de santos, y de todos los que han sido asesinados en la tierra.*
>
> –Apocalipsis 18:20,24

Los profetas y apóstoles son ministerios que trabajan juntos con un espíritu afín que estará vivo y funcionando, siempre y cuando los seres humanos mortales vivan sobre el planeta Tierra.

Los apóstoles pueden profetizar dirección, dones y misterios. Así como los profetas pueden gobernar y ser cabezas de ministerio, La Biblia dice que los apóstoles pueden profetizar guía, dones y ministerios. Pablo impuso manos sobre Timoteo y profetizó sus dones y ministerio (1 Timoteo 4:14). Y anhelaba ver a los cristianos romanos para imponerles sus manos e impartirles algunos dones espirituales (Romanos 1:11). El apóstol Pablo y el profeta Silas trabajan juntos siendo iguales en establecer la primera iglesia del Nuevo Testamento en Éfeso. Del mismo modo, los apóstoles y profetas actuales deben ser diligentes en alejar las enseñanzas divisorias y las declaraciones extremas que limitan, o las prácticas que obstruyen la relación de trabajo cercana que existe entre apóstoles y profetas. La nueva generación de apóstoles y profetas, aquellos que son nacidos de Dios, no tendrán todos esos complejos y actitudes que los apóstoles del viejo orden tienen.

Profetas-apostólicos y apóstoles-proféticos. Algunos de los llamados a ser profetas han progresado y madurado en la hombría y el ministerio a través de los años. El fruto de sus años de ministerio ha demostrado que han sido comisionados por Cristo para cumplir un liderazgo principal o un ministerio de paternidad hacia otros líderes del Cuerpo de Cristo. Ellos son profetas a quienes muchos de los otros ministros quíntuples ven como padres proféticos en la fe. Tales profetas se han convertido en lo que denomino un profeta-apostólico.

Otros son llamados al apostolado y también a cumplir un mayor rol de liderar y dirigir a otros en el Cuerpo de Cristo. Han madurado como personas y en su ministerio durante décadas, hasta que muchos otros ministros comenzaron a buscarlos para que les brindaran cobertura paternal, relación y rendición de cuentas. Han ejercitado sus sentidos espirituales, agudizado su perspectiva profética y desarrollado su unción de revelación apostólica. No dependen de su propia habilidad organizacional, de su sabiduría ni de su posición de liderazgo, sino que se mueven en la unción de revelación además de la manifestación de señales sobrenaturales propias del ministerio de un apóstol. Este tipo de apóstol es lo que creo que sería un apóstol-profético. En la Iglesia de hoy existen ciertos hombres de Dios que son verdaderos padres en lo profético y en lo apostólico. Son esos verdaderos profetas-apostólicos y apóstoles-proféticos a quienes Dios quiere usar para establecer sus movimientos de restauración en estos últimos días. También son los pocos a los que Dios les ha concedido el ministerio dual de apóstol y profeta. Yo creo que hay un propósito especial y dispensación de gracia dada a aquellos que maduran para llegar al lugar de ser un ministro profeta-apóstol.

El mismo llamado, pero no la misma capacidad. Todos los que somos llamados al oficio de profeta o apóstol no tenemos la misma comisión que cumplir en el Cuerpo de Cristo. Algunos son profetas de iglesias locales, o apóstoles a quienes Dios no los ha capacitado para pastorear una iglesia, dirigir su propio ministerio o escribir libros. Algunos son llamados, como Ágabo lo fue, solo para dar una palabra del Señor a personas clave de vez en cuando. Algunos son llamados, como Daniel, para estar en los asuntos del mundo y nunca ocupar una posición de púlpito.

Las Escrituras no establecen ningún precedente que declare que una persona debe tener una posición de púlpito para ser un ministro quíntuple. (Creo, sin embargo, que todos los ministros quíntuples debieran ser ministros ordenados.) Si solamente tener su propio púlpito fuera la evidencia necesaria del llamado de un ministerio quíntuple, entonces los únicos ministros llamados a los oficios quíntuples serían los pastores principales de sus iglesias. No obstante, he descubierto en los más de cuarenta y tres años de viajar a cientos de iglesias y profetizarles a los *pastores* de iglesias locales, que muchos de los que ministran en un rol de pastor principal no tienen el don de ascensión de pastor.

Todo el que está llamado a ser un apóstol no necesariamente recibe la comisión de ser cabeza de otros ministerios, ser pastor principal de una iglesia grande o ser pionero en áreas no evangelizadas para establecer nuevas iglesias. Es importante recordarlo cuando alguien recibe una profecía sobre un llamado al oficio profético o apostólico.

Profetizar llamados quíntuples puede causar confusión. Los problemas muchas veces surgen cuando un profeta o apóstol, un presbiterio profético, un miembro de un equipo profético o un solitario que hace las cosas por su cuenta, profetiza el llamado a un ministerio quíntuple a una persona, cuando la experiencia de la persona no parece coincidir con la profecía. El problema puede radicar en una de varias áreas. A veces, los que profetizan pueden hacerlo sin Dios. Pero la mayoría del tiempo es la reacción inapropiada por parte del que recibe la profecía la que crea la confusión. Esto es especialmente cierto cuando se profetiza el llamado a un apóstol o profeta.

A menudo la gente que recibe la palabra profética puede tener un concepto erróneo sobre el ministerio que le ha sido profetizado. Pueden tratar inmediatamente de entrar en ese ministerio y hacerlo fuera del tiempo de Dios. Pueden no comprender el proceso y los años de experiencia preparatoria a los que Dios los somete antes de comisionarlos para ese don. De modo que alguien que ha recibido un llamado divino de apóstol o profeta no debería inmediatamente hacer credenciales o tarjetas de presentación con el título de apóstol o profeta, no más que el que recibe un llamado de pastor debería ponerse ese título hasta que esté oficialmente funcionando como tal.

Profetas-apostólicos o Apóstoles-proféticos del tiempo moderno. Algunos maestros cristianos y teólogos han descrito el ministerio del apóstol como el de un administrador o supervisor espiritual de ministros e iglesias, similar al ministerio de un pastor como supervisor de los miembros de la iglesia, diáconos y otros ministerios de liderazgo dentro de la iglesia local. Podemos evaluar mejor esta idea si proveemos un contexto histórico del oficio de supervisor en la Iglesia.

El desarrollo histórico del título de *obispo*. Luego de los trescientos años iniciales de rechazo y persecución por parte del judaísmo y las naciones del mundo, el cristianismo se transformó en una religión aceptada dentro del Imperio Romano. Este cambio fue hecho ley por parte del emperador romano Constantino, quien emitió el "Edicto de Tolerancia" en el año 313; permitió al cristianismo operar públicamente al igual que cualquier otra religión o sociedad secular. Las iglesias cristianas pasaron de ser subterráneas a ser reconocidas por el gobierno. A los cristianos se les permitió la ciudadanía y el derecho a mantener oficios públicos. Dentro de unos pocos años cientos de iglesias fueron edificadas a lo largo de todo el Imperio Romano y de otras partes del mundo. Las congregaciones locales comenzaron a relacionarse con ciertos líderes de otros lugares, y algunos comenzaron a presionar para obtener posición y control.

La centralización del control. Al final de lo que los historiadores fundamentalistas de la iglesia llaman la Era Apostólica, las iglesias eran independientes unas de otras, pastoreadas por ministros quíntuples que generalmente eran llamados pastores o ancianos. El líder o pastor principal vino a ser llamado obispo, que significa *supervisor*. Gradualmente, la jurisdicción del obispo llegó a incluir las iglesias lindantes de otras ciudades.

El obispo Calixto (un obispo de Roma, 217-222) fue el primero en sentar su reclamo de autoridad basado en Mateo 16:18. El gran teólogo Tertuliano de Cártago llamó a Calixto usurpador por hablar como si él fuera el "obispo de los obispos". Cuando Constantino llamó al Concilio de Nicea en el año 325 y presidió el primer concilio mundial de iglesias, acordó con los obispos de Alejandría y Antioquia completa jurisdicción sobre sus provincias, como el obispo romano tenía sobre la suya.

Para fines del siglo V, los obispos orientales habían llegado a ser llamados *patriarcas*. Tenían igual autoridad, cada uno con pleno control de su propia provincia. Los cinco obispos/patriarcas que dominaron la cristiandad en ese tiempo tenían sus sedes en Roma, Constantinopla, Antioquía, Jerusalén y Alejandría. Luego de la división del Imperio Romano en Oriente y Occidente, la lucha por el liderazgo del cristianismo era entre Roma (los católicos romanos) y Constantinopla (los ortodoxos orientales).

El desarrollo de la estructura religiosa papal del gobierno de un solo hombre. En los primeros siglos de la Iglesia, a los obispos se los llamaba cariñosamente *papa* (padre), lo cual dio lugar al título de Papa. Alrededor del año 500, la palabra *papa* fue restringida en su uso por parte de los obispos locales, y el título fue finalmente reservado exclusivamente para el obispo de Roma.

Con el correr de los siglos la palabra vino a significar "obispo universal". La idea de que el obispo de Roma debía tener autoridad sobre toda la Iglesia se extendió lentamente y fue amargamente combatida. Para mediados de la Edad Oscura, el reino papal del gobierno de un solo hombre había alcanzado una posición de supremo poder y jurisdicción internacional.

Los profetas y apóstoles necesitan restauración, no obispos. Los religiosos tienen una manera de tomar lo que es escritural, sagrado y factible, y convertirlo en una forma religiosa muerta y una estructura de jerarquía piramidal que restringe el propósito de Dios y trae esclavitud a su pueblo. Cuando la Iglesia se torna más estructural que espiritual, se vuelve madera petrificada en vez de árbol fructífero con savia que corre. Cuando se torna más espiritual que estructural, se convierte en ríos que destruyen y disipan a su paso sin ningún orden ni control.

Por esta razón, tanto apóstoles como profetas deben ser prominentes e iguales en poner el fundamento de la Iglesia. Ninguna iglesia tendrá un fundamento correcto y balanceado sin el ministerio tanto de apóstoles como de profetas.

Si una iglesia es edificada con el ministerio del apóstol solamente, sin el ministerio del profeta, puede volverse tan estructurada y ordenada doctrinalmente que se vuelva muerta y formal sin el fluir de la alabanza y el poder. Si es edificada con el profeta solamente, sin el ministerio de apóstol, la gente puede volverse tan activada espiritualmente, que cada uno es una ley en sí mismo, y eso puede conducir al fanatismo. Pero con el ministerio tanto del apóstol como del profeta, la Iglesia de Jesús mantendrá el equilibrio entre estructura y espiritualidad, doctrina y demostración, perspectiva profética y orden apostólico.

¿Quién puede ser obispo? La palabra *obispo* es un término bíblico (1 Timoteo 3:1; Tito 1:7; 1 Pedro 2:25). Puede ser usado correctamente como un título que designa a un ministro quíntuple que supervisa otras personas y ministerios. Pedro se refirió a Jesús como el Pastor y Obispo de nuestras almas. Algunas traducciones usan el vocablo *supervisor* en vez de obispo, porque ambos provienen de la misma raíz. Algunos han hecho una disputa sobre que los ministros carismáticos o proféticos usen el título de obispo. Yo también voy a crear una disputa sobre la enseñanza de los ministro que dicen que el término *obispo* solo puede ser usado por aquellos que visten ropas religiosas a partir de la época de la Edad Oscura de la Iglesia. No tengo problema con que ciertos ministros usen sotanas o cuellos clericales, siempre y cuando no interpreten que sus vestimentas son las que les dan el reconocimiento y la autoridad de un obispo.

Este protocolo religioso fue desarrollado mediante una combinación de las vestiduras religiosas judías y las túnicas elaboradas y ceremonias de los reyes de ese tiempo. Jesús no usaba ropas sacerdotales porque Él era de la tribu de Judá, no de Leví. Los judíos lo habrían apedreado de haber vestido el atuendo del Sumo Sacerdote, aunque en su posición de Dios era superior a ningún otro sacerdote. Ninguno de los doce apóstoles usaba ropajes especiales para distinguirse como apóstoles. Ninguno de ellos había sido entrenado y ordenado como sacerdote levítico, ni eran de la tribu de Leví o descendientes de Aarón. Pablo nunca menciona o da a entender que continuó vistiendo la toga que usaba cuando era un doctor fariseo de la Ley de Moisés. Los cristianos de la Iglesia primitiva no usaban ningún atuendo religioso en especial como el sacerdocio aarónico usaba. No tenían ninguna estructura jerárquica elaborada ni ningún ceremonial complicado en los servicios. Los servicios eran conducidos con simplicidad en el poder y la demostración del Espíritu Santo. Pablo contó de una iglesia que estaba muy preocupada porque estaban desviándose de la simplicidad del cristianismo.

Un título para un líder de otros. Acepté el título de obispo no por un significado religioso, sino por varias razones prácticas. Primero, porque es un título bíblico dado a ministros que están en una posición de supervisar la obra de Dios. Establecimos nuestra propia fraternidad ministerial, la Red de Ministros Proféticos. Algunos comenzaron a llamarme "Papá Profeta", "Profeta principal" y otros términos por el estilo. Yo no quería ningún título junto al oficio de profeta que pudiera sonar como que hubiera niveles de rangos y autoridades entre aquellos llamados a ser profetas. Sabía que cuando viniera lo apostólico, algunos querrían llamar al apóstol como cabeza de ministerio, "apóstol principal", "gran apóstol" o algo de esa naturaleza. Si se permitían esas cosas, ocurrirían en el Movimiento apostólico los mismos problemas que hubo en el Profético. Luego de varios años de oración, acepté la comisión y el título de obispo, porque simplemente significa *supervisor* y no indica ningún ministerio quíntuple en particular. Suple la necesidad de identificar mi posición como supervisor de una red de iglesias y ministros. Lo acepté sabiendo que recibiría alguna persecución por parte de mis hermanos Pentecostales y de la Fe. De hecho, he recibido más persecución verbal al usar el título de obispo que con el de profeta. El título de obispo me dio una identidad de supervisor sin contaminar los ministerios de profetas y apóstoles. Le doy a cada ministro el derecho de rechazar o aceptar el título de obispo como un término correcto. Les doy el derecho de no usarlo si no se sienten bien con él. Espero que otros me den el mismo derecho sin que ninguna parte condene a la otra o rechace tener comunión por el tema del "obispo" o "no obispo".

Un obispo puede ser el pastor principal de una iglesia local, o el profeta-apostólico o apóstol-profético de varios ministerios e iglesias. No es necesariamente un llamado quíntuple, sino un oficio administrativo que es dado por otros y no por uno mismo. Estoy convencido bíblicamente que el uso del término *obispo* no es incorrecto si la persona que lo lleva cumple los requisitos, y si la motivación y el propósito para su uso están de acuerdo a los principios bíblicos. Pero si el oficio de obispo se desarrolla en un sistema piramidal papal como fue durante el deterioro de la Iglesia, entonces se vuelve incorrecto.

Que todos los que se transforman en líderes del Movimiento apostólico hagan todo lo que está en su poder y sabiduría para mantenerlo no contaminado y equilibrado. He dedicado los años que restan de mi vida y ministerio para ayudar a dar a luz la completa restauración de los profetas y apóstoles de Dios, conectándolos para complementar cada uno el ministerio del otro, luego uniendo a todos los ministros quíntuples en unidad con respeto mutuo por los demás. Mi llamado supremo y destino es ser instrumento en ayudar a producir la plena restauración de la Iglesia de Dios en el carácter de Cristo, con la madurez y el ministerio que Dios predestinó para su Iglesia eterna.

11

Preparación divina progresiva para el Movimiento apostólico

Todo lo que Dios hizo hacer al Espíritu Santo en cuanto a la restauración de la Iglesia ha sido una preparación para el actual Movimiento apostólico emergente. En 1 Corintios 14:40 dice: "*Pero todo debe hacerse de una manera apropiada y con orden*". El clamor de la generación joven es: "que se haga". El de la generación mayor es "de una manera apropiada y en orden". Al comienzo de un nuevo movimiento de restauración el Espíritu Santo inquieta a los involucrados a permitir que todo lo nuevo salga a luz y sea conocido y manifestado. Unos pocos años después el Espíritu comienza a inquietar a los involucrados a traer equilibrio sin destruir el fuego original, la unción o las manifestaciones sobrenaturales.

Es como la historia que Jesús usó acerca de echar las redes y traer todos los peces a la barca. Después de que los peces están en la barca, pueden ser vistos y examinados, y finalmente los peces malos son separados de los buenos. La embarcación entonces continúa su curso sin los peces que no dejan ganancia. Jesús también enseñó que debe permitirse que la cizaña crezca junto al trigo hasta el tiempo de la cosecha, donde la cizaña será separada del trigo y quemada. Cada restauración de una verdad pasa por este proceso de germinar y luego madurar hasta el punto en que los líderes del movimiento pueden separar apropiadamente las manifestaciones, enseñanzas y prácticas "cizaña" de las verdaderas que el Espíritu Santo engendró e hizo nacer. He atravesado ese proceso como pionero y participante del nacimiento y maduración del Movimiento profético. Ahora estoy tan comprometido para hacer lo mismo en este movimiento de Dios para restaurar a los apóstoles de Dios, como lo estuve antes.

Un clamor por equilibrio, integridad y orden divino. El Movimiento profético nació en 1988, pero para el final del siguiente año los líderes eclesiásticos clamaban por sabiduría, integridad y un equilibrio que fuera mantenido por sus líderes.

El número de septiembre de la revista *Carisma* presentaba como nota de tapa un artículo exhaustivo sobre el Movimiento profético. La correspondiente editorial por parte del editor, Stephen Strang, hacía un llamado a los líderes proféticos a asegurarse de que el movimiento se mantuviera dentro de los parámetros de la integridad y el balance. Él trató algunas preocupaciones legítimas sobre el potencial para enseñanzas y prácticas extremas en el movimiento, y estoy plenamente de acuerdo con sus preocupaciones. Strang dijo: "Si el abuso comienza a aflorar en este nuevo movimiento profético (y lamentablemente, empezamos a escuchar de algunos casos aislados en donde sucedió), entonces el peligro de abuso supera lo que una vez vimos en el Movimiento de discipulado".

Strang continuó diciendo: "Les pedimos a Bill Hamon, Paul Cain y algunos de los otros que están emergiendo como líderes en este movimiento, que velen para que este don no sea abusado. Estamos felices de que Hamon haya, por ejemplo, instituido una política de examinar el ministerio de los que están a su cargo. El uso de cintas de grabación para las profecías ayuda a frenar el potencial abuso. Pero todavía debe hacerse más. Se necesita una gran cantidad de enseñanza en esta área".

Este objetivo ya era el deseo de mi corazón y ya lo había determinado. Por la gracia de Dios y la sabiduría que Él concedió, he hecho y seguiré haciendo todo lo que esté en mi poder y recursos para mantener la integridad y el equilibrio. Hasta el presente, hemos guardado el fuego original, la unción y las manifestaciones sobrenaturales. También hemos recibido y abrazado la unción y las dimensiones de lo apostólico.

Actualización sobre Movimiento profético. El Movimiento profético se ha expandido a todos los continentes y a la mayoría de las naciones de la Tierra. Ha penetrado en la mayoría de las áreas del mundo eclesiástico. Sin embargo, el Movimiento no ha llegado a la cúspide, sino que va *in crescendo*. No morirá ni se desvanecerá, sino que los profetas y los ministerios proféticos continuarán jugando roles más activos a medida que se aproxima la segunda venida de Cristo.

Me alegra reportar que dentro de los siete años del pedido de más enseñanza, el liderazgo de la Red de Ministerios Proféticos de CI ha trabajado diligentemente para asegurarse de hacer su parte en esta área. Hemos organizado más de setenta y cinco seminarios para el propósito de la enseñanza y el establecimiento de las verdades y prácticas apropiadas para el ministerio profético. He escrito más de cuatro libros esenciales titulados *Profetas y profecía personal*, *Profetas y el movimiento profético*, *Profetas, principios y precipicios* y *The Eternal Church* (La Iglesia eterna). Cada uno de esos libros tiene un manual de enseñanza y un cuaderno de ejercicios para el alumno. Hemos producido una herramienta de entrenamiento para el liderazgo de trescientas páginas llamada "*Manual para ministrar los dones espirituales*". Más de tres mil líderes en trece países han sido entrenados en cómo enseñar, entrenar, activar, discipular y madurar a su gente en el ministerio profético y los dones del Espíritu Santo. Más de quince mil santos han recibido enseñanza, han sido activados y establecidos en equipos proféticos con la habilidad de ministrar a otros así como ellos han sido ministrados. Esos materiales han sido traducidos al español, holandés, coreano, japonés y francés, y hay traducciones adicionales que se están preparando en varios otros idiomas.

Christian International ha iniciado Escuelas del Espíritu Santo en 1979. Estas escuelas son lugares donde se enseña el ministerio profético y se ministra cada viernes a la noche. La Red de Iglesias de CI actualmente tiene cuatrocientos cuarenta y nueve ministros ordenados. Hay ciento cuarenta iglesias por todo Estados Unidos y otras naciones del extranjero. La mayoría de esas iglesias tienen una Escuela del Espíritu Santo los viernes a la noche. La Facultad de Teología CI (ha agregado a su plan de estudios una especialización en profetas y ministerio profético. Una persona ahora puede obtener un título teológico con especialización en ministerio profético. En el otoño de 1995 Christian International comenzó su Escuela de Entrenamiento Ministerial residente con su primer semestre especializado en enseñanza y su segundo semestre especializado en activar a los estudiantes para experimentar y ministrar en lo profético.

Desde 1986 Christian International ha estado presidiendo una Conferencia

Internacional de Profetas. En 1987, un movimiento soberano de intercesión profética para que Dios levantase una compañía de profetas tomó a los líderes y la audiencia por más de una hora. En 1988, durante la misma conferencia, hubo otro movimiento soberano de Dios que dio a luz el Movimiento profético.

En 1992, en la conferencia anual, hubo ocho oradores internacionales, cuatro profetas y dos apóstoles. Ellos provenían de Uganda, México, Australia, Malasia y Canadá. Hubo un consenso apostólico-profético de todos estos ministros, de que había un matrimonio entre los apóstoles y profetas de CI en ese tiempo. En la conferencia de 1995, la cual se realizó en enero de 1996 por causa del huracán Opal, Cindy Jacobs fue una de las oradoras principales. Hubo una integración divinamente preparada de oración intercesora y los profetas y el ministerio profético. Una conferencia generalmente tiene unos mil participantes, incluyendo trescientos ministros que representan a muchos países.

Profetas a las naciones: Solo en los últimos cinco años los profetas y apóstoles de la red de profetas y ministerio profético de CI han ido a cuarenta y cinco naciones en el mundo. En muchas de esas naciones han tenido la oportunidad de tener una audiencia con el presidente y darle la palabra del Señor para su nación. Por ejemplo, en 1992 mi esposa y yo ministramos en doce naciones, en seis continentes del mundo. Realizamos una conferencia profética en cada una de ellas. Diferentes equipos de ministros proféticos se nos unieron en cada una de esas naciones. En las Filipinas había diez miembros del equipo. Llenamos la conferencia en Manila con más de cuatro mil inscriptos y ministramos a cuarenta mil en reuniones al aire libre.

Se hizo guerra profética contra los principados que gobiernan la nación, y el Movimiento profético fue liberado en ese país. El pastor Eddie Villanueva abrió las puertas a la presidencia. El Señor nos concedió una audiencia con el Presidente Fidel Ramos. Le dimos una profecía con ocho puntos principales concernientes a él y a su nación. Él y yo unimos las manos y proféticamente lo comisioné para cumplir su destino como presidente de las Filipinas.

El Movimiento profético se ha vuelto mundial y es reconocido como un movimiento genuino de restauración de parte de Dios. Hay un indicador especialmente singular de ese hecho. El Seminario Teológico Fuller permitió que el estudiante graduado Daniel Kim escribiera su tesis para su Maestría en Teología sobre el tema "Una crítica de la literatura en el Movimiento profético contemporáneo". Hubo una gran cantidad de fuentes disponibles, ya que Christian International es solo uno de muchos centros que propagan las verdades y ministerios proféticos. El Movimiento profético crece y vino para quedarse, pero está atravesando el mismo proceso que todo movimiento ha pasado en los últimos cien años.

En todo movimiento de restauración todos los participantes no están en el mismo grupo, y algunos no están debajo de los pioneros originales del movimiento. Algunos grupos van a los extremos de la derecha o de la izquierda. Otros mantienen un ministerio más "en el medio del camino". Desde el comienzo del período de la Restauración de la Iglesia comenzando con la justificación por fe, todas las verdades restauradas a la actualidad han pasado por el mismo proceso.

Entender el proceso. Otros deben entender el proceso que todo movimiento de restauración ha atravesado desde el comienzo de la gran restauración de la Iglesia. Los líderes y el pueblo que son usados por Dios para restaurar las nuevas verdades bíblicas y experiencias espirituales, están inicialmente rechazados, perseguidos y marginados de las denominaciones cristianas establecidas y los grupos de movimientos pasados. Se convierten en sujetos de gran controversia dentro de la Iglesia; son acusados de fanáticos, herejes, falsos profetas o maestros, incluso de líderes sectarios (Mateo 23:29-39).

El viejo orden es como el ejército de Saúl, que estaba temeroso de ir contra Goliat. Cuando un fresco movimiento de Dios vino a través de David, el ejército de Saúl se retiró y no participó hasta que David demostró que tenía una verdadera revelación y fe, cuando mató al gigante. A la vez, es igual que Gedeón y sus trescientos hombres que tuvieron que demostrar que Dios los respaldaba haciendo huir al enemigo antes de que las otras tribus comenzaran a participar. Es tiempo de que los del ejército de Saúl empiecen a perseguir agresivamente al enemigo con aquellos que han demostrado que la alabanza ofensiva de guerra y la oración son bíblicas y viables. Es tiempo de que los que han sido discípulos secretos de lo profético y apostólico se manifiesten en público, y se pongan del lado del nuevo ejército de David y Gedeón. Únase a la generación de Josué que ha cruzado el río Jordán y está atacando al enemigo en una guerra agresiva. Recuerde que Jonatán fue neutral por mucho tiempo, sin tomar una postura con David, lo cual acabó en su muerte bajo el viejo orden de Saúl.

Solo cuando el movimiento crece y establece gradualmente cientos de iglesias en todo el mundo que propagan y practican las mismas cosas, los líderes del viejo orden finalmente les conceden un estatus tolerable, permitiéndoles existir sin constantes hostigamientos. (Las iglesias del Movimiento carismático recientemente han evolucionado hasta alcanzar ese rango). A las iglesias del nuevo movimiento se les está finalmente permitiendo unirse al resto de la comunidad cristiana, luego de que el fuego del movimiento se ha estabilizado en una estructura organizada y alguna clase de actuación predecible.

Guerra fría y guerra caliente. Por lo tanto, una restauración divina de la verdad primero trae una "guerra fría" entre los que la aceptan y los que la rechazan. Luego de que la batalla ha concluido y casi todos se han quedado con los viejos o se han ido con los nuevos, los dos grupos avanzan hacia una relación de "guerra caliente", practicando la tolerancia mutua sin aceptarse totalmente unos a otros como miembros del mismo Cuerpo de Cristo dignos de su amor y comunión.

Los extremos en el péndulo de la verdad restaurada. Cuando una verdad está en el proceso de ser restaurada a la Iglesia, usualmente oscila extremamente hacia la derecha, luego a la izquierda, y finalmente se presenta recta con un mensaje equilibrado, como el péndulo del reloj del abuelo, en el medio de los dos extremos. Los que se quedan trabados en el extremo izquierdo se vuelven sectarios en sus doctrinas y prácticas. Los que no vuelven del extremo derecho se convierten en un grupo exclusivo que se separa del resto del Cuerpo de Cristo. Luego está el grupo que se vuelve de ambos extremos para mantener un equilibrio de doctrina bíblica y práctica, la que Dios originalmente planeó que fuera restaurada dentro de la Iglesia.

Un movimiento de restauración también puede compararse a los tiempos en que vienen las fuertes lluvias y hacen que el río se desborde por sobre los muelles. Una parte del agua se estanca en el lado derecho del río y forma pequeños charcos donde unos pocos peces nadan. La parte de agua de la izquierda nunca vuelve al río, sino que forma una especie de bahía y pantanos donde habitan toda clase de criaturas viscosas y venenosas. Cuando la inundación retrocede, el cuerpo principal de agua fluye entre la sabiduría y la madurez en ministrar las verdades restauradas y las experiencias espirituales.

El grupo "equilibrado" puede perder la unción. No obstante, el grupo "equilibrado" puede volverse tan protector de la verdad y tan reaccionario contra los extremistas que guardan la forma original, que abandona el fluir del Espíritu Santo. Puede guardar la pureza de la doctrina, pero descuidar la fresca unción que restauró aquellas verdades. Mantiene la predicación y las prácticas adecuadas, pero pierde la presencia poderosa de Dios y el poder que originalmente acompañó su ministerio.

Tristemente, la historia de la Iglesia revela que es este grupo balanceado el que generalmente se convierte en el mayor perseguidor del próximo movimiento de restauración del Espíritu Santo. Establecen odres de limitaciones doctrinales respecto a qué, cuándo, dónde, quién y cómo la verdad debe ser ministrada. Sus odres se resecan y limitan de tal modo que no pueden recibir el vino nuevo de la verdad restaurada que le agrega nueva verdad y ministerio espiritual a la Iglesia. Los que entienden los principios de restauración nunca deberían perder un nuevo movimiento de Dios. Los movimientos de restauración de Dios continuarán viniendo hasta que todo esté listo para la segunda venida de Jesucristo. El último movimiento de Dios será cuando Jesús llegue y establezca su Reino sobre toda la Tierra.

Establézcase en la verdad presente. Por esa razón, debemos mantener nuestros odres flexibles para poder ir de un movimiento del Espíritu Santo a otro, incorporando en nuestras vidas personales e iglesias todo lo que Dios quiere restaurar en su Iglesia (2 Corintios 3:18). Al mismo tiempo, no debemos ser vulnerables al extremismo y el fanatismo. Como Pedro declaró, debemos estar continuamente "*confirmados en la verdad presente*" (2 Pedro 1:12, RVR60). Jesús dijo que un escriba sabio es uno que saca de su cofre tesoros nuevos y viejos. La Iglesia no es un tanque de agua o salado mar muerto, sino un río de agua fresca, agua que da vida (Mateo 13:52; Ezequiel 47:1-12; Juan 7:38). Permanezcamos en el medio de la corriente de la actual renovación de Dios.

12

Extremos en la restauración de la verdad

Los abusos no pueden impedirse completamente. Los verdaderos apóstoles y profetas llamados a ser pioneros en este Movimiento profético actual y el Movimiento apostólico emergente harán todo lo posible para mantener un equilibrio y prevenir que los ministros proféticos y apostólicos hagan tonterías que traigan deshonra y reproches al movimiento. Pero ninguno de los movimientos pasados de restauración fueron capaces de impedir en su totalidad abusos y excesos, ni tampoco nosotros seremos capaces plenamente.

El hecho es que hasta que Cristo regrese siempre estarán aquellos bíblicamente ignorantes y quienes nunca serán dados a luz en la verdad presente. Siempre habrá gente emocionalmente inestable y espiritualmente inmadura que no puede manejar la verdad, y entonces comienzan a hacer cosas raras que están fuera de orden respecto a la verdad presente. Y siempre habrá curanderos, falsos ministros y los que están erróneamente motivados, que andan en busca de una oportunidad de promoverse y obtener rédito del movimiento.

Estos tres grupos podríamos llamarlos la derecha fanática, la extrema izquierda y los que están en el medio, balanceándose entre los dos extremos. Un breve resumen de las verdades principales restauradas en los últimos cinco siglos revelará que cada movimiento ha tenido de estos tres grupos.

Los años 1500 – Justificación por fe. Este péndulo de verdad osciló de un extremo de la salvación por obras sin fe, al otro extremo de toda la fe y nada de obras de justicia acompañando la fe. Aquellos que caminaron en la verdad llegaron a un balance en el medio. Fueron justificados por fe, demostrándola en sus obras de obediencia en una vida recta. También estaban los extremos teológicos del calvinismo y arminianismo, junto a los que asumieron una posición equilibrada entre ambos extremos.

Los años 1600 – Bautismo en aguas. Hubo dos extremos, los que predicaban que una persona no era salva hasta que fuera bautizada por inmersión, en oposición a los que le asignaban poco valor al bautismo en aguas. Estaban los que enseñaban que un bebé podía recibir todas las bendiciones del cristianismo a través del bautismo en aguas, y estaban también los que enseñaban que un niño no podía recibir nada del Señor hasta los doce años. Los que caminaban en la verdad alcanzaron un equilibrio entre los dos extremos.

Los años 1700 – Santidad, santificación y perfeccionismo. Respecto a la enseñanza de la santidad, hubo dos extremos de legalismo y liberalismo. Los legalistas creían que todos los deportes, entretenimientos y modas eran pecaminosos para los cristianos. Los extremistas de la libertad declaraban que la gracia otorgaba la licencia para todas las cosas, proclamando que "para los puros, todas las cosas son puras". Respecto a las enseñanzas sobre la santificación, un extremo insistía en que los cristianos tenían solo una experiencia de santificación que duraba para toda la eternidad, mientras que el otro extremo decía que necesitábamos ser santificados diariamente. El perfeccionismo tuvo sus dos extremos también; los que no permitían que el cristiano pecara jamás, y los que creían que un cristino no puede evitar pecar un poco cada día. Gracias a Dios hay un equilibrio entre los dos extremos de una verdad divina. Los que buscaron la verdad presente guardaron ese balance entre las dos posiciones extremas en las enseñanzas y prácticas de la verdad restaurada.

Los años 1800 – La segunda venida de Jesús. Estaban los dos extremos de aquellos que proclamaban el inminente regreso de Cristo y ponían fechas para su venida, usando todo suceso y catástrofe mundial como una prueba de ello, y también los que no creían en un regreso literal de Cristo en absoluto. Las grandes controversias bíblicas eran acerca de puntos de vista escatológicos: el premilenialismo, postmilenialismo y amilenialismo. Los premilenialistas se iban al extremo en su predicación escatológica sobre si habría un rapto de la Iglesia pre-tribulación, durante la tribulación o pos-tribulación.

Los años 1880 – Fe sanadora. La controversia teológica era si las llagas que Jesús recibió proveían sanidad para el cuerpo físico así como su muerte en la cruz proveyó perdón de pecados. En otras palabras, ¿había sanidad física en la expiación de Cristo Jesús?

Los que aceptaban la enseñanza de la sanidad en la expiación desarrollaron creencias extremas: algunos pensaban que la fe divina era el único remedio aceptable para la sanidad física de los cristianos (el uso de cuidados médicos estaba prohibido); los del lado contrario agotaban todos los medios antes de volverse a Jesús en busca de sanidad divina. Los que mantuvieron la verdad de restauración de la sanidad divina lo hicieron con un balance entre los extremos oscilantes entre la izquierda y la derecha.

Los años 1900 – El bautismo del Espíritu Santo y otras lenguas. El problema teológico era si las "lenguas desconocidas" eran la única evidencia bíblica válida de haber recibido el don del Espíritu Santo. Entre los pentecostales que aceptaban el hablar en lenguas hubo dos grupos extremos: los que creían que una persona no era salva hasta que hablara en lenguas y los que creían que había varias pruebas divinas (tal como el Movimiento de santidad proclamaba) del bautismo en el Espíritu Santo.

Los pentecostales también llegaron a extremos en conceptos de la divinidad; algunos enseñaban una forma de unitarismo (la doctrina de que no hay Trinidad, conocida bajo el nombre de "Solo Jesús"), y algunos, el triteísmo (la doctrina que niega la unidad de las tres personas de la divinidad). Esos grupos también tuvieron actitudes religiosas hostiles concernientes a las fórmulas del bautismo en aguas.

Hubo diferencias de opinión sobre la terminología apropiada para describir esta experiencia de "otras lenguas". Algunos la llamaban "bautizado con el Espíritu" y otros "lleno del Espíritu". Algunos discutían sobre si deberíamos decir que es bautizado con, en, dentro, por, o del Espíritu Santo.

La terminología utilizada no impidió que el Espíritu Santo bautizara a los creyentes. Pero algunos grupos llegaron a un fanatismo que finalmente los destruyó. Otros se segregaron del resto del Cuerpo de Cristo al declarar que todos los otros grupos de la iglesia estaban equivocados excepto ellos. Sentían que eran el único grupo pentecostal que tenía la verdadera salvación y la enseñanza y ministerios correctos de la verdad restaurada.

Por consiguiente, se establecieron muchísimas denominaciones pentecostales y grupos independientes. La mayoría de ellos todavía no estrechan la mano de la fraternidad a los otros. Pero hubo algunas de las principales denominaciones pentecostales que mantuvieron la forma original, doctrinas y ministerios espirituales de la verdad que el Espíritu Santo quería restaurar en ese tiempo.

Los años cuarenta – Imposición de manos y profecía personal. La verdad controversial que estaba siendo restaurada era lo que llegó a conocerse como "presbiterio profético". El tema era si los ministros llenos del Espíritu Santo tenían el derecho bíblico y el poder espiritual para revelar proféticamente a los ministros su don de ascensión quíntuple y profetizarles a los santos su ministerio dentro del Cuerpo de Cristo. También enseñaban que mediante la profecía y la imposición de manos podían ser revelados los dones del Espíritu Santo y ser activados dentro de los santos (1 Timoteo 4:14; 1:18).

Este péndulo de verdad tuvo sus oscilaciones entre la derecha y la izquierda antes de lograr un balance en el medio. Algunos ministros de la Lluvia tardía relegaron la profecía a ciertos apóstoles y profetas designados. Otros no permitían que nadie, en ningún lugar sin una supervisión adecuada, le profetizara a otro.

Como en todo momento, los que mantuvieron la verdad en equilibrio establecieron las pautas para la enseñanza y ministración de la verdad restaurada. Los grupos extremistas se han autodestruido y los que siguieron buscando, los grupos equilibrados, han preservado la verdad en la pureza de la predicación y práctica.

Los años cincuenta – Cantos de alabanza, ministerio del Cuerpo, danzas de alabanza. La diferencia en el énfasis escritural era entre los que creían que los santos podían cantar alabanzas melodiosamente y los que enseñaban que la alabanza solo debía estar con el grito pentecostal. Otros debatían si el ministerio espiritual debía ser soltado entre el cuerpo de creyentes en la congregación o ser totalmente dirigido y ministrado desde el púlpito.

En un extremo, los servicios enteros se daban a la alabanza y profecía con muy poco valor asignado a la predicación, mientras que muchos otros continuaban viendo a la alabanza solo como algo preliminar a la total preeminencia de la predicación de La Palabra de Dios. Aun otro grupo extremo sostenía lo que ellos llamaban la jerarquía celestial de los doce apóstoles y veinticuatro ancianos. Se vestían con atuendos religiosos como los Sumos Sacerdotes del Antiguo Testamento.

Algunas iglesias tenían solamente una alabanza melodiosa lenta, mientras que otras tenían alabanza con danzas y gritos durante horas. Algunos discutían acerca de si "danzar delante del Señor" era un acto voluntario de fe en una expresión de alabanza, o una "danza incontrolable en el Espíritu". Estaban los que creían que los cultos eran más que nada para alabar y perfeccionarse unos a otros en Cristo, mientras que otros creían que el rol de la Iglesia consistía únicamente en evangelizar el mundo. Los que caminaban en la verdad restaurada y los ministerios en todos estos asuntos, trajeron un equilibrio entre los extremos y mantuvieron la verdad en pureza de prácticas.

Finales de los años cuarenta hasta el fin de la década de los cincuenta – Evangelismo de liberación. Cientos de evangelistas se levantaron durante este tiempo y ganaron millones de almas para Jesús por medio de la liberación sobrenatural y sanidades milagrosas. Oral Roberts se levantó para demostrar la imposición de manos para sanidad divina. T. L. Osborn lanzó evangelismos masivos en muchas naciones extranjeras. Desafiaba a audiencias de decenas de miles diciendo: "Si Jesús sana a este sordo o a este paralítico, ¿creerás que Jesús es el Hijo de Dios y el único Salvador de la humanidad?" Miles se convertían cuando veían los milagros que ocurrían.

Hubo profetas que surgieron con gran visión profética, palabras de conocimiento y milagros, como ser William Branham y Paul Cain. Las mujeres también fueron usadas poderosamente, como Kathryn Kuhlman. Había dos corrientes fluyendo paralelamente, pero nunca juntas: el Movimiento de restauración de la Lluvia tardía y el Movimiento de evangelismo de liberación. La mayoría de los líderes del Movimiento de fe, tales como Kenneth Hagin, nunca se involucraron en el bando de la restauración. Su herencia y progresión fueron de iglesias pentecostales a Evangelismo de liberación y luego al Movimiento de fe. Esta es la razón por la que su concepto de profetas y ministerio profético es posterior a la ordenación de los profetas que estaban en su grupo. Mi herencia y progresión fue de ser un americano pagano, a pentecostal, a restauración, a carismático y, ahora, profético/apostólico. La liberación era usada para clarificar y magnificar el oficio del evangelista. Ellos tuvieron sus propios extremos, similares al Movimiento de sanidad divina.

Los años sesenta – Demonología: ¿opresión, obsesión o posesión? El asunto de las "lenguas desconocidas" fue una controversia dentro de la iglesia desde el Movimiento pentecostal, así que no fue un tema nuevo para ellos en los sesenta. Pero algunos de los líderes del Movimiento carismático provocaron que surgieran más controversias sobre la actividad de los demonios. La cuestión era si un cristiano nacido de nuevo, bautizado con el Espíritu Santo podía tener actividad demoníaca dentro de su vida al grado de que los demonios tuvieran que ser echados fuera.

La controversia se desató entre los que enseñaban que todo pensamiento negativo, toda acción y aflicción física era un demonio que debía ser exorcizado antes de que el cristiano pudiera ser cambiado o sanado, y los que creían que la sangre de Cristo daba inmunidad a todos los que habían sido limpiados de sus pecados, porque los demonios no podían "cruzar la línea de sangre". Alrededor de mediados de los años setenta la mayoría de los carismáticos habían llegado a una doctrina y práctica balanceada con respecto a la demonología.

Los años setenta – Discipulado, vida familiar, crecimiento y estructura de la iglesia. El Espíritu Santo preparaba la Iglesia para un gran crecimiento numérico en los años setenta. Muchas iglesias de Sudamérica y Corea, especialmente desarrollaron el concepto de una gran congregación con numerosos grupos celulares reuniéndose en los hogares de los miembros de la iglesia. El Espíritu Santo quería traer respeto mutuo entre los ministros y reconocimiento y sumisión voluntaria unos a otros.

El gobierno teocrático fue restaurado en la Iglesia y la familia con la cadena de mandos correcta. Hubo una restauración del orden apropiado de las prioridades personales, especialmente para los que estaban en el liderazgo y ministerio: primero Dios, segundo el cónyuge y la familia, luego el ministerio. Sin embargo, los extremos inevitablemente aparecieron. Algunos enseñaron y desarrollaron un liderazgo cristiano piramidal. El pastor se convirtió casi en un líder papal para aquellos que estaban debajo de él. Toda mujer adulta soltera debía tener una "cobertura masculina" para estar dentro del orden divino. Todas las decisiones tenían que ser tomadas por el liderazgo, incluso las actividades cotidianas y personales de los miembros. Los líderes se volvieron dominantes e hicieron de los que estaban debajo, gente totalmente dependiente.

Algunos grupos fueron al otro extremo de abolir toda estructura de liderazgo eclesiástico, cambiándola desde un pastoreo a un co-ancianato. Algunos disolvieron la reunión semanal unida de una gran congregación, dividiéndola en pequeñas reuniones hogareñas solamente. Otros suprimieron el servicio del domingo por la noche para hacer de él una noche familiar.

El Movimiento de Jesús brotó de la rebelión de los jóvenes (el movimiento *hippie*) contra la sociedad. Estaban más inclinados a oponerse a la estructura de la iglesia. De todos modos, ayudaron a liberar la Iglesia de algunas de sus tradiciones ritualistas. Para el fin de la década la mayoría de las iglesias no denominacionales, carismáticas de la verdad presente, habían alcanzado un equilibrio en la doctrina y la práctica concerniente al discipulado, pastoreo, vida familiar y estructura eclesiástica. Cuando hay una inundación de verdad y ministerio, el río de la Iglesia se desborda hacia sus orillas. Algo del agua no vuelve a la corriente principal, sino que se convierte en charcos y pantanos. Por eso algunos extremos de la izquierda y derecha se transformaron en pantanos mientras Dios restauraba la Iglesia que estaba en las orillas del río y fluía en orden y equilibrio.

Los años setenta – Mensaje de fe, prosperidad y enseñanza de La Palabra. Por siglos la Iglesia había enseñado que la espiritualidad y la pobreza eran sinónimas. Las prácticas del monasticismo y el ascetismo que se llevaron a cabo durante la Edad Oscura todavía influenciaban a la Iglesia. Los del Movimiento de santidad, Pentecostales y el Movimiento de la lluvia tardía todavía estaban bajo la impresión de que era mundano y carnal tener dinero o las comodidades modernas, o vestir o conducir el último auto y el mejor.

Oral Roberts fue uno de los primeros en propagar la idea de que Dios es un Dios bueno y desea que los cristianos tengan salud y prosperen, así como prospera su alma (3 Juan 2). Pero no fue hasta los años setenta que la verdad comenzó a ser practicada lo suficiente como para volverse una controversia mundial.

Tres bandos. La enseñanza de una vida victoriosa, próspera, saludable en lo natural y espiritual venía de tres grupos: (1) del ministerio de Oral Roberts de enseñanza del principio de la semilla de fe, de sembrar y cosechar, de sembrar finanzas y cosechar finanzas; (2) del ministerio de Robert Schuller de vida positiva y principios de éxito; (3) del grupo de ministros que se hicieron conocidos como "predicadores de la prosperidad", "maestros del mensaje de fe" o la "gente de La Palabra". Unos pocos líderes reconocidos fueron Kenneth Hagin, Kenneth Copeland, Hobart Freeman y Fred Price.

El Espíritu Santo luchaba para llevar al Cuerpo de Cristo a un nuevo nivel de fe y una mayor revelación de la verdad, para que las cosas materiales que se necesitaban pudieran ser traídas y utilizadas para comunicar el Evangelio y prosperar la Iglesia. No obstante, como en la activación y restauración de cada verdad, diferentes grupos se quedaron "atorados" en los extremos del péndulo de la restauración de esa verdad.

Los extremos. Algunos de los grupos que se desarrollaron en este movimiento enseñaron y cultivaron la actitud de que todo cristiano que no era rico y no gozaba de buena salud, o era un incrédulo o estaba fuera de comunión con Dios. Enseñaban que Dios no prueba a los justos. Si uno no tenía un milagro cada día y prosperidad todo el tiempo, no era una persona de fe.

Otros se convirtieron en ministros egoístas y motivados por Mamón que tomaron la verdad acerca de la prosperidad y la convirtieron en una oportunidad de juntar ofrendas desmesuradas para ellos mismos. Algunos que trataron de usar las enseñanzas como principios o estrategias para "hacerse ricos" terminaron en bancarrota, y lastimaron a mucha gente por el camino.

Aun otros llegaron a extremos en la confesión y declaración positiva hasta que sus enseñanzas se aproximaron a las doctrinas de la Ciencia Cristiana. Todavía otros pendulaban al lado contrario, declarando que los creyentes no tenían control sobre sus propias vidas, que ellos debían aceptar lo que viniera a su camino como la voluntad de Dios, que la pobreza y enfermedad eran usadas por Dios para perfeccionar a los santos y que por tanto debían sufrirse con gratitud. Gracias a Dios que hay un equilibrio entre esos dos extremos.

La antigua controversia que asomó durante el Movimiento de sanidad divina de 1880 se levantó nuevamente entre la gente del Movimiento de la fe. Todo aquel que usaba medicamentos, consultaba a un doctor o era sometido a una cirugía, era despreciado por un grupo de extremistas. A pesar de las diferencias en los varios grupos, esos ministros fueron instrumentos para establecer la Iglesia en los principios bíblicos de fe victoriosa, prosperidad, sanidad por fe, el poder de La Palabra y la necesidad de una confesión positiva constante. Escribieron cientos de libros e hicieron miles de cintas audiovisuales con principios bíblicos para la prosperidad, salud y felicidad. Para mediados de los años ochenta el movimiento había cumplido su misión de restauración, y los que habían evitado los extremos avanzaban en la restauración de la verdad y el ministerio.

Los años ochenta – El Reino ahora, teología de dominio y reconstruccionismo. El Espíritu Santo quería llevar a la Iglesia a una actitud de dominio y a concentrarse más en la venida del Reino de Dios que en la partida de la Iglesia. Quería que la Iglesia saliera de debajo de su almud e hiciera brillar su luz sobre el mundo entero, no solo dentro del templo.

Dios desea demostrar al mundo que su Iglesia realmente es la sal de la Tierra, y que los cristianos deben involucrarse en cada actividad legítima de la humanidad para ser testigos influyentes para el Reino de Dios. La separación de la Iglesia y el Estado no significa la separación de los cristianos de sus roles de abogados, senadores, gerentes empresariales e incluso presidentes de una nación.

Controversia sobre el Reino. El mensaje del Reino enfatizaba la verdad bíblica de que los santos han sido hechos reyes y sacerdotes para Dios, y gobernarán y reinarán sobre la Tierra. La gran controversia era sobre con quién, cuándo y cómo el Reino literal de Dios será establecido sobre el planeta Tierra. El conflicto básico surgió entre la teología reformada y la teología evangélica, y las diferentes visiones pre, pos y amilenialistas respecto del tiempo y la estrategia del establecimiento del Reino de Dios sobre la Tierra como en el cielo.

La enseñanza que actuó como catalizador y que hizo que el tema fuera controversial dentro de la Iglesia fue la del Obispo Earl Paulk, de Capilla Hill Harvester Church en Atlanta, Georgia. Su énfasis estaba puesto en una visión del rapto que, para la mayoría de los evangélicos y pentecostales, era una negación del rapto que lindaba con la herejía. Enseñaba que los santos difuntos resucitarían y serían trasladados en un abrir y cerrar de ojos, pero no con el propósito de abandonar la Tierra. En cambio, era para establecer el orden divino para la raza humana y el reinado de Cristo sobre toda la Tierra.

Algunos extremos. Como en todos los otros períodos, diferentes grupos surgieron y tomaron lo que Dios trataba de hacer, llevándolo a los extremos.

Algunos propagaron una revolucionaria toma del poder político por medios naturales sin operar bajo el poder sobrenatural de Dios. Otros se retrajeron y dijeron que no había nada que la Iglesia pudiera hacer más que orar y esperar lo mejor mientras que el mundo se empeora, hasta que Cristo finalmente regrese y se lleve a la Iglesia al cielo.

Algunos comenzaron a hacer danzas coreografiadas de ballet para expresar la música y las letras de las canciones cristianas. Otros llegaron al extremo de declarar que toda adoración planificada y practicada para ser representada era antibíblica, y que solo la antigua "danza en el Espíritu" de los pentecostales era aceptable ante Dios.

Para fines de los años ochenta los que propagaron el mensaje del Reino habían llegado a una posición bíblica básica, que la Iglesia es un Reino de testigos para toda la sociedad, no solo de maneras prácticas, sino también por el poder sobrenatural de Dios.

Los años ochenta y noventa – Profetas, el Movimiento profético y un pueblo profético. Esto nos lleva al último movimiento de restauración con su ola de verdades y ministerios de restauración. El Movimiento profético todavía está en el movimiento de vanguardia del Espíritu Santo, y continuará con ese estatus hasta que el Movimiento apostólico sea lanzado plenamente. Está activándose en una realidad viable, verdades y ministerios bíblicos vitales dentro de la Iglesia de Jesucristo del siglo XXI.

Como cualquier otro movimiento, el profético ha tenido quienes lo han llevado a los extremos de derecha e izquierda. Algunos ministros proféticos han sido poco éticos y con motivaciones erróneas, intentando usar la profecía para manipular a los demás para su propio beneficio. Muchos de ellos han caído y Dios los ha quitado del ministerio público. En el proceso han traído reproches sobre la verdad y han ofendido a otros que investigaban lo profético. Pero gracias sean dadas a Dios que están los verdaderos ministros proféticos que establecen y mantienen un equilibrio apropiado, justo en el medio.

Abusos y extremos en el uso de la profecía personal. Al igual que con cada movimiento de Dios, el Movimiento profético genera su cantidad de abusos en el sentido de llevarlo demasiado lejos o de aplicar incorrectamente las verdades que Dios restaura. El Espíritu de Dios es puro y restaura la verdad y el ministerio adulterado, pero desafortunadamente es derramado sobre vasijas de barro que pueden tener defectos.

Hasta ahora hemos visto algunos abusos en pequeña escala. Así que quiero advertir contra el uso pervertido o el uso de las verdades que están siendo restauradas para ganancia personal o para cualquier otro propósito no santo. Algunas cosas específicas que, como cristianos sinceros, podemos asegurarnos de evitar son las siguientes:

Un énfasis excesivo en la profecía personal. Algunos cristianos piensan que necesitan "una palabra del Señor" para tomar cualquier decisión, grande o pequeña. Ya no dependen más de sus convicciones personales y de la guía del Espíritu Santo (o del consejo y la sabiduría pastoral) para andar diariamente delante del Señor. En algunas vidas la profecía personal reemplaza la oración y el escuchar de parte de Dios por uno mismo.

Esto **no** es de Dios. La profecía personal tiene un lugar válido en la Iglesia y las vidas de los cristianos, pero nunca fue planeada para ser una "solución instantánea" o un sustituto para la búsqueda de Dios. Otra forma que este abuso adquirió fue la elevación de la profecía al mismo nivel de autoridad e inspiración que La Palabra escrita de Dios, lo que provocó grupos sectarios que estiman cada declaración profética como si fuera Las Escrituras. Sin embargo, la corriente principal del cristianismo cree que La Biblia es completa y suficiente, y rechazará toda revelación extra bíblica que alegue tener una autoridad igual a la de La Biblia.

Ministrar fuera de toda autoridad. Algunos cristianos les profetizan a personas en otros lugares que no son aquellos que el liderazgo ha señalado como apropiados. En nuestros seminarios las llamamos "profecías de estacionamiento", en las que algunas personas se acercan a otras fuera de las reuniones y les profetizan cosas extrañas. Tenemos una lista de pautas que hemos desarrollado que les pedimos a nuestra iglesia local y asistentes a los seminarios que lean y cumplan.

Creemos que es de vital importancia que todas las profecías sean dadas bajo supervisión espiritual, y que deban ser grabadas o registradas en cintas. Eso permite al liderazgo local arreglar o corregir toda palabra que sea falsa, esté mal aplicada o fuera de tiempo, salvando a la persona que recibe la profecía de toda confusión o mala interpretación. No obstante, algunos que son nuevos en este movimiento pueden profetizar atropelladamente al ser "guiadas por el Espíritu" sin permitir que sus palabras sean meditadas o examinadas (1 Corintios 14:31; 1 Tesalonicenses 5:21). El ministerio profético tiene el poder de bendecir o de maldecir, de manera que todas las palabras deben ser juzgadas por los maduros espiritualmente y quienes están a cargo en la asamblea local.

Usar lo profético para justificar la rebeldía y el pecado. El Movimiento carismático provocó que muchos grupos de oración y reuniones desestructuradas se separaran de la iglesia. Algunos eran de Dios, y el Espíritu Santo derramó un nuevo vino que los viejos odres no pudieron contener, causando separaciones inevitables. Sin embargo, muchos otros eran solo grupos rebeldes que querían hacer lo suyo sin ninguna supervisión.

El Movimiento profético está viendo una continuación de esta tendencia, donde la profecía personal es usada como una herramienta para justificar facciones y grupos rebeldes. Cuando son confrontados por una autoridad espiritual ellos siempre dicen: "Dios me dijo", y muestran como evidencia varias profecías que se dieron entre ellos mismos u otros les dieron y que recomiendan a su grupo o ministerio. Dios nunca tuvo la intención de que la profecía juzgara asuntos doctrinales o disciplinarios, y Él con toda seguridad no ha señalado a ciertos santos en la Iglesia para enderezar a todos con su ministerio espiritual.

Controlar o manipular a otros a través del ministerio profético. Algunos ministros o líderes que ya tienen un problema con ser controlados, usan el don de profecía para dictar "órdenes de Dios" a los que están debajo de ellos. Los abusos del Movimiento de discipulado pueden palidecer en comparación con este tipo de abuso de profecía personal. Hay algunos ministros egoístas, inmaduros e indisciplinados que siempre tratan de ser sensacionalistas en sus profecías. Los verdaderos y maduros profetas de Dios tienen la autoridad de profetizar en toda área de la vida y actividad humana. Pero algunos profetas y santos se especializan en profetizar sobre acontecimientos mundiales y poner fechas en que ellos sucederán, aunque muy pocos de ellos llegan a cumplirse tal como lo profetizaron. Estos profetas egoístas parecen apelar a la naturaleza especuladora y curiosa de la humanidad. Este tipo de profecía ha desilusionado a muchos acerca de los profetas y los ministerios proféticos. Hacen todas esas cosas en nombre de la "revelación espiritual", diciendo: "Dios me mostró".

Muchísimos santos ignorantes e inmaduros siguen a sus líderes espirituales porque parecen profetizar la palabra del Señor y recibir conformaciones sobre los principales cambios y decisiones de la vida. Estudie Deuteronomio 13:1-5 para entender las razones por las que Dios permite que cosas como estas sucedan.

Usar los dones proféticos para obtener ganancia personal. Este abuso toma dos formas de engaño cuando ciertos ministros ven a la gente corriendo a lo profético porque la unción de Dios está sobre ello. Algunos ministros oportunistas organizan "conferencias proféticas" que de proféticas solo tienen el nombre. Están más interesados en reunir gente para que paguen grandes sumas de inscripción y den grandes ofrendas para ellos mismos, o para suplir las necesidades económicas de sus iglesias, que para ministrar proféticamente al pueblo.

Ahora comenzamos a escuchar la palabra "profético" colgando como una credencial de identificación en casi todas las cosas de la iglesia, para tratar de manipular carnalmente a la gente para que vengan y sean parte de sus ministerios que no son para nada proféticos.

La segunda forma de este abuso es tan antigua como Balaam, que trató de profetizar para su propia ganancia. Aun en esta década ciertas personas han profetizado en cada servicio y cada programa de televisión: "Así dice el Señor, si apoyan a su siervo con una ofrenda única de $1.000, Él ciertamente los bendecirá".

Miles de cristianos crédulos han enviado su dinero, pensando que el hombre habla de parte de Dios. Al final, sin embargo, esos falsos profetas son expuestos como curanderos y juzgados por comerciar con el don de Dios. Muchos ya han sido quitados durante los últimos años. Dios es celoso de su ministerio profético y no tolerará el abuso por mucho tiempo más antes de que ponga el hacha a la raíz de esos ministerios.

Tratar de cumplir la profecía personal fuera del tiempo justo. Muchos cristianos que reciben palabras proféticas verdaderas acerca de algún gran ministerio o situación en la vida, mal interpretan el trato de Dios en un período de tiempo y corren a tratar de cumplirlas por sus propias fuerzas. Si Dios les dice proféticamente que van a ser levantados como grandes pastores, profetas o apóstoles, a veces corren a imprimir tarjetas personales con títulos que los proclaman como la última maravilla de Dios. No le permiten a Dios que los lleve por el proceso de *ser llamados* a *ser capaces* de cumplir su ministerio con madurez y sabiduría. Recuerde a los líderes como Saúl,

Salomón y Jeroboán, que fracasaron en sus ministerios y vidas personales por causa de sus años insuficientes de preparación.

Otros que son llamados a administrar finanzas para el Reino de Dios se han apresurado en situaciones de negocios basados en una profecía personal, porque piensan que una profecía hará que prosperen en todos sus esfuerzos. Los resultados son generalmente contratos quebrados, bancarrotas y vidas arruinadas. Cuando una verdadera profecía es soltada a un individuo, Dios tiene la intención de cumplir esa profecía en algún punto de su vida, pero no necesariamente la semana o el mes próximo. Los cristianos tienen que aprender a esperar el tiempo del Señor. (Por favor, lea los capítulos 16 y 17 de *Profetas y profecía personal* para determinar la respuesta correcta a una profecía personal, y el capítulo 10 para aprender sobre "profecía personal y negocios".)

Profecía presuntuosa, crítica y prejuiciosa. Uno de los grandes peligros y abusos del Movimiento profético es la gente que profetiza presuntuosa o críticamente. Por alguna razón, alguna gente con espíritu crítico y negativo parece acudir al ministerio profético, sintiendo que la profecía personal o congregacional es una plataforma para criticar a todos los que viven en pecado (e indirectamente dan a entender que ellos son los verdaderos modelos de rectitud). He visto y oído a muchos que sentían que eran el profeta solitario de Dios en el desierto, proclamando justicia mientras que el resto de la iglesia era maligna y pecadora (Deuteronomio 18:20-22). He descubierto, sin embargo, que el resultado de tal profecía es amargura, esterilidad y condenación. La gente que siempre profetiza de este modo generalmente lo hace a partir de heridas que nunca han sido sanadas. Por momentos pueden hasta recibir una palabra acertada de profecía, pero cuando el fluir de la profecía sale de su espíritu, se tiñe de las áreas negativas de su alma.

Todos necesitan saber que Dios no ha ungido **comisarios** en el Reino de Dios para juzgar y condenar a otros. He visto que Dios raramente, si es que alguna vez lo hace, usa santos y ministros inmaduros para dar una verdadera palabra de reprensión y corrección. Esto se los deja a los maduros, a quienes puede confiarles las palabras más difíciles que necesitan ser entregadas en un espíritu de humildad y sanidad.

Esas son solo algunas pocas áreas que pueden sacarnos del equilibrio en el ministerio profético. Ninguno debería sentirse culpable por el viejo refrán que habla sobre "tirar al bebé junto con el agua de la bañera". No rechace un verdadero ministerio y movimiento de Dios simplemente porque ha visto algunos malos ejemplos o manifestaciones. En mi experiencia personal, he descubierto que por cada ejemplo malo hay cientos de buenos. Por cada falsa profecía o uso inadecuado de la profecía hay miles de verdaderas profecías y verdades del Movimiento profético.

No simplemente una moda. El Movimiento profético contiene verdades y ministerios cruciales que Cristo quiere establecer dentro de su Iglesia. No es una moda religiosa o simplemente una renovación temporaria de una verdad o ministerio previamente restaurado. Diez cosas principales han sido restauradas con nueva revelación, aplicación y énfasis. Además, dieciséis nuevas cosas han sido presentadas a través de lo que Dios está haciendo en el Movimiento profético que no estaban presentes en el Movimiento carismático. La restauración de los profetas y el ministerio profético es absolutamente esencial para el cumplimiento del propósito progresivo de Cristo para su Iglesia y su propósito final para el planeta Tierra.

La década de los ochenta fue la época de concepción, nacimiento y desarrollo del Movimiento profético. La última década del siglo XX fue usada para llevarlo a los confines del mundo y establecer la verdad y ministerios que el Espíritu Santo fue comisionado para restaurar en este movimiento.

El ciclo de restauración de la historia. Cada verdadero movimiento de restauración ha pasado por el mismo proceso y ciclo histórico: primero, la verdad es inyectada en los corazones de ministros clave que Dios planea usar. Luego, en su tiempo, esto es proyectado a la Iglesia.

Inicialmente es rechazado por la mayoría de los líderes de la iglesia. Esto provoca mucha persecución por un período de tiempo hasta que el movimiento tiene ministros e iglesias establecidas alrededor del mundo. Luego son tolerados pasivamente por años, hasta que finalmente son considerados lo suficientemente bíblicos como para ser aceptados en la comunidad cristiana de iglesias, y ya no se los considera una secta.

Más transiciones y adaptaciones por venir. El Movimiento profético ha pasado por esas etapas de inyección, proyección, rechazo y algo de persecución. Ahora ha recibido bastante prominencia y es aceptado por algunas iglesias de denominaciones pentecostales y carismáticas. Los ministros e iglesias que propagan lo profético continuarán haciéndolo hasta que el resto de la iglesia mundial los tolere pasivamente o los acepte. Los que aceptan y creen que esto es algo que Cristo quiere establecer en su Cuerpo, permitirán que las verdades y ministerios sean incorporados a sus enseñanzas, prácticas y maneras de adoración.

Nuestro enemigo, el diablo, odia a los profetas de Dios y al ministerio profético. Él está dando a luz cualquier cosa que ayude a traer rechazo y persecución. Ya mismo, como en otros movimientos, los charlatanes, los novatos, ignorantes, inmaduros y los que tienen malas motivaciones, gente que normalmente está en los círculos externos y no en el fluir principal, comienzan a usar el producto de la profecía inadecuadamente para su propio beneficio.

Esas acciones mal motivadas y profecías impertinentes harán que los líderes eclesiásticos no proféticos, que tienen integridad moral y principios bíblicos, rechacen ese sinsentido religioso. Pero no es al verdadero movimiento "bebé", sino "al agua de la bañera", y nosotros no debemos tirar al bebé junto con el agua del baño. Los "padres" que fueron usados para engendrar el movimiento tienen el verdadero espíritu y propósito del movimiento y generalmente no son los que comercian con las verdades y ministerios de restauración.

El mal uso y el abuso todavía ocurren. Esto constriñe mi espíritu, entristece mi corazón y a veces me provoca una indignación santa cuando veo y oigo cómo algunos todavía usan y abusan de las verdades y ministerios de lo profético. Ha habido y probablemente habrán más de los que tienen programas de televisión y que usarán el ministerio de profetizar para manipular a la gente a que les den apoyo económico. Esos profetas del tipo de Balaam eventualmente quedarán expuestos. Si el Señor alguna vez los ungió para profetizar, esa unción se marchó tan pronto ellos empezaron a usar el don para promoción personal y manipulación por dinero.

Yo me horroricé y me disgusté mucho cuando escuché de una personalidad televisiva decir: "Escríbame y le enviaré su profecía personal grabada para su prosperidad personal". Yo pedí que me lo trajeran para poder escucharlo con mis propios oídos. Fue una farsa usar lo profético para manipular y motivar a la gente a apoyar su ministerio.

"También debe haber herejías". A veces desearía tener el poder para apartarlos y cerrarles la boca, pero el Señor me recuerda lo que Pablo le dijo a la iglesia corintia. Él dijo: *"Sin duda, tiene que haber grupos sectarios entre* *ustedes, para que se demuestre quiénes cuentan con la aprobación de Dios"* (1 Corintios 11:19). En relación al Movimiento profético esto significa que debe haber falsos profetas, ignorantes, inmaduros y ministros inadecuadamente motivados que están haciendo un mal uso del oficio de profeta y el ministerio de profetizar, para que esos que son verdaderos y correctos puedan ser manifestados como los verdaderos profetas dentro de la Iglesia de Cristo. Jesús dijo que dejáramos que la cizaña creciera junto al trigo hasta el tiempo de la cosecha (Mateo 13:24-30). El Movimiento apostólico emergente pasará por este mismo proceso.

Por favor entienda que todos los padres ordenados por Dios dentro del Movimiento profético y el Movimiento apostólico emergente estarán haciendo todo lo que esté a su alcance para enseñar, escribir libros y elaborar manuales de enseñanza que brinden principios bíblicos tan pronto como puedan, para la correcta administración de estas verdades y ministerios. Ese es mi principal objetivo al escribir este libro. Lo ideal es mantener la estructura correcta, el orden y la práctica, mientras que las verdades y ministerios están siendo restaurados sin que nada traiga reproche al ministerio. Este es el ideal que unos pocos lograrán cumplir. La realidad es que nunca ha funcionado completamente de esta forma en ningún movimiento.

El predicador de antaño declaró que la única forma de tener constantemente un granero limpio era no tener un buey vivo dentro de él (Proverbios 14:4).

Los extremistas contra los escogidos y fieles. Los que no manifiestan la verdad como Dios la planeó son los que no se vuelven al centro desde los extremos del péndulo de la verdad restaurada. Los que tienen el corazón de Dios y la mente de Cristo para este movimiento, se mueven bajo los procedimientos y prácticas adecuadas en lo profético. Esta es una actualización sobre el Movimiento profético, pero queremos descubrir algunos de los extremos potenciales que probablemente surgirán durante el Movimiento apostólico. Qué día tan emocionante para vivir: movimientos sobrenaturales de restauración se intensifican a medida que nos precipitamos al clímax en la Era de la Iglesia Mortal. No nos atrevamos a perdernos nada de lo que Dios hace hoy.

13

El Movimiento apostólico y sus potenciales extremos

Muchas cosas maravillosas y dadoras de vida serán restauradas con el Movimiento apostólico. Lo principal será la restauración completa de apóstoles a su pleno reconocimiento, aceptación, misterio poderoso, lugar y posición dentro del Cuerpo de Cristo. La nueva generación de apóstoles no serán híbridos, estériles, que no pueden reproducirse en otros de su clase. Tendrán el principio de Génesis declarando que cada semilla producirá de su misma especie. El Movimiento de Restauración de finales de los años cuarenta trajo la revelación de que todavía hay profetas y apóstoles en la Iglesia, pero no recibieron la revelación y unción para reproducir otros apóstoles y profetas.

Ahora el Movimiento apostólico traerá la unción para reproducir miles de apóstoles, así como el Movimiento profético reprodujo miles de profetas. La mayor crítica que recibí de mis hermanos de la vieja restauración era sobre este tema de reproducir de la misma clase. Se habían dado rumores y falsos reportes de que "si tú vas a CI ellos te harán profeta". Por causa de que cobramos inscripción a los que asisten a una conferencia profética, algunas personas de otros grupos comenzaron a decir: "Ve ahí y ellos te ordenarán por tan solo doscientos dólares". Por supuesto que estos eran rumores originados por quienes nunca habían asistido a uno de nuestros Seminarios para Profetas o Conferencias Proféticas.

Cualquiera que tenga un conocimiento básico sobre los dones y ministerios, sabe que un ser humano no puede darle a otro un don divino o ministerio. Los dones del Espíritu Santo son dados, impartidos y activados únicamente por el Espíritu Santo mismo. Los cinco dones de la ascensión son dados solamente por Jesucristo. Todos sabemos que nadie puede hacer entrar a los santos a un ministerio quíntuple si Dios no los ha llamado a uno de esos oficios.

Sin embargo, los que tienen un llamado divino a ser profeta o un santo profético puede ser enseñado, activado, entrenado, mentoreado y madurado en su llamado y sus dones. Hemos demostrado esto una y mil veces, levantando cientos de profetas y miles de personas proféticas. Esta revelación y la unción de reproducción pueden hacer lo mismo en gestar la gran compañía de apóstoles que Dios quiere que se levanten: no solo unos pocos de los Estados Unidos, sino decenas de miles en todas las naciones del mundo.

Los verdaderos apóstoles de Dios surgirán, pero se levantarán los falsos apóstoles, los inmaduros, los erróneamente motivados y los pseudo apóstoles que atraerán reproches y harán una presentación desequilibrada durante el Movimiento apostólico, que llevarán algunas cosas a la extrema derecha o izquierda.

Hacer del apóstol algo que Dios nunca quiso. Hay una enseñanza que tiene el gran potencial para desbalancear la restauración de los apóstoles. Ella incita muchos atributos de nuestra vieja naturaleza. De hecho, si puede ser invalidada ahora y en las etapas tempranas del movimiento, el ochenta por ciento de los problemas respecto de hacer del apóstol algo que Dios nunca planeó, podrían ser evitados.

Lo principal es el énfasis excesivo y la mala aplicación del "principio de lo mencionado primero". Este principio declara que lo que se menciona primero es lo mayor y siempre tiene preeminencia. Los teólogos fundamentalistas, que no creen en la experiencia sobrenatural de hablar en otras lenguas, solían restarle valor a las lenguas. Dijeron que se menciona en último lugar en 1 Corintios 12:28, por lo tanto es lo menos importante.

Lo mismo sería cierto para Efesios 4:11. Como los apóstoles se mencionan primero en ambos pasajes, concluyen que el apóstol es el ministerio mayor y siempre debería tener preeminencia sobre todos los demás ministros y ministerios.

La hermenéutica es la ciencia que estudia la correcta interpretación de La Biblia. Una de sus reglas dice que cuando se le da una interpretación y aplicación adecuada a un pasaje, nunca va a contradecir a otro pasaje bíblico. Esto hace que la aplicación del principio mencionado primero a los dos textos bíblicos sea impropia, porque no cumplen la regla de la interpretación bíblica.

Si Efesios 4:11 es interpretado como que el primero mencionado es mayor en autoridad y el último mencionado es menor en autoridad en la cadena de mando, entonces hay un problema hermenéutico. Esto daría como resultado que los apóstoles son primeros en autoridad, los profetas son segundos, los evangelistas terceros, cuartos los pastores y **quintos los maestros**. Pero en 1 Corintios 12:28, Pablo, que también escribió la carta a los Efesios, declara que Dios puso en la Iglesia primero a los apóstoles, segundo a los profetas y **tercero a los maestros**. Entonces, ¿en dónde están los **maestros** en la cadena de mando, **terceros o quintos**?

¿Las Escrituras y el Espíritu Santo se contradicen? ¿Pablo estaba confundido sobre lo que escribía? Sí, **si** el Espíritu Santo que inspiró a Pablo a escribir ambos pasajes tenía en mente el "principio de lo mencionado primero". Pero ellos no se contradicen entre sí cuando se les da una aplicación correcta. En el primer pasaje Pablo simplemente ofrece una muestra de los cinco ministerios, y en la otra lista en un lugar a todos los ministerios quíntuples de Jesucristo para su Iglesia.

En 1 Corintios, Pablo da el orden cronológico en el cual fueron puestos en la Iglesia. En Efesios no da una estructura piramidal o el orden de una cadena de mandos de mayor a menor. Por lo tanto, sería hermenéuticamente incorrecto usar esos dos pasajes como textos de muestra al tratar de probar que el apóstol es siempre el mayor y primero en autoridad sobre todos los demás ministerios. La insistencia en usar "el principio de lo mencionado primero" como la interpretación correcta de esas Escrituras nos llevará a muchos extremos en el Movimiento apostólico.

Habrá muchos otros problemas causados por este concepto si el título de *apóstol* lleva implícita la necesidad para esa persona de ser siempre primero. ¿Cómo los apóstoles van a reproducir más apóstoles debajo de ellos si cada uno debe ser el mayor? ¿Qué hace un pastor que tiene varios en su iglesia con el llamado a ser apóstoles? ¿Todos los apóstoles deben ser cabeza de su propio ministerio para cumplir su llamado? ¿Existe tal cosa como el apóstol de los apóstoles? De ser así ¿cuál sería el apóstol de los doce apóstoles? Los teólogos católicos dicen que era Pedro, pero La Biblia no dice eso. Algunos que no quieren ponerse el título de apóstoles se llaman Pastor de pastores. Uno puede realmente ser un pastor que ha madurado y al punto de que los pastores más jóvenes lo ven como su pastor. Pero si no hubiera convicción interior o revelación profética de que él es un apóstol, entonces él no tomaría el título de apóstol solo porque otros ministros lo ven como una figura paternal. Eso no significa necesariamente que uno es un apóstol.

Los peligros del concepto del viejo orden. Los que no están en el tema de las enseñanzas del viejo orden respecto de los apóstoles, no se dan cuenta de la seriedad de la situación. Por ejemplo, hay un grupo que enseña que solo los apóstoles pueden ministrar a otros apóstoles. Sería inadecuado que un ministro de un rango inferior le profetizara, aconsejara o enseñara a ellos. Esto haría de ellos una ley en sí mismos y una elite superior en la sociedad del Cuerpo de Cristo. Permítame darle un ejemplo viviente de cómo este concepto puede afectar las mentes de los ministros.

Hace algunos años otra asociación ministerial se unió a la Red de Iglesias CI. Mi mayor reputación en ese entonces era la de ser un profeta. El director del otro ministerio era conocido como apóstol. La fusión sería presentada como que yo sería quien tenía la visión y el líder del ministerio. El apóstol-pastor de la iglesia donde estábamos haciendo la conferencia escuchó todos nuestros procedimientos. Como cortesía por su hospitalidad le permitimos hablar. El concepto del apóstol del viejo orden estaba fuertemente arraigado en él. En su tiempo permitido para hablar, y desde el púlpito, hizo la siguiente declaración: “Vi una atrocidad hoy, un apóstol sometiéndose a un profeta”.

¿Bíblica o tradicionalmente orientado? ¿Dónde hay ejemplos bíblicos que apoyen una idea tan exagerada como la de la supremacía del apóstol? ¿Fue esa la razón por la cual Pablo y Bernabé se separaron o fue simplemente porque no podían ponerse de acuerdo respecto a llevar a Juan Marcos con ellos? ¿El concepto de rango mayor y menor o superior e inferior sigue las enseñanzas de Pablo, o los principios del Reino que Jesús enseñó en los evangelios? Si pudiéramos poner a dormir este viejo concepto sobre los apóstoles, habría mayor unidad entre los ministros quíntuples. Sería más sencillo para la Iglesia aceptar a los miles de apóstoles que vendrán en el Movimiento apostólico. También permitiría que aquellos que son apóstoles realmente comisionados por Dios, sean adecuadamente identificados como tales sin que todos sientan que se están poniendo en la posición más alta de toda la Iglesia. La nueva generación de apóstoles ordenados por Dios que está emergiendo hoy no tendrá esa actitud o concepto del viejo orden.

¿Entonces quién es el mayor? Jesús respondió esta pregunta cuando sus apóstoles le preguntaron: "*¿Quién es el mayor en el reino de los cielos?*" (Mateo 18:1). También la respondió cuando los apóstoles Juan y Jacobo fueron a Jesús pidiéndole ser los mayores entre los demás, sentándose uno a la derecha y otro a la izquierda. Esto activó una gran contienda entre los doce respecto de quién sería el mayor de todos. Tenían curiosidad de saber quién sería el apóstol principal o el apóstol de apóstoles.

Jesús les respondió y básicamente les dijo que pensaban como el mundo. Todo su concepto de mayor y menor estaba completamente errado, porque en el Reino de los cielos ninguno tiene esa clase de pensamientos y preocupaciones.

> *Jesús los llamó y les dijo:*
> *–Como ustedes saben, los gobernantes de las naciones oprimen a los súbditos, y los altos oficiales abusan de su autoridad. Pero entre ustedes no debe ser así. Al contrario, el que quiera hacerse grande entre ustedes deberá ser su servidor, y el que quiera ser el primero deberá ser esclavo de los demás; así como el Hijo del hombre no vino para que le sirvan, sino para servir y para dar su vida en rescate por muchos.*
>
> –Mateo 20:25-28

> *Si alguno quiere ser el primero, que sea el último de todos y el servidor de todos.*
>
> –Marcos 9:35b

Esto resuelve para siempre el tema de quién es el mayor y quién el menor en la Iglesia. El mayor no es el que tiene el título, posición o autoridad más elevada, ni el que tiene a miles que lo sirven. El mayor en la Iglesia es el más humilde, el que sirve a más gente y ni siquiera se preocupa con pensamientos de si será el mayor en posición. Esto parece ser una característica apostólica: la preocupación por la estructura de la Iglesia y quién está primero, segundo y así sucesivamente. Su fuerza se convierte en su debilidad si no está santificada y saturada del pensamiento de Reino.

Pablo, un tipo de la nueva raza de apóstoles del tiempo final. Esto nunca fue parte del pensamiento de Pablo. De hecho, él dijo que no se sentía digno de ser llamado apóstol. Dijo que su ministerio apostólico le había sido dado a él, que era el menor de todos los santos (Efesios 3:8). Pablo, que plantó la iglesia de Corinto, siendo su apóstol y padre espiritual, no había estado ahí por algún tiempo por alguna razón especial. "*¡Por mi vida! Pongo a Dios por testigo de que es solo por consideración a ustedes por lo que todavía no he ido a Corinto.* ***No es que intentemos imponerles la fe****, sino que deseamos contribuir a la alegría de ustedes, pues por la fe se mantienen firmes*" (2 Corintios 1:23-24). Pablo nunca pensó que los apóstoles eran mayores y siempre primeros en todo.

> *Por lo que veo, a nosotros los apóstoles Dios nos ha hecho desfilar en el último lugar, como a los sentenciados a muerte. Hemos llegado a ser un espectáculo para todo el universo, tanto para los ángeles como para los hombres. ¡Por causa de Cristo, nosotros somos los ignorantes; ustedes, en Cristo, son los inteligentes! ¡Los débiles somos nosotros; los fuertes son ustedes! ¡A ustedes se les estima; a nosotros se nos desprecia! Hasta el momento pasamos hambre, tenemos sed, nos falta ropa, se nos maltrata, no tenemos dónde vivir. Con estas manos nos matamos trabajando. Si nos maldicen, bendecimos; si nos persiguen, lo soportamos; si nos calumnian, los tratamos con gentileza. Se nos considera la escoria de la tierra, la basura del mundo, y así hasta el día de hoy. No les escribo esto para avergonzarlos sino para amonestarlos, como a hijos míos amados. De hecho, aunque tuvieran ustedes miles de tutores en Cristo, padres sí que no tienen muchos, porque mediante el evangelio yo fui el padre que los engendró en Cristo Jesús.*
>
> –1 Corintios 4:9-15

Los que desean el llamado y nombre de apóstol porque tienen ideas grandiosas de poder, respeto y prestigio, necesitan darle un vistazo a estas Escrituras. Los apóstoles del tiempo final que serán levantados en el Movimiento apostólico serán conforme al orden de Pablo, no a la presentación religiosa del apóstol de la Edad Oscura (el Papa). Si la vida-ministerio apostólica que se revela en 1 y 2 Corintios fuera presentada, habría menos líderes ambiciosos que deseen tomar el título de apóstol.

El ministerio del cual Pablo se jactaba. Pablo nunca alardeó o se jactó de su propio ministerio apostólico. Había solo un ministerio que él exaltaba.

Ese era el ministerio de ir de gloria en gloria y ser continuamente cambiado hasta que fuera conformado a la imagen de amado Hijo de Dios, Jesucristo (2 Corintios 3:18-4:1; Romanos 8:29).

Un tiempo insensato de jactarse. La única vez que Pablo se jactó de su ministerio apostólico y experiencia en la vida, fue cuando esos pseudo apóstoles superficiales se estaban promoviendo a sí mismos como mayores. Estaban ejerciendo dominio sobre los santos en una manera despótica. Él sentía que era necesario contraatacar lo que ellos hacían aunque se sentía insensato al mostrar todas sus credenciales apostólicas, incluyendo todo lo que había sufrido al ser el tipo de apóstol que Dios deseaba. Él dijo: *"Pero considero que en nada soy inferior a esos super apóstoles"* (2 Corintios 11:5).

Él describe cómo los cristianos corintios estaban tan entusiasmados sobre esos super apóstoles, y de buena gana soportaban sus modales carnales, mientras que al mismo tiempo despreciaban el ministerio apostólico humilde y desinteresado de Pablo. Les dijo que tolerarían a los necios de buena gana. Porque soportaban a aquellos "apóstoles" que los traían a esclavitud, los devoraban, tomaban sus finanzas y recursos, se exaltaban a ellos mismos exigiendo respeto y sumisión a su apostolado, y aun los abofeteaban en el rostro. Entonces declaró qué tipo de apóstoles eran los que actuaban de ese modo.

> *Tales individuos son falsos apóstoles, obreros estafadores, que se disfrazan de apóstoles de Cristo. Y no es de extrañar, ya que Satanás mismo se disfraza de ángel de luz. Por eso no es de sorprenderse que sus servidores se disfracen de servidores de la justicia. Su fin corresponderá con lo que merecen sus acciones.*
>
> –2 Corintios 11:13-15

Por favor lea los capítulos 10, 11 y 12 de 2 Corintios en varias traducciones, porque brindan muchas perspectivas sobre los ministerios de los verdaderos y falsos apóstoles. Esas Escrituras por sí mismas son suficientes para hacer que todo verdadero *llamado a ser* apóstol desee tener la actitud correcta, los atributos y acciones que Dios requerirá de sus apóstoles de los últimos tiempos.

Habrá extremos en el Movimiento apostólico. Sí, habrá algunos extremos, los cuales son normalmente causados por novatos y líderes ambiciosos e inmaduros que están incorrectamente motivados. Los que han hecho estudios en profundidad del temperamento humano, dicen que al setenta por ciento les encanta ser seguidores, y el resto está compuesto por los que quieren liderar y unos pocos que quieren dominar, teniendo poder y autoridad absolutos. Los pocos ministros que entran en la última clase de personalidad, y que nunca se han permitido santificarse, rápidamente aceptarán el concepto de que el apóstol es el ministro superior con absoluta autoridad sobre todos los demás. Una persona así prontamente se autoproclamará "apóstol" de su ciudad o región, y esperará de manera egoísta que todos los ministros e iglesias lo reconozcan y se sometan a él como el apóstol de Dios para esa zona.

Corta la raíz y el mal fruto desaparecerá. El viejo hombre con toda su importancia, auto exaltación, autopromoción y autopreservación es la raíz de todos los extremos y desequilibrios. El viejo concepto apostólico está arraigado en el yo más que en los principios del Reino. Esas pocas cosas que mencionamos nos darán alguna perspectiva sobre qué clase de extremos aparecerán en el Movimiento apostólico. Si pudiéramos mantener el ego humano y el orgullo afuera, entonces la mayoría de los extremos serían simplemente cosas generales de la naturaleza carnal que acompañan toda obra de Dios.

Por lo tanto, los que somos llamados a ser y los que ahora somos apóstoles, necesitamos concentrarnos en servir y ministrar a los santos, sosteniéndolos y edificándolos en el edificio que Dios desea que ellos sean. Recuerde: los apóstoles y profetas no son el techo y pináculo que se encuentra en el tope del edificio, sino el cimiento, la parte más baja del edificio. No estamos para señorear sobre los santos y otros ministros, sino que debemos permanecer siendo el fundamento de apóstol-profeta que asegura o apoya a la Iglesia.

Aventurémonos al próximo capítulo para ver lo que serán los ministerios de los apóstoles y profetas del tiempo final. Allí hablaremos sobre el poderoso ministerio que viene con el llamado y la comisión de un apóstol.

14

El ministerio de los apóstoles y profetas del tiempo final

Cuando los apóstoles sean restaurados en su plenitud, activarán muchas cosas. Eso hará que muchas profecías concernientes a los tiempos finales comiencen a suceder a un ritmo acelerado. El apóstol es el último de los ministros quíntuples en ser restaurado. Es como una gran máquina que necesita que ocurran cinco cosas en secuencia antes de poder funcionar correctamente. Puede compararse a un gran cohete espacial al que deben subírsele cinco interruptores para que pueda lanzar el trasbordador, la Iglesia. Cada interruptor o botón representa uno de los cinco ministerios.

El interruptor del Evangelista fue activado completamente en la década de los cincuenta, haciendo una preparación progresiva para el lanzamiento del trasbordador espacial de la Iglesia. La restauración del Pastor en los años sesenta a su rol indicado, hizo lo mismo. También sucedió con la restauración del Maestro en los años setenta. El propulsor del cohete se volvió en toda su fuerza en los años ochenta, con la restauración del Profeta y la gran compañía de profetas de Dios. Con la completa restauración del Apóstol y la gran compañía de apóstoles de Dios, el cohete espacial de la Iglesia será lanzado para cumplir su ministerio del tiempo final y destino eterno.

La restauración de los apóstoles hará que todos los ministros que la reciban, sean levantados a un nivel superior de unción y ministerio. Esto revolucionará todo el funcionamiento de la Iglesia. Podría compararse a cómo el mundo funcionaba a comienzos del siglo XX en el área de transporte, electrónica y comunicaciones, y cómo funciona ahora.

Un ejemplo. Así como el mundo pasó de vehículos motorizados y comenzó a volar por el aire y aun por el espacio, así la Iglesia avanzará otro tanto en una generación. La gente a principios del siglo XX no podía imaginarse lo que estaríamos haciendo al comienzo del siguiente siglo. Solo unos pocos científicos visionarios tuvieron una vislumbre de lo que venía. La gente común y algunos líderes ridiculizaron sus predicciones. Los científicos de la Iglesia, llamados profetas, han tenido vislumbres y aun ahora tienen visiones proféticas sobre lo que ocurrirá en la Iglesia del siglo XXI. Sin embargo, los santos comunes y algunos líderes eclesiásticos niegan tales posibilidades o se burlan de las predicciones proféticas restándoles importancia. No sea un miembro de iglesia corto de vista e incrédulo, sino reciba las revelaciones proféticas y apostólicas que vienen en este día y hora.

La Biblia declara que los ojos naturales no han visto y los oídos no han oído todas las cosas que Dios ha preparado para su pueblo. No obstante, muchas de esas cosas ya han sido reveladas por el Espíritu Santo. Isaías y los otros profetas las profetizaron en el Antiguo Testamento. Pablo y los otros apóstoles escribieron la revelación y aplicación de la mayoría de esas profecías en el Nuevo Testamento. Ahora esas cosas son reveladas más completamente y son dadas las aplicaciones divinas para apropiarnos de ellas y cumplirlas.

Hay profetas y apóstoles de los últimos tiempos que son amigos de Dios, como el profeta Abraham. Dios está revelándoles sus planes y continuará mostrándoles lo que está a punto de hacer antes de que lo haga. Aprenda a reconocer la verdadera voz de Dios a través de sus santos apóstoles y profetas (Isaías 41:8; 64:4; 1 Corintios 2:9-10; Efesios 3:3-5; Juan 15:14-15; Génesis 18:17; Amós 3:7).

Diferentes tipos de apóstoles. Los ministros quíntuples —apóstoles, profetas, evangelistas, pastores y maestros— varían en su unción y habilidad especial. En más de cuatro décadas de ministrar con ministros de todo el mundo, he visto que muchos se especializan en su oficio y se manejan bien en uno de los otros cuatro dones de ascensión. Por ejemplo, están aquellos que funcionan como pastores, pero cada uno con un énfasis diferente. Hay pastores pastorales, pastores apostólicos, pastores proféticos, pastores evangelísticos y pastores maestros. Solo se precisa estar en una iglesia en uno o dos cultos para determinar qué tipo de ministro pastorea a ese rebaño. Podría darle características detalladas y el énfasis ministerial de cada uno. Sin embargo, nuestro propósito en este libro no es explicar al pastor, sino al apóstol.

Apóstoles apostólicos: Están los apóstoles cuya expresión de ministerio es apostólica. Son más parecidos a Pablo, que demostraba todas las cosas que los apóstoles eran capaces de ser y hacer. Las Escrituras no revelan que ninguno de los doce apóstoles originales alguna vez pastoreara una iglesia local. Pablo y el profeta Silas estuvieron tres años estableciendo la iglesia neotestamentaria de Éfeso. Pablo se quedó dieciocho meses en Corinto mientras fundaba la iglesia local. También permaneció algunos meses aquí y allá estableciendo iglesias, pero nunca se hizo pastor a largo plazo de ninguna de ellas.

El mundo de la iglesia por muchos años ha sustituido el término *misionero* para la obra apostólica que se ha hecho en otras naciones y regiones. Pero un verdadero apóstol es más que el entendimiento típico que tenemos de un misionero. El Movimiento apostólico revelará y demostrará cómo debe ser este tipo de apóstol y qué debe hacer. Cómo se relaciona con las iglesias locales, cómo debe ser sostenido y cómo se relaciona con los otros ministerios quíntuples, todo se hará conocido.

Apóstoles-proféticos: Son esos verdaderos apóstoles que tienen una fuerte unción para profetizarle a individuos, iglesias y naciones. Pueden hacerlo en forma de ministros individuales o junto a otros en un presbiterio profético. Pablo era un apóstol profético. Impuso sus manos sobre Timoteo y le profetizó su llamado y dones. Tenía el ministerio de revelar proféticamente cosas a los individuos e impartirles gracias y dones espirituales (1 Timoteo 4:14; 2 Timoteo 1:6; Romanos 1:11).

Sin embargo, como apóstol cumplía el ministerio con discernimiento de espíritus, fe y milagros. El profeta apostólico hace cosas similares por medio del don de su oficio profético, y por la palabra de conocimiento y el don de sanidad. El resultado final es el mismo para la gente, pero el profeta y apóstol ministran en su unción y ministerio en una manera un poquito distinta.

Si el rey David, Moisés y José hubieran sido ministros activos en la Iglesia, podrían haberse llamado apóstoles-proféticos.

Apóstoles-evangelísticos: Estos son más del tipo misionero. Su mayor preocupación es la evangelización del mundo. Si están en una posición pastoral, entonces su iglesia será bien orientada hacia fuera. Preparan y llevan equipos a las naciones. Propagarán el concepto de que la mayor responsabilidad del apóstol es recoger la cosecha a través de reuniones de evangelismo masivo, y de llevar el Evangelio a las naciones.

Milagros del ministerio de apóstol o milagros del ministerio de evangelista. Le prometimos en un capítulo anterior mostrarle las diferencias entre los milagros del verdadero evangelista y los del apóstol. La diferencia básica se revela en Hechos capítulo 8, donde se hacía una gran campaña evangelística. El evangelista tenía una inquietud principal: la de ganar almas para Jesucristo. Como Felipe, tan pronto como un evangelista trae miles a Cristo en una campaña, entonces el Espíritu Santo lo guía a otro ministerio evangelístico, sea a uno o a cientos de miles.

Milagro apostólico o milagro evangelístico. La iglesia de Jerusalén envió a los apóstoles Pedro y Juan a Samaria a hacer el seguimiento con ministerios apostólicos. Ellos establecieron a los nuevos convertidos en los fundamentos de la fe, impusieron manos sobre ellos para que recibieran el Espíritu Santo y los afirmaron en los ministerios de la verdad presente y las experiencias espirituales del Movimiento de la Iglesia del Nuevo Testamento. Entonces reunieron a los nuevos conversos y establecieron entre ellos una iglesia local del Nuevo Testamento. La unción del evangelista obra milagros para hacer que ellos se salven y se bauticen en aguas. Los apóstoles obran milagros no solo para que la gente se salve, sino también para establecerlos en una iglesia local de crecimiento progresivo. Esas son las mayores diferencias entre el evangelista-evangelístico y el apóstol-apostólico. Sin embargo, hay apóstoles-evangelísticos y evangelistas-apostólicos. Algunos que en verdad son apóstoles se llaman evangelistas, y algunos que son realmente evangelistas se llaman apóstoles. Se basan en el hecho de que tienen señales, maravillas y milagros que acompañan su ministerio. La única manera de ver la diferencia es por discernimiento divino, perspicacia profética y por evaluar los mayores intereses de uno y el propósito que lo motiva. Luego están los que son apóstoles con un celo evangelístico, que bien podrían llamarse apóstoles-evangelísticos.

Apóstoles-pastorales: El apóstol Santiago, el hermano natural de Jesús, es un ejemplo de un apóstol-pastoral. Pastoreaba la iglesia local de Jerusalén. Ni La Biblia ni la historia dicen que haya viajado fuera de Jerusalén. Fue el pastor principal de una iglesia local durante todo su ministerio. Nunca dirigió una cruzada apostólica entre las iglesias, como lo hicieron Pedro y Pablo. Santiago sí escribió una carta, la cual se convirtió en la Epístola de Santiago en La Biblia. La dirigió a *"las doce tribus de la dispersión"*. Los doce apóstoles probablemente hicieron de la iglesia local del apóstol-pastoral Santiago su iglesia central cuando no viajaban.

¿Puede imaginarse lo que sería tener a los doce apóstoles que caminaron con Jesús por más de tres años sentados en su congregación? Especialmente cuando usted no recibió a Cristo como Salvador hasta después de su resurrección. Me pregunto si el pastor-apostólico principal Santiago, no le entregaría el púlpito de tanto en tanto a alguno de los doce cuando estaban en la ciudad.

Un ejemplo actual. Mi hijo de treinta y siete años, Tom, que pastorea nuestra Iglesia Familiar CI, ha tenido una situación familiar durante los últimos diez años. Tenemos veintitrés ministros que viajan a tiempo completo en el ministerio, pero hacen de la Iglesia Familiar CI su iglesia central. Los once matrimonios y un soltero son apóstoles, profetas y profetisas. Dos de los hombres son más jóvenes que Tom, cuatro son menos de cinco años mayores que él y el resto están en sus cincuenta o sesenta años. Jim Davis, el presidente de la Red de Iglesias de CI, fundó una iglesia local y la pastoreó por veinte años. Es un apóstol-profético que supervisa todas las iglesias y ministerios del CINC. La mayoría de estos ministros tienen ministerios nacionales e internacionales. Varios de ellos tienen títulos en Maestrías y Doctorados. El pastor, Tom, tiene un título de Profesor Adjunto y una Licenciatura, y trabaja para rendir su Maestría.

Uno de los ministros que no está incluido entre los viajeros itinerantes es Tim Hamon. Él es el hermano mayor de Tom, y es presidente de la Facultad de Teología de CI y de la Escuela de Entrenamiento Ministerial CI. Es un ministro ordenado y se desempeña como maestro profético. Tim y otros cinco ministros sirven como la junta de ancianos del pastor Tom. Mi esposa y yo, sus padres, servimos como obispos sobre la iglesia local, sobre los cinco presidentes de los Ministerios CI y obispos-supervisores de todas las iglesias y ministerios de CI. Yo soy obispo sobre todos esos ministerios y tengo tres veces más experiencia que Tom, pero solo predico en la iglesia local tres o cuatro veces al año.

Cuando estamos en casa, no siento que tenga que predicar. Solo me siento en la plataforma con los pastores Tom y Jane, y la mayoría de las veces ni siquiera pronuncio una palabra, pero ocasionalmente doy reportes ministeriales o alguna profecía. En raras ocasiones uno de los ministros itinerantes tiene la oportunidad de hablar un domingo a la mañana. No vienen a ministrar sino a descansar y recibir ministración personal. Los pastores Tom y Jane pueden decirle las cargas y bendiciones que vienen con el pastoreo de una iglesia de esta naturaleza. Estoy seguro de que si pudiéramos hablar con el pastor Santiago, podría decirnos realmente muchas cosas sobre pastorear una iglesia con muchos apóstoles, profetas y ancianos mayores en la fe. Normalmente solo los apóstoles proféticos o pastorales tienen la seguridad personal, fe, gracia y confianza para pastorear una iglesia así.

Apóstoles-maestros: Están los apóstoles-maestros que enseñan en institutos bíblicos, pastorean iglesias y viajan entre las iglesias. Su mayor interés es por el establecimiento de los santos en la doctrina correcta y la vida práctica. Diseñan bosquejos, manuales de enseñanza y cuadernos de trabajo para ayudar a los santos a ser afirmados en toda verdad y experiencia cristiana. Se aseguran de tener educación completa, es decir, para niños y adolescentes desde jardín de infantes hasta la secundaria; una escuela bíblica y programas de entrenamiento para todos los grupos de la iglesia. Organizarán sus grupos semanales y tendrán esquemas de enseñanza para que cada uno siga. Tendrán programas de seguimiento para que sigan todos sus conversos, para asegurarse que estén firmemente establecidos en la iglesia. Su debilidad es que tienen una tendencia a depender de sus habilidades organizativas y programas más que en su ministerio apostólico para hacer señales, maravillas y milagros.

El poder sobrenatural de Dios debería manifestarse en el ministerio del apóstol a pesar del tipo de ministerio que sea. Los apóstoles han sido descritos por años como administradores, preocupados solamente por la estructura de la iglesia, el cristianismo práctico o gobernar sobre otros. Los apóstoles han estado tan ocupados, tratando de cumplir con las expectativas de los demás sobre esa descripción de tareas, que han abandonado su ministerio mayor, el de darse a la oración, estudio de La Palabra y la manifestación de lo milagroso. Es tiempo de que todos nosotros tomemos la misma decisión y dedicación que los apóstoles en la iglesia primitiva. Ellos comprendieron que se habían involucrado demasiado en los asuntos administrativos de la iglesia. *"No está bien que nosotros los apóstoles descuidemos el ministerio de la palabra de Dios para servir las mesas. Así nosotros nos dedicaremos de lleno a la oración y al ministerio de la palabra"* (Hechos 6:2-4).

Que los ministros quíntuples, y especialmente los apóstoles, tomen este principio bíblico en serio. Comiencen ahora a delegar a otros el cuidado de los asuntos naturales y muchas de las tareas menores de aconsejamiento y pastoreo. Luego llenen ese tiempo, no con más golf y pesca, sino con horas de oración para tener iluminación espiritual, mientras estudian La Palabra. Dedíquese a activar la unción apostólica con su capacitación divina para ministrar con manifestaciones milagrosas que confirmen la palabra predicada. El balón de la obediencia está ahora en nuestras manos. Podemos sentarnos en él o levantarlo y correr con él hacia el arco. Seamos el tipo de apóstol de Dios, y no apóstoles con cierta descripción religiosa de tareas. Si nosotros, los apóstoles mayores, no nos convertimos en los Josués y Calebs para ayudar y guiar a esta nueva generación de apóstoles, entonces Dios nos dejará en el desierto y levantará líderes nuevos que no teman ser todo lo que Dios planeó para que sus apóstoles sean y manifiesten.

Los ministerios de los apóstoles y profetas de los últimos tiempos. Ellos serán los generales que liderarán a los oficiales y guerreros quíntuples de Dios a través de los movimientos de Dios después del Movimiento profético. Hace veinte años, mientras escribía proféticamente la quinta división del libro *The Eternal Church* (La iglesia eterna), que trata sobre las actividades y destino futuro de la Iglesia, hice las siguientes declaraciones:

Prepárese para un nuevo Movimiento de Restauración

"Ah, generación presente de la Iglesia, especialmente tú que eres joven de corazón, y tu ojo ha atrapado la visión y tu corazón ha sentido la emoción, ante el llamado del Maestro, y ha dicho: 'Me prepararé para el conflicto de los siglos'; ah, su ira está sobre nosotros, está sobre nosotros hoy".

Estas son más que palabras para un coro; son el clamor del Espíritu

Santo para esta generación. Si nunca ha sido parte de un movimiento de restauración de parte de Dios, ¡entonces prepárese y cobre ánimo! Hay otra verdad de restauración viniendo a la iglesia, que nos llevará a la completa realidad.

Pero asegúrese de que será lo mismo en el cristianismo durante este tiempo que como lo fue cuando Israel fue desafiado a entrar y poseer sus posesiones prometidas. Los doce espías israelitas fueron a la tierra de Canaán. Todos vieron la misma abundancia y veracidad de las que Dios había hablado. Pero diez de ellos se abrumaron ante los gigantes, ciudades amuralladas y áreas fortificadas. Caleb vio lo imposible en lo natural, pero creyó en las promesas proféticas de Dios y dijo: *"Subamos a conquistar esa tierra. Estoy seguro de que podremos hacerlo. Pero los que habían ido con él respondieron: No podremos combatir contra esa gente"* (Números 13:30-31).

Dos familias: los "Capaces" y los "No capaces". El próximo desafío del Espíritu Santo a la Iglesia sonará simplemente tan irrazonable, imposible y ridículo para la mayoría de los ministros del tiempo actual, como lo fue para los diez israelitas con una mente natural y humanista. Si el tipo del Antiguo Testamento tiene algo de cierto en sus porcentajes, entonces eso significa que cada dos ministros que predican esta verdad, habrá diez que están en contra de ella. Todo ministro en el cristianismo, e incluso aquellos entre los carismáticos, se enfrentará a una decisión desafiante. La Iglesia se separará en dos grupos: los "capaces" y los "no capaces". La mayoría nunca ha sido lo correcto. Dios no busca una multitud de líderes, sino unos pocos que estén dispuestos a cruzar su Jordán de la muerte al yo, levantarse a una vida resucitada y unirse con los creyentes en un poderoso ejército que irá y poseerá sus posesiones prometidas.

Como los profetas de antaño, vi proféticamente que algo estaba viniendo pero no sabía cómo, dónde y cuándo. No tenía idea en ese momento de que habría un Movimiento profético en los años ochenta, un Movimiento apostólico a fines de los años noventa y luego tres movimientos finales más de Dios antes de que esto sucediera en toda su plenitud. Incluso ahora estoy seguro de que habrá movimientos refrescantes y avivamientos que tendrán lugar en torno a esos movimientos de restauración de Dios. *"En parte conocemos y en parte profetizamos, mas cuando venga lo perfecto entonces lo que es en parte se acabará"* (1 Corintios 13:9-10, RVR60).

Cerré ese capítulo declarando: "Soy un privilegiado del Espíritu Santo, de ser un Josué o un Caleb para esta nueva generación, entonces haré todo lo que esté a mi alcance para mantener un equilibrio, por la gracia, sabiduría y madurez de Aquel que es la Cabeza de la Iglesia, Jesús Cristo el Señor". Gracias a Dios que veinte años más tarde tuve mi primera experiencia de estar ante el nacimiento de un movimiento soberano de restauración: el Movimiento profético. Como ha leído en este libro, cumplí mi compromiso haciendo todo lo que estuvo en mi poder para enseñar, escribir y demostrar la gracia, sabiduría y equilibrio de Dios sin irme a los extremos de la derecha o de la izquierda. Cuando tuvimos algunos pequeños vaivenes debido a nuestra ignorancia y entusiasmo, Dios rápidamente nos trajo de vuelta al medio.

Ahora estamos por ser partícipes del Movimiento apostólico. Si viviera hasta los ochenta y cinco o noventa años, probablemente tendría la oportunidad de ser parte de los movimientos de Dios por venir. Algunos profetas y apóstoles experimentados me han dado profecías diciendo que nunca perdería un nuevo movimiento de Dios mientras estuviera en la Tierra. Si dejo esta Tierra antes del arrebatamiento de los santos, entonces sé que todavía seré parte de todo lo que Jesucristo hará a través de la eternidad. Soy un heredero de Dios y coheredero junto con Jesucristo en todo lo que Él será o hará en su Reino eterno y ministerio eternal (Romanos 8:17).

El propósito de Dios es usar la Iglesia para enseñarles a las criaturas terrenales y celestiales la multiforme sabiduría de Dios.

> *Y de aclarar a todos cuál sea la dispensación del misterio escondido desde los siglos en Dios, que creó todas las cosas;* ***para que la multiforme sabiduría de Dios sea ahora dada a conocer por medio de la iglesia*** *a los principados y potestades en los lugares celestiales, conforme al* ***propósito eterno*** *que hizo en Cristo Jesús nuestro Señor.*
>
> –Efesios 3:9-11 (RVR60)

> *Al que puede hacer muchísimo más que todo lo que podamos imaginarnos o pedir, por el poder que obra eficazmente en nosotros, ¡****a él sea la gloria en la iglesia*** *y en Cristo Jesús por todas las generaciones,* ***por los siglos de los siglos****! Amén.*
>
> –Efesios 3:20-21

Jesús era la gloria de Dios manifestada en la Tierra. La Iglesia es la gloria de Cristo Jesús que es manifestada en la Tierra. Esa gloria será dada a conocer por parte de la Iglesia a través de la eternidad. *Gloria* significa la personificación de la personalidad de Cristo, el retrato de su presencia, la manifestación de su ministerio, la revelación de su realidad, la transmisión de su carácter, la realización de su propósito y la revelación de su gracia, bondad y grandeza. La Iglesia es la gloria del Señor que Dios hará que cubra la Tierra como las aguas cubren la mar (Efesios 1:12,17; 2 Corintios 3:18; Isaías 11:9; Números 14:21; Habacuc 2:14).

La Iglesia nunca termina. Solamente se intensifica y comienza en una mayor dimensión de inmortalidad. El Cuerpo de Cristo es tan eterno en su vida y ministerio como Jesucristo lo es como Cabeza de la Iglesia. El ministerio de los miembros en el Cuerpo de Cristo no cesa ante la muerte de uno o ante el rapto y la resurrección de la Iglesia. La Iglesia es ahora y será por siempre tan eterna y duradera como lo es Dios mismo.

Algunos ministerios específicos de los profetas y apóstoles del tiempo final. Como se mencionó antes, ellos manifestarán los milagros y los ministerios de juicio de Moisés y Elías y los dos testigos proféticos de Apocalipsis 11. Ministrando bajo la unción y la dirección del Espíritu Santo, pronunciarán juicios sobre los enemigos de Cristo y su Evangelio, como Pablo lo hizo al declarar ceguera sobre Elimas, el mago. Profetizarán grandes cambios en la naturaleza y las naciones. Predecirán con exactitud terremotos, maremotos y otras catástrofes de la naturaleza. Esas profecías dadas en el tiempo de Jesús sucederán exactamente como fueron predichas. Harán que el temor de Jehová Dios caiga sobre el pueblo, haciendo que naciones enteras se vuelvan a Dios.

Nuevos milagros creativos en abundancia. Harán milagros creativos entre los lisiados y deformes. Nuevos miembros crecerán otra vez de donde habían sido amputados o nunca se habían desarrollado. No solo habrá milagros creativos en el cuerpo humano, sino también en la naturaleza. Habrá tales milagros innegables que sacudirán a las naciones (Hageo 2:7).

Los evangelios y el libro de los Hechos volverán a vivirse. Dios no hará esas cosas solo para confirmar la revelación o el ministerio de alguien, para satisfacer la curiosidad o el ego humano, o simplemente un deseo de ver lo milagroso. A medida que la necesidad aumente, los apóstoles, profetas y santos apostólicos de la Iglesia restaurada harán lo siguiente. Ellos caminarán sobre las aguas; serán transportados por el Espíritu de un lugar geográfico a otro como Felipe el evangelista; multiplicarán los panes y pescados para alimentar a las multitudes donde no hay otros recursos; predicarán sobrenaturalmente a gente de otros países en su propio idioma; tendrán una preservación sobrenatural durante las calamidades; serán dirigidos milagrosamente y en el tiempo preciso. Habrá un mayor número de casos de personas resucitadas y muchas otras cosas que ahora sería difícil de entender y creer que realmente pudieran suceder.

La Iglesia alcanzará el clímax de su actuación. Jesús continuará dejándose ver en la vida de sus apóstoles, profetas, evangelistas, pastores y maestros de la verdad presente, hasta que los santos sean perfeccionados y avancen en su ministerio. Los ministros quíntuples continuarán en su ministerio a los santos hasta que alcancen la plenitud de madurez y ministerio. Algunos, incluso, están destinados a convertirse en los hombros y la cabeza de Cristo donde el gobierno del Reino de Dios será puesto sobre ellos. La Iglesia-Novia de los últimos tiempos no será una niñita (inmadura) o una anciana (caída y deteriorada), sino una joven plenamente desarrollada en su mejor momento y en el clímax de su actuación (Isaías 9:6-7; Efesios 4:16).

Prerrequisitos para la participación en la Iglesia de la última generación. Los que serán partícipes de las grandes compañías proféticas y apostólicas de vencedores, no lo serán simplemente a causa de su fe, revelación o predicación. Tendrán que ser absolutamente como Cristo y poderosos en ministerio. Los partícipes y líderes de los movimientos de restauración pasados fueron usados poderosamente, aunque eran inmaduros y carnales en algunas áreas de sus vidas. Pero esos días han llegado a su fin para la última generación que será parte de estos movimientos que vienen. Los únicos cristianos que tomarán parte de estas últimas actividades de la Iglesia mortal, serán aquellos que hayan muerto completamente al pecado y al yo. La declaración de Gálatas 2:20 se habrá convertido en un estilo de vida para ellos. Cada actitud y acción contraria al principio divino deberá ser limpiada. Nada que no esté conforme a la imagen de Jesucristo será suficiente.

Los ministerios del primer siglo y los del siglo XXI. Como el ministerio de los apóstoles y profetas que fundaron la Iglesia, así también el de los apóstoles y profetas le pondrán los toques finales. Ellos son levantados en la Iglesia para purificar a los ministros y creyentes. Hay una gran carencia de temor reverencial hacia Dios dentro del cristianismo. Los cristianos bautizados por el Espíritu Santo vienen a la iglesia con toda clase de pecados en sus vidas. Van desde la inmoralidad sexual a la murmuración, rebeldía, egoísmo y espíritus de división. Cantan, alaban, se regocijan, profetizan, testifican y predican como si no hubiera nada fuera de lugar en sus vidas.

Los ministros ungidos, especialmente los apóstoles y profetas, se moverán en una nueva dimensión de profecía, palabras de conocimiento y discernimiento de espíritus. Expondrán abiertamente esta hipocresía y harán que el temor reverencial de Dios caiga sobre la congregación y los predicadores. El tiempo viene pronto, cuando los cristianos se examinarán a fondo, en oración y en La Palabra de Dios antes de entrar a las puertas de la iglesia local o a conferencias. Se asegurarán que todo pecado, falta de perdón y todo acto egocéntrico pecaminoso sean completamente perdonados y estén cubierto por la sangre de Cristo. Los religiosamente orgullosos que tratan de poner excusas o justificarse a sí mismos mintiéndole al Espíritu Santo que habla a través de esos ministros, recibirán el mismo juicio de Dios que Ananías y Safira cuando le mintieron al Espíritu Santo que hablaba a través de la vida de Pedro. Esto traerá gran temor y respeto por la Iglesia y los ministros ungidos de Dios. Eso hará que muchas almas sean salvas y se agreguen a la Iglesia diariamente. El mismo ministerio de juicio que estará sobre los apóstoles y profetas de los últimos tiempos, dará inicio a la mayor cosecha de almas jamás vista en cualquier otro tiempo de la Era de la Iglesia.

La creación entera aguarda a la Iglesia de la última generación. La Tierra y toda la creación espera la manifestación de los profetas y apóstoles del tiempo final y a la Iglesia plenamente restaurada. *"La creación aguarda con ansiedad la revelación de los hijos de Dios"* (Romanos 8:19). Cuando la Iglesia sea plenamente restaurada, entonces los santos recibirán su redención final, la inmortalización de sus cuerpos mortales. Cuando esto suceda, la creación natural de animales y plantas será liberada de su yugo de esclavitud de corrupción, a la libertad gloriosa de los hijos de Dios.

Nosotros como Iglesia tenemos una responsabilidad y ministerio para con el resto de la creación de Dios. Toda la creación está gimiendo y ansiosamente espera que la Iglesia alcance su madurez total y condición de hijos de Dios. Cuando ella alcance esa etapa final y su último acto de redención, se activará una cadena de reacciones en los lugares celestiales y sobre toda la Tierra (Romanos 8:18-23).

Otro grupo que espera y nos aclama. Hay, además, otro grupo que espera que la Iglesia avance hacia la línea final. El capítulo 11 del libro de Hebreos nos cuenta de los grandes héroes de la fe. Pero concluye diciendo: *"Aunque todos obtuvieron un testimonio favorable mediante la fe, ninguno de ellos vio el cumplimiento de la promesa. Esto sucedió para que ellos* ***no llegaran a la meta sin nosotros****, pues Dios nos había preparado algo mejor"* (Hebreos 11:39-40). Todos los que han muerto en la fe desde el principio de los tiempos están vitoreándonos desde el balcón de los Cielos. Ellos no pueden estar completos sin la completa obediencia de la Iglesia de la última generación.

Hemos llegado al Monte de Sion, La Jerusalén celestial y la Iglesia del Primogénito, donde los espíritus de los santos justos han sido hechos perfectos, pero esperan su acto final de redención en la primera resurrección. Pero no pueden recibirlo hasta que nosotros, la Iglesia de la última generación, cumplamos nuestro destino. Esta es la razón por la cual los dos primeros versículos del capítulo 12 de Hebreos dicen lo que debemos hacer por causa de esta nube de testigos. Cuando vea la palabra "por tanto" al comienzo de un capítulo, lea los versículos anteriores para descubrir por qué eso está allí.

> *Por tanto, también nosotros, que estamos rodeados de una multitud tan grande de testigos, despojémonos del lastre que nos estorba, en especial del pecado que nos asedia, y corramos con perseverancia la carrera que tenemos por delante. Fijemos la mirada en Jesús, el iniciador y perfeccionador de nuestra fe, quien por el gozo que le esperaba* [su Iglesia-Novia], *soportó la cruz, menospreciando la vergüenza que ella significaba, y ahora está sentado a la derecha del trono de Dios.*
>
> –Hebreos 12:1-2

El Padre Dios luego le dice a Jesús: "*Siéntate a mi derecha, hasta que ponga a tus enemigos por estrado de tus pies*" (Hebreos 1:13b).

Dios va a hacer que todos los enemigos de Jesús sean el estrado de sus pies, y los pondrá debajo de sus pies a través del Cuerpo de Cristo, la Iglesia (Hebreos 1:13; 11:39; 12:1-2,20-22).

Ahora acompáñenos a un viaje para descubrir los próximos movimientos de Dios que debemos experimentar antes de que todas estas cosas sean cumplidas.

15

Los futuros movimientos de Dios

Los fundamentos de los próximos movimientos de Dios. El propósito principal de presentar estos movimientos de Dios que vendrán es mostrar a la Iglesia lo que viene y por qué Dios ha ordenado que esas cosas tengan lugar. Están viniendo y son ordenados por Dios para ayudar a cumplir sus propósitos progresivos y finales. Ellos serán activados en tiempo y forma con el propósito de cumplir ciertas cosas que son progresivamente necesarias para el cumplimiento de su plan final. Yo sé por revelación profética y apostólica que vienen y el propósito que deben cumplir. Pero no habrá un intento de dar detalles respecto de dónde, cuándo, quién y cómo. Nuestra revelación solo responde a dos de las seis preguntas normales: *qué* y *por qué*. Sabemos lo que está viniendo y por qué. Sin embargo, todas las respuestas no serán completamente conocidas hasta que experimentemos la restauración de la verdad.

Sabemos lo que viene, pero nos faltan detalles. Una vez que sabemos el propósito de Dios para algo, podemos ir a Las Escrituras que tratan sobre ese tema y sacar conjeturas sobre lo que puede suceder. Por ejemplo, Jesús les dijo a sus apóstoles: "*Yo te digo que tú eres Pedro, y sobre esta piedra edificaré mi iglesia, y las puertas del reino de la muerte no prevalecerán contra ella*" (Mateo 16:18). Ellos le creyeron y aceptaron el hecho de que Cristo iba a edificar su Iglesia, sea lo que fuera que eso significara. Sin embargo, supieron muy poco sobre el Movimiento de la Iglesia que estaba comenzando hasta que ella nació el día de Pentecostés. Pasaron algunos años antes de que establecieran la doctrina y los fundamentos de la fe. Del mismo modo, Él les dijo que venía un movimiento que haría que fueran bautizados en el Espíritu Santo y fuego. Juan bautizaba con agua, pero ellos serían bautizados con el Espíritu Santo (Hechos 1:4-8). Ellos demostraron que le creyeron, yendo al aposento alto en Jerusalén y esperando allí hasta que el Movimiento del Espíritu Santo comenzara. Sabían el tiempo general en que ocurriría y que el propósito era darles poder, pero no sabían si deberían esperar horas, días, semanas o meses.

Creían que vendría y que haría ciertas cosas para ellos. Se prepararon leyendo La Palabra, ayunando, orando, arrepintiéndose delante de Dios, cantando y alabando al Señor Jesús. Entonces, de repente, en el día de Pentecostés la soberana visitación que habían estado creyendo vino como un viento poderoso. Los ciento veinte que habían perseverado y se habían ocupado hasta que Él viniera, fueron llenos de Espíritu Santo y empezaron a hablar en lenguas. Debemos recordar que inmediatamente comenzaron a moverse en el poder y el fuego del Espíritu y en los milagros que acompañaban la predicación del evangelio. Pasaron diez años hasta que Pedro recibió la revelación de que los gentiles podían hacerse cristianos sin convertirse en prosélitos judíos primero. Y pasaron aproximadamente veinte años antes de que el Movimiento de la Iglesia del Nuevo Testamento comenzara, cuando el Primer Concilio General de la Iglesia fue acordado para resolver algunos asuntos doctrinales.

Profetas y apóstoles telescópicos. Podemos ver a raíz de estas ilustraciones que no sabremos todas las experiencias que acompañarán un movimiento de restauración. Llevará varios años elaborar todos los detalles. Por lo tanto, me rehúso a tratar de establecer ideas dogmáticas de todo lo que va a ocurrir; más bien trataré de demostrar bíblicamente lo que está en el corazón y los propósitos de Dios. Creo que la habilidad ungida de los profetas de la restauración es similar al equipamiento que los astrónomos necesitan para ver en el espacio. Ellos pueden ver cosas a varios años luz de distancia. Y desarrollan nuevas y mejores maneras de ver en el futuro distante. Los profetas hablaron del Movimiento del Mesías cientos de miles de años antes de que fuera manifestado en la Tierra. No sabían cómo y cuándo, solo sabían que vendría.

Especialistas en restauración. Creo que Dios dio una revelación profética respecto de esos movimientos de restauración que vienen. Los profetas y apóstoles han proclamado que ciertos actos de Dios iban a ocurrir. Sus predicciones proféticas ciertas, finalmente se cumplieron. Pero nunca ocurrieron dónde, cuándo y cómo sus mentes naturales las habían preconcebido e imaginado. Personalmente he experimentado esa realidad. Hice una investigación sobre la historia bíblica y de la Iglesia en cada libro que puede encontrar que hablara sobre movimientos especiales de Dios y grandes avivamientos de la Iglesia. Esos estudios fueron hechos entre 1954 y 1978, en donde comencé tres años de investigación exhaustiva mientras escribía el libro sobre el origen, deterioro, restauración y destino de la Iglesia, el cual se llama *The Eternal Church* (La Iglesia eterna).

Mientras escribía, Dios me reveló que antes de que Jesús regresara habría movimientos de restauración que restablecerían los ministerios de profetas y apóstoles a la Iglesia. No di la revelación completa, pero mencioné en la página 347 que habría un "ministerio de profetas y apóstoles del tiempo final". Ya no soy más un novato en el área de profetas, apóstoles y la historia y el destino de la Iglesia. De hecho, esa ha sido la principal zona de unción y revelación de Dios en mi vida. Todos los apóstoles tienen una unción y revelación clave en la cual se especializan. El Cuerpo de Cristo es uno, pero está compuesto de muchos miembros que tienen su llamado, propósito y formas particulares de cumplir su ministerio como miembros. No hay dos miembros exactamente iguales en cada área, así como cada miembro de la raza humana tiene sus huellas dactilares únicas y una personalidad y expresión singulares.

Por eso es tan esencial que los autores y predicadores no hagan uso de maneras rígidas y limitadas de describir en detalle cómo cada apóstol debe funcionar. Cada vez que un don divino o ministerio es integrado a un ser humano nacido de nuevo, eso da a luz otra forma única de ministrar ese don o llamado.

En otro capítulo dimos las principales fuentes bíblicas necesarias sobre la restauración que ocurrirá antes de que Jesús pueda dejar el Cielo y volver a la Tierra (Hechos 3:21). Los que lean ese libro con sus viejos lentes fundamentalistas, teñidos de dispensaciones, no relacionarán o asimilarán lo que Cristo está tratando de comunicarle a su Iglesia, a menos que el Espíritu Santo les dé revelación y aplicación divina. Como Pablo oró para los cristianos efesios, yo oro por usted que tenga ese espíritu de revelación y entendimiento iluminado para que sea capaz de saber, y tenga oídos espiritualmente ungidos para escuchar lo que el Espíritu Santo tiene para decirle como miembro de su Iglesia.

> *No he dejado de dar gracias por ustedes al recordarlos en mis oraciones. Pido que el Dios de nuestro Señor Jesucristo, el Padre glorioso, les dé el Espíritu de sabiduría y de revelación, para que lo conozcan mejor. Pido también que les sean iluminados los ojos del corazón para que sepan a qué esperanza él los ha llamado, cuál es la riqueza de su gloriosa herencia entre los santos, y cuán incomparable es la grandeza de su poder a favor de los que creemos. Ese poder es la fuerza grandiosa y eficaz.*
>
> –Efesios 1:16-19

Nuestra herencia en Él, su herencia en nosotros. En el versículo 11 de Efesios 1 habla sobre nuestra herencia en Cristo, y en el versículo 18 habla de las riquezas de la gloria de su herencia en nosotros. Oro que mientras usted lea este libro, tenga una mayor revelación y apreciación de nuestra herencia en Él y de su herencia en nosotros. En las cartas a las siete iglesias Jesús dice siete veces: *"El que tenga oídos para oír, que oiga lo que el espíritu dice a las iglesias"* (Apocalipsis 2:7,11,17,29; 3:6,13,22).

16

El Movimiento de los santos

Dios declara que Él no hará nada sin revelarle primero el secreto a sus siervos, los profetas (Amós 3:7). El tipo de profetas que es como la tribu de Isacar, que conoce los tiempos para los planes de Dios y cuándo hay que implementarlos (1 Crónicas 12:32; Apocalipsis 10:7). El Movimiento de los santos está basado en una visión profética por un profeta, y luego una revelación apostólica de ciertos textos.

El establecimiento de los santos como diáconos. La Iglesia nació el día de Pentecostés. Los apóstoles originales retuvieron su rango de "Apóstoles del Cordero", mientras se convertían en apóstoles y establecían la Iglesia de Cristo del Nuevo Testamento por medio de milagros sobrenaturales y enseñanza apostólica. Pero, al igual que muchos ministros modernos, se involucraron en demasía en los asuntos administrativos de la iglesia y se dieron cuenta de que tenían que volver a dedicarse *"a la oración y al ministerio de la palabra"* si querían continuar con su ministerio apostólico de señales, maravillas y milagros. Entonces señalaron a siete hombres llenos del Espíritu Santo, fe y sabiduría, para cuidar de esas necesidades administrativas especiales. Estos asumieron la posición de diáconos (Hechos 6:1-6; Filipenses 1:1; 1 Timoteo 3:8-13).

El diácono Esteban comenzó a ser usado por Dios para cosas más que naturales. *"Esteban, hombre lleno de la gracia y del poder de Dios, hacía grandes* *prodigios y señales milagrosas entre el pueblo"* (Hechos 6:8). El viejo orden religioso lo acusó falsamente, lo llevó delante del concilio y le dio la oportunidad de hablar. Y pronunció ese mensaje fuertemente ungido que está registrado en el capítulo 7 de Hechos. Los indignó con su observación final, declarando que él había visto una visión de los cielos abiertos y a Jesús, el Hijo del Hombre, de pie a la diestra de Dios. Esto los inflamó de ira. Tomaron piedras y lo apedrearon hasta la muerte. Esto activó una gran persecución, la cual a su vez ayudó a activar el Movimiento de los santos de la Iglesia primitiva.

"*Y Saulo* [el que después se convirtió en el apóstol Pablo] *estaba allí, aprobando la muerte de Esteban. Aquel día se desató una gran persecución contra la iglesia en Jerusalén, y* ***todos*** **[los santos]**, *excepto los apóstoles,* ***se dispersaron por las regiones*** *de Judea y Samaria (...) Los que se habían dispersado* ***predicaban la palabra*** *por dondequiera que iban*" (Hechos 8:1,4).

Esto activó el Movimiento de los santos del siglo I. Hay otro Movimiento de los santos que viene a la Iglesia del siglo XXI. Los apóstoles originales se quedaron en Jerusalén, pero los santos/creyentes iban a todas partes predicando La Palabra. No solo predicaban, sino además hacían lo que Jesús dijo que los creyentes harían: sanaban a los enfermos y echaban fuera demonios. *"Los discípulos salieron y predicaron por todas partes, y el Señor los ayudaba en la obra y confirmaba su palabra con las señales que la acompañaban"* (Marcos 16:20).

Inmediatamente Felipe (no el apóstol Felipe, sino uno de los siete diáconos) *"bajó a una ciudad de Samaria y les anunciaba al Mesías. Al* ***oír*** *a Felipe y* ***ver*** *las señales milagrosas que realizaba, mucha gente se reunía y todos prestaban atención a su mensaje. De muchos endemoniados los espíritus malignos salían dando alaridos, y un gran número de paralíticos y cojos quedaban sanos. Y aquella ciudad se llenó de alegría"* (Hechos 8:5-8). Este texto es la prueba para mostrar lo que los creyentes hacían cuando iban a todas partes predicando. Felipe en ese tiempo no era reconocido como un ministro quíntuple, sino como uno de los santos que iban a todos lados predicando.

Esteban y Felipe son ejemplos del tipo de santos que estarán en el Movimiento de los santos. Estaban llenos del Espíritu Santo, sabiduría y poder; tenían buena reputación y hacían fielmente todo lo que el liderazgo les decía que hicieran. Estos dos típicos creyentes del Nuevo Testamento hablaban osadamente con sabiduría y poder. Eran santos que a su vez eran el tipo de creyentes que Jesús describe en el último capítulo de Marcos, y fue demostrado por Felipe. Estaban llenos del Espíritu Santo, como se evidenciaba por su hablar en lenguas. Sanaban a los enfermos, echaban fuera demonios, hacían evangelismo masivo y también evangelismo personal, fueron transportados por el Espíritu de un lugar a otro (Felipe) y eran testigos poderosos de Jesucristo.

La gran cosecha que pronto tendrá lugar no será segada solo por unos pocos grandes apóstoles, profetas y evangelistas, sino por los santos ungidos y preparados por Dios. ¿Cuál es la preparación que unge y capacita a los santos para cumplir su ministerio como creyentes en el Cuerpo de Cristo?

La total restauración y activación de los ministros quíntuples producirá la enseñanza, entrenamiento, activación, discipulado y madurez de los santos, cuando esos ministros empiecen a cumplir el propósito principal de Dios para darles su don de la ascensión. Ese propósito es equipar a los Santos para la obra del ministerio. Entonces, así como en el funcionamiento de cada miembro cada articulación ayuda, el Cuerpo de Cristo podrá cumplir su propósito y destino profetizados (Efesios 4:11-16).

Todavía hay muchos millones de personas que no han sido salvas y a quienes Dios quiere hacer miembros de su Iglesia/Cuerpo. Dios sabe el número específico y los tipos de miembros que Él predestinó para hacer que el Cuerpo de Cristo esté completo. El cuerpo humano requiere treinta trillones de células para estar completo y funcionando plenamente. Cada miembro del cuerpo contiene muchas células. Dios es el único que sabe cuántos miembros tiene que haber en el Cuerpo de Cristo, la Iglesia. Creo que hay un número predestinado que está en el boceto original de Dios, y hay especificaciones para su Cuerpo. La Iglesia estaba en el vientre del Antiguo Testamento, con todos sus miembros en la mente de Dios, hasta que fue dada a luz en el Nuevo Testamento (Salmo 139:14-16).

Cristo necesita más miembros para su Cuerpo. Todavía hay millones y millones de personas con quienes Dios precisa llenar todos los lugares en su banquete para la boda de su Hijo. Cuando los que habían recibido la invitación para la boda pusieron excusas para no asistir, el Padre Dios muy enojado les dijo a sus sirvientes (los santos): *"Luego dijo a sus siervos: 'El banquete de bodas está preparado, pero los que invité no merecían venir. Vayan* *al cruce de los caminos e inviten al banquete a todos los que encuentren*'" (Mateo 22:8-9). En la narración de Lucas sobre esta cena de bodas, el Señor dijo: "'*Sal de prisa por las plazas y los callejones del pueblo, y trae acá a los pobres, a los inválidos, a los cojos y a los ciegos*'. '*Señor —le dijo luego el siervo—, ya hice lo que usted me mandó, pero todavía hay lugar.*' *Entonces el señor le respondió:* '***Ve por los caminos y las veredas, y oblígalos a entrar para que se llene mi casa***'" (Lucas 14:21-23).

El ministerio de convencer. Este será uno de los textos claves en el Movimiento de los santos. ¿Cómo los santos los convencerán a entrar? Usarán los fundamentos del evangelismo personal, le darán a la gente una invitación para recibir a Cristo. Sin embargo, su persuasión será por medio del poder sobrenatural de Dios y no por palabras convincentes. Eso es para lo que los Movimientos Profético y Apostólico están preparando a los santos. Habrá una compañía de santos que serán equipados por los cinco ministerios para avanzar bajo la unción profética y apostólica, y hacer lo que Felipe ejemplificó.

Evangelismo profético y apostólico. Los santos son entrenados ahora en sus bases militares de centros internacionales de entrenamiento e iglesias locales que funcionarán como arsenales. El objetivo es que se les enseñe, equipe y entrene en el campo para ser oficiales que lideren el ejército de Dios de evangelistas proféticos durante el Movimiento de los santos. Ministrarán bajo la cobertura y liderazgo de los generales apostólicos y proféticos que los entrenaron. Esos santos funcionarán como el ejército de Dios proféticamente descrito por el profeta Joel (Joel 2:1-11).

El Movimiento de los santos manifestará plenamente el evangelismo profético-apostólico con el fuego consumidor de Dios y el poder milagroso. El evangelismo siempre ha estado en el corazón de Dios, pero durante el Movimiento de los santos aumentará a un nivel que no se ha visto desde el Movimiento de los santos del siglo I.

El evangelismo personal fue restaurado en el Movimiento Evangélico y ha cobrado nuevas dimensiones con cada movimiento adicional de Dios. El Movimiento profético está ahora agregando una nueva dimensión al evangelismo. Los santos son instruidos y activados en sus dones sobrenaturales del Espíritu Santo. Son entrenados dentro de la Iglesia, pero el objetivo es enviar equipos de ellos a las carreteras y los caminos, para convencer a la gente de entrar en el Reino de Dios con el ministerio sobrenatural del Espíritu Santo. Creo que el Movimiento de los santos hará que más almas sean salvas de las que han sido salvas en todos los otros movimientos de restauración.

Esa es la razón por la que es tan esencial la completa restauración de los apóstoles y profetas, y que los santos sean enseñados, entrenados, activados y totalmente equipados en sus herramientas de persuasión: los dones sobrenaturales del Espíritu Santo. El Espíritu ha sido comisionado para traer todas estas cosas a la realidad.

Los pastores y la gente deben escoger. Si los pastores locales no responden a su comisión dando tiempo y lugar para este entrenamiento, entonces el Espíritu Santo hará que suceda una de tres cosas. Si el pastor tiene una visión, pero su congregación no responde, el Espíritu Santo le dará al pastor una nueva generación de miembros, quitando a la antigua generación pasiva. Él puede trasladar al pastor a un nuevo pastorado o a comenzar una nueva iglesia. Si la congregación quiere, pero el pastor es el que no, entonces Dios quitará al pastor pasivo o enviará a la congregación a un pastor que los entrenará y equipará. Si Dios no puede encontrar un pastor o una congregación que reciba la visión y corra con ella, entonces hará que una nueva iglesia apostólica-profética sea establecida en esa zona. Porque sobre el pastor y su congregación que no cumplan la comisión de Cristo de equipar a los santos, puede que Dios no escriba "Icabod" (1 Samuel 4:21) sino que decrete que no cruzarán su Jordán ni poseerán sus posesiones prometidas para cumplir el destino planeado por Dios. Ellos se quedarán en el nivel que están, con menos unción mientras vaguen por el desierto hasta que mueran o Jesús regrese.

Ellos serán como el rey Saúl que falló en obedecer a Dios correctamente. Fue puesto en la posición de pastor (rey) de Israel (su congregación o ministerio internacional), pero la unción le fue quitada en el segundo año. Sin embargo, continuó su ministerio por treinta y ocho años más. Incluso expandió a Israel, ganó muchas batallas y edificó muchas nuevas obras. Pero hizo que Dios anulara su destino profético. Habrá muchos líderes de ministerios que estarán activos en sus ministerios, pero se habrán convertidos en ministros del viejo orden, la gloria se habrá marchado, serán "Saúles". También ellos serán como los hijos de Israel que se negaron a salir de su zona de confort, hacer la transición y tomar el desafío de convertirse en guerreros para echar a las tribus que ocupaban ilegalmente la tierra prometida. Dios canceló su profecía personal y destino de poseer y vivir en Canaán. Dios sobrenaturalmente los alimentó con maná y no los abandonó, sino que cuidó de ellos hasta que esa generación murió. Nosotros no debemos permitir que nada nos impida ir todo el camino con Dios, a pesar de los cambios y desafíos que se presenten.

"Señor, no dejes que nos volvamos Saúles del viejo orden o vagabundos en el desierto, sino soldados que avanzan como guerreros conquistadores de Canaán".

Jesús está muy determinado respecto de sus santos que son equipados sobrenaturalmente y madurados al nivel de la madurez de Cristo. Él va a tratar muy severamente con aquellos ministros quíntuples que no estén dispuestos a cumplir su propósito original de llamar y comisionar. Los recursos y métodos prácticos están ahora disponibles para equipar a los santos. Los líderes de iglesias y ministerios no tendrán ninguna excusa cuando Jesús les pregunte: "¿por qué no entrenaste a mis santos para la causa de mi Cuerpo y los preparaste para levantar la gran cosecha, activándolos en sus dones sobrenaturales y ministerios?".

Ahora deles armas a los que están en la armadura. Los ministros de la Iglesia de Cristo han trabajado por cientos de años para asegurarse que los santos tengan puestas sus vestiduras de justicia, su armadura protectora y preservadora y los frutos del Espíritu, los cuales son las armas de guerra. La línea del frente de batalla, la división de la verdad presente de la Iglesia, ha cruzado su río Jordán y entrado en su Canaán haciendo la transición hacia la ofensiva de guerra. Han salido de sus fuertes de protección y defensiva, y han entrado en su herencia en Canaán. Están avanzando a una guerra ofensiva agresiva para destruir a todos los "ítas" e "ismos" y desalojarlos de su tierra prometida. Usted, que lee este libro, ahora ha sido expuesto al corazón y la mente de Dios en su propósito divino. Cómo usted responda a esa verdad puede afectar sus profecías personales y, en definitiva, su destino ministerial. No sea temeroso, pasivo o incrédulo, sino sea movilizado y desafiado a ser uno de los vencedores de Dios y recibir la recompensa de los vencedores. (Lea acerca de las recompensas de los vencedores en Apocalipsis 2 y 3, y transfórmese en un guerrero fiel y valiente como la Generación de Josué [Josué 1:1-11:23].)

17

El Ejército del Señor y el juicio eterno

Dios prepara a su Iglesia para convertirse en el Ejército del Señor invencible, imparable, inconquistable y vencedor que someta todo debajo de los pies de Cristo. Habrá un movimiento soberano de restauración de Dios para activar todo lo que se necesita para que su ejército sea y haga lo que Él se ha propuesto eternamente. Los generales que liderarán este ejército serán aquellos que hayan sido preparados progresivamente, al incorporar cada verdad restaurada en su vida y ministerio.

La Iglesia siempre ha sido el Ejército de Dios, pero ha pasado por etapas de guerras frías "activas" e "inactivas" y guerras calientes. Fue un ejército vencido y desbaratado durante la Edad Oscura, excepto por los pocos caballeros guerreros de Las Cruzadas. La Iglesia fue reactivada a un ejército militante al comienzo del Período de la gran restauración de la Iglesia.

Los grandes generales de Dios. El general Martín Lutero guió a los miembros progresivos de la Iglesia en una guerra de muchas batallas, hasta que restauraron y restablecieron las verdades del Movimiento Protestante. Aproximadamente cada cien años Dios ha levantado generales guerreros para liderar a la Iglesia a restaurar una nueva verdad. Esto continuó hasta 1950. Entonces las batallas para restaurar verdades comenzaron a ocurrir cada diez años. Ahora hemos cruzado el Jordán y entrado en una guerra que no cesará hasta que todos los enemigos de Dios sean destruidos y echados de la tierra de Canaán [la Tierra] y Cristo y el Ejército de su Iglesia hayan establecido el Reino de Dios sobre la Tierra (Hebreos 1:14; 10:12-13; Números 14:21; Isaías 11:9; Efesios 1:12; Apocalipsis 11:15).

"Del Señor es la tierra y todo cuanto hay en ella, el mundo y cuantos lo habitan" (Salmo 24:1). Algunas traducciones dicen que la Tierra y todo lo que hay en ella pertenecen al Señor Jesús. Jesús declaró que todo lo que el Padre le había dado, Él se lo ha dado a la Iglesia. También dijo que todo poder sobre la Tierra y el Cielo le fue dado a Él, y Él le ha dado ese poder y autoridad a su Iglesia. En síntesis, Él dijo: *"Porque como el Padre me envió, yo los envío a ustedes con la misma comisión. Por lo tanto vayan y prediquen mi evangelio y demuestren mi reino con todo los que les ha sido dado"* (Mateo 28:19-20; Juan 17:18; Lucas 10:19; 1 Juan 3:8).

El gran ejército del tiempo final se prepara para ejecutar los juicios escritos de Dios con la victoria de Cristo y los decretos divinos de juicio que ya han sido establecidos en el Cielo. El tiempo está fijado cuando ellos serán administrados y ejecutados sobre la Tierra a través del santo ejército de Dios. Todo lo que está destinado y es necesario será activado durante el Movimiento del Ejército del Señor. Antes de decir nada más, examinemos Las Escrituras que verifican esta verdad y destino para la Iglesia. Escuche con un corazón creyente lo que Dios tiene para decir de sus santos del tiempo final, que están preparándose para ser guerreros en su ejército.

Escrituras que deben ser cumplidas por la Iglesia.

> *Que se alegren los fieles por su triunfo; que aun en sus camas griten de júbilo. Que broten de su garganta alabanzas a Dios, y haya en sus manos una espada de dos filos para que* ***tomen venganza*** *de las naciones y castiguen a los pueblos; para que sujeten a sus reyes con cadenas, a sus nobles con grilletes de hierro; para que* ***se cumpla en ellos la sentencia escrita. ¡Esta será la gloria de todos sus fieles!*** *¡Aleluya! ¡Alabado sea el Señor!*
>
> –Salmo 149:5-9

Escuche la profecía incondicional del profeta Daniel

Entonces vino el Anciano y emitió juicio ***en favor de los santos*** *del Altísimo. En ese momento los santos recibieron el reino.* ***Entonces se dará***

> ***a los santos,*** *que son el pueblo del Altísimo,* ***la majestad y el poder y la grandeza de los reinos.*** *Su reino será un reino eterno, y lo adorarán y obedecerán todos los gobernantes de la tierra.*
>
> –Daniel 7:22, 27

Escuche la profecía del profeta, que caminó con Dios siendo perfecto, venció al ángel de la muerte por su vida personal y ejemplificó la traslación de los santos de la Iglesia.

> *De éstos también profetizó Enoc, en la séptima generación desde Adán, diciendo: He aquí, el Señor vino con muchos* ***millares de sus santos,*** *para ejecutar juicio sobre todos, y para condenar a todos los impíos de todas sus obras de impiedad, que han hecho impíamente, y de todas las cosas ofensivas que pecadores impíos dijeron contra Él.*
>
> –Judas 14-15 (LBLA)

Sea un santo vencedor. Jesús confirma que los santos vencedores de la Iglesia deben ejecutar sus juicios eternos y gobernar.

> *Al que salga vencedor y cumpla mi voluntad hasta el fin, le daré autoridad sobre las naciones —así como yo la he recibido de mi Padre— y él* [el vencedor] *las gobernará con puño de hierro; las hará pedazos como a vasijas de barro. También le daré* [al vencedor] *la estrella de la mañana. El que tenga oídos, que oiga lo que el Espíritu dice a las iglesias.*
>
> –Apocalipsis 2:26-29

> *Al que salga vencedor le daré el derecho de sentarse conmigo en mi trono, como también yo vencí y me senté con mi Padre en su trono. El que tenga oídos, que oiga lo que el Espíritu dice a las iglesias.*
>
> –Apocalipsis 3:21-22

El apóstol Pablo en el Nuevo Testamento confirma el mismo ministerio de juicio de los santos de la Iglesia.

> *¿O no sabéis que* ***los santos han de juzgar al mundo****? Y si el mundo ha de ser juzgado por vosotros, ¿sois indignos de juzgar cosas muy pequeñas? ¿O no sabéis que* ***hemos de juzgar a los ángeles****?* [Los ángeles caídos con Lucifer, que se convirtió en Satanás].
>
> –1 Corintios 6:2-3

Mire con los ojos de la revelación y vea lo que Juan vio en los lugares celestiales y escribió proféticamente en su revelación de Jesucristo.

> *Miré, ¡y apareció un caballo blanco! El jinete llevaba un arco; se le dio una corona, y salió como vencedor, para seguir venciendo.*
>
> –Apocalipsis 6:2

Somos más que vencedores en Cristo Jesús, dijo Pablo en Romanos 8:37.

> *Luego vi el cielo abierto, y apareció un caballo blanco. Su jinete se llama Fiel y Verdadero.* ***Con justicia dicta sentencia y hace la guerra****. Sus ojos resplandecen como llamas de fuego, y muchas diademas ciñen su cabeza. Lleva escrito un nombre que nadie conoce sino solo él. Está vestido de un manto teñido en sangre, y su nombre es "el Verbo de Dios".* ***Lo siguen*** *los* ***ejércitos*** *del cielo, montados en caballos blancos y vestidos de lino fino, blanco y limpio. De su boca sale una* ***espada afilada****, con la que herirá a las naciones. "Las gobernará con puño de hierro".* ***Él mismo exprime uvas en el lagar del furor del castigo que viene de Dios Todopoderoso****. En su manto y sobre el muslo lleva escrito este nombre: Rey de reyes y Señor de señores.*
>
> –Apocalipsis 19:11-16 (énfasis añadido)

El profeta Joel profetizó sobre el invencible, imparable Ejército del Señor. Esta es una profecía de doble aplicación y progresiva, como la que profetizó Isaías y Pablo usó para demostrar una verdad de la Iglesia (Isaías 28:11; 1 Corintios 14:21). Isaías profetizó sobre que Dios levantaría una nación que traería juicio sobre Israel. Ellos hablarían con labios balbuceantes cuando trataran de comunicarse con Israel. Aunque eso parece ser el trasfondo de una profecía, Pablo la usa para validar bíblicamente la verdad y experiencia de los santos de la Iglesia hablando en otras lenguas cuando recibieran el don del Espíritu Santo. El mismo principio hermenéutico que Pablo usó para la profecía de Isaías, puede aplicarse a la profecía de Joel sobre el ejército de Dios manifestándose durante el Movimiento del Ejército del Señor.

> *Toquen la trompeta en Sión; den la voz de alarma en mi santo monte* [la Iglesia del Señor, Isaías 2:2-3]. *Tiemblen todos los habitantes del país, pues ya viene* ***el día del Señor*** [cuando Él viene para ser glorificado en sus santos, 2 Tesalonicenses 1:10]; *en realidad ya está cerca. Día de tinieblas y oscuridad, día de nubes y densos nubarrones. Como la aurora que se extiende sobre los montes* [un día de oscuridad sobre el

mundo, pero el amanecer de un nuevo día para la Iglesia] *(...) Antes de que llegue, devora el fuego (...) ¡nada escapa su poder! (...) producen un estruendo como el de carros de guerra, como el crepitar del fuego al consumir la hojarasca. ¡Son como un ejército poderoso en formación de batalla!* [Los ardientes guerreros de Dios que devoran a los impíos obstinados, Malaquías 4:1] *(...) Atacan como* ***guerreros****, escalan muros como* ***soldados****. Cada uno mantiene la marcha sin romper la formación* [conocen y son fieles en su ministerio]. *No se atropellan entre sí* [unidad y amor]; *cada uno marcha en línea* [sumisos y consistentes en su llamado]. *Se lanzan entre las flechas sin romper filas. Se abalanzan contra la ciudad, arremeten contra los muros, trepan por las casas, se meten por las ventanas como ladrones.* ***Ante este ejército tiembla la tierra*** *y* ***se estremece el cielo*** *(...) Truena la voz del Señor al frente de* ***su ejército****; son innumerables sus tropas y* ***poderosos los que ejecutan su palabra.***

–Joel 2:1-11

Proclamen esto entre las naciones: "¡Prepárense para la batalla! *¡Movilicen a los soldados! ¡Alístense para el combate todos los hombres de guerra! Forjen espadas con los azadones y hagan lanzas con las hoces* [lo que fue usado para arar y bendecir con ello, ahora se transforma en armas de guerra]. *Que diga el cobarde: '¡Soy un valiente!'" Dense prisa, naciones vecinas, reúnanse en ese lugar. ¡Haz bajar, Señor, a tus valientes! "Movilícense las naciones; suban hasta el valle de Josafat, que allí me sentaré para juzgar a los pueblos vecinos. Mano a la hoz, que la mies está madura. Vengan a pisar las uvas, que está lleno el lagar. Sus cubas se desbordan: ¡tan grande es su maldad!". ¡Multitud tras multitud en el valle de la Decisión! ¡Cercano está el día del Señor en el valle de la Decisión!* [La mayor cosecha de almas jamás vista es durante este tiempo, así como también los juicios destructivos de Dios sobre los impíos]. *Se oscurecerán el sol y la luna; dejarán de brillar las estrellas. Rugirá el Señor desde Sión, tronará su voz desde Jerusalén, y la tierra y el cielo temblarán. Pero el Señor será un refugio para su pueblo, una fortaleza para los israelitas* [Mientras que esas escrituras están siendo cumplidas por y mediante la Israel natural, ellas al mismo tiempo serán cumplidas espiritualmente por y a través del Ejército de la Iglesia del Señor Jesucristo].

–Joel 3:9-16

El profeta Isaías profetiza la caída de Babilonia ante el Ejército del Señor.

Profecía contra Babilonia que recibió Isaías hijo de Amoz: Sobre un monte pelado [la Iglesia] *agiten la bandera; llamen a gritos a los soldados, háganles señas con la mano para que entren por las puertas de los nobles. Ya he dado orden a mis consagrados; he reclutado a mis valientes, a los que se alegran de mi triunfo, para que ejecuten mi castigo. ¡Escuchen! Se oye tumulto en las montañas, como el de una gran multitud. ¡Escuchen! Se oye un estruendo de reinos, de naciones que se han reunido. El Señor Todopoderoso pasa revista a un ejército para la batalla. Vienen de tierras lejanas, de los confines del horizonte. Viene el Señor con las armas de su ira para destruir toda la tierra. ¡Giman, que el día del Señor está cerca! Llega de parte del Todopoderoso como una devastación.* ***¡Miren! ¡Ya viene el día del Señor****, día cruel, de furor y ardiente ira; convertirá en desolación la tierra y exterminará de ella a los pecadores! Castigaré por su maldad al mundo, y por su iniquidad a los malvados. Pondré fin a la soberbia de los arrogantes y humillaré el orgullo de los violentos. Voy a hacer que haya menos gente que oro fino, menos mortales que oro de Ofir. Por eso haré que tiemble el cielo y que la tierra se mueva de su sitio, por el furor del Señor Todopoderoso en el día de su ardiente ira.*

–Isaías 13:1-3

La Iglesia, las armas de guerra de Dios contra la Babilonia espiritual

Tú eres mi mazo, mi arma de guerra; contigo destrozo naciones y reinos (...) Pero en presencia de ustedes les daré su merecido a Babilonia y a todos sus habitantes por todo el mal que han hecho en Sión, afirma el Señor (...) La tierra tiembla y se sacude; se cumplen los planes de Dios contra Babilonia, al convertirla en un desierto desolado donde nadie ha de habitar.

–Jeremías 51:20,24,29

Vi que la mujer [Babilonia] *se había emborrachado con la sangre de los santos y de los mártires de Jesús (...) La mujer que has visto es aquella gran ciudad que tiene poder de gobernar sobre los reyes de la tierra.*

–Apocalipsis 17: 6,8

Le harán la guerra al Cordero, pero el Cordero los vencerá, porque es Señor de señores y Rey de reyes, y los que están con él son sus llamados, sus escogidos, y sus fieles.

–Apocalipsis 17:14

Por eso, en un solo día le sobrevendrán [a Babilonia] *sus plagas: pestilencia, aflicción y hambre. Será consumida por el fuego, porque poderoso es el Señor Dios que la juzga (...) ¡Alégrate, oh cielo, por lo que le ha sucedido! ¡Alégrense también ustedes, santos, apóstoles y profetas!, porque Dios, al juzgarla, les ha hecho justicia a ustedes.*

–Apocalipsis 18:8,20

Después de esto oí en el cielo un tremendo bullicio, como el de una inmensa multitud que exclamaba: "¡Aleluya! La salvación, la gloria y el poder son de nuestro Dios, pues sus juicios son verdaderos y justos: ha condenado a la famosa prostituta que con sus adulterios corrompía la tierra; ha vindicado la sangre de los siervos de Dios derramada por ella". Y volvieron a exclamar: "¡Aleluya! El humo de ella sube por los siglos de los siglos".

–Apocalipsis 19:1-3

La Novia de Cristo es una guerrera

¿Quién es esta [la Novia de Cristo], *admirable como la aurora? ¡Es bella como la luna, radiante como el sol, majestuosa como las estrellas del cielo!*

–Cantares 6:10

Vuelve, Sulamita [Iglesia], *vuelve* [arrepiéntete, prepárate para ser plenamente restaurada]; *vuélvete a nosotros, ¡queremos contemplarte! ¿Y por qué han de contemplar a la Sulamita* [la Iglesia completamente restaurada], *como en* ***las danzas de los campamentos*** [o de dos ejércitos]?

–Cantares 6:13

Observen el enorme poder y protección que Dios le brinda a su ejército. Nos tomamos de estas promesas ahora, pero en el Movimiento del Ejército del Señor y el ministerio del Juicio Eterno de los Santos, esas palabras serán cumplidas en su totalidad.

Ninguna arma forjada contra ti prosperará, y condenarás *toda lengua que se levante contra ti* ***en juicio.*** *Esta es la herencia de los siervos de Jehová, y su salvación de mí vendrá, dijo Jehová.*

–Isaías 54:17 (RVR60)

Por mi parte, yo encargaré a mis dos testigos que, vestidos de luto, profeticen durante mil doscientos sesenta días. Si alguien quiere hacerles daño, ***ellos lanzan fuego por la boca y consumen a sus***

> ***enemigos.*** *Así habrá de morir cualquiera que intente hacerles daño. Estos testigos* **tienen poder para cerrar el cielo** *a fin de que no llueva mientras estén* ***profetizando****; y tienen poder para convertir las aguas en sangre y* ***para azotar la tierra, cuantas veces quieran, con toda clase de plagas.***
>
> –Apocalipsis 11:3-6

¡Eso sí que es poder ilimitado dado a su ejército! ¿Puede imaginarse cuán purificados, probados, muertos al yo y llenos de la vida de Cristo, perfeccionados en el carácter de Cristo, sabiduría y madurez, tendremos que estar antes de que Dios pueda confiarnos un poder así?

Dios no solo le da poder y autoridad a su ejército, sino también les da la seguridad de que ellos estarán protegidos contra todas las horribles armas del enemigo cuando se traben en esta guerra de guerras. Será una batalla espiritual, pero ejecutada por los santos mortales que caminan en la primera fase de la vida sobrenatural de resurrección de Cristo.

El cielo y el infierno se enfrentarán cara a cara en la raza humana. Serán los justos redimidos, cara a cara en la formación de batalla contra los impíos no redimidos. Será como cuando el justo David se enfrentó a su enemigo, el malvado gigante Goliat. Antes que el día se terminara, David o Goliat caería muerto en el campo de batalla. Pero el joven profeta David profetizó la caída del enemigo y luego prosiguió tomando lo que había probado y usado para destruir a aquellos que querían lastimarlo. Profetizó un decreto divino de juicio y luego ejecutó el juicio de Dios sobre el impío. Recuerde que nuestras armas de guerra no son carnales, sino espirituales y poderosas para destruir principados y potestades (2 Corintios 10:4-6). Y aunque son espirituales, todavía son armas para que el Ejército de la Iglesia las use contra todos sus enemigos, sean naturales o espirituales. Para el tiempo en que el Movimiento del Ejército del Señor se levante y la Iglesia haya cumplido la primera fase de la doctrina de la Vida de Resurrección, y entre en la última de las seis doctrinas de Cristo, el Juicio Eterno, la raza humana estará en una cierta condición.

Todos serán divinamente o diabólicamente poseídos. Jesucristo, el Comandante en Jefe de su ejército, se levantará entre su Iglesia como un poderoso hombre de guerra. Jesús mirará a su enemigo el diablo a través de los ojos de sus santos. La gran guerra contra la raza humana endemoniada se peleará en la Tierra por parte de Cristo como Cabeza y Comandante de su Iglesia/Ejército. Será Cristo el que pelee, no alguien más en el plano místico, sino que *"Cristo en ustedes, la esperanza de gloria"*, someterá todo enemigo debajo de sus pies, y su gloria llenará la Tierra como las aguas cubren el mar (Colosenses 1:27).

Lo que Dios dice sobre su ejército intocable e indestructible

> *Sí,* ***les he dado*** [poder y] ***autoridad*** *a ustedes para pisotear serpientes* [el diablo y sus ángeles malvados] *y escorpiones* [los demonios] *y vencer* ***todo el poder del enemigo*** [Satanás, tanto en la dimensión espiritual como natural]; ***nada les podrá hacer daño.***
>
> –Lucas 10:19 (énfasis añadido)

> ***Solo él puede librarte*** *de las trampas del cazador* [las estratagemas astutas del diablo] *y de mortíferas plagas, pues te cubrirá con sus plumas y bajo sus alas hallarás refugio* [cubierto por el escudo de fuerza de la presencia de Dios]. *¡Su verdad será tu escudo y tu baluarte!* ***No temerás*** *el terror de la noche* [una invasión secreta], *ni la flecha* [misiles, disparos] *que vuela de día, ni la peste que acecha en las sombras* [guerra bacteriológica] *ni la plaga que destruye a mediodía* [guerra atómica]. *Podrán caer mil a tu izquierda, y diez mil a tu derecha,* ***pero a ti no te afectará*** [protección sobrenatural]. *No tendrás más que abrir bien los ojos, para ver a los impíos recibir su merecido* ***ningún mal habrá de sobrevenirte****, ninguna calamidad llegará a tu hogar.* ***Porque él ordenará que sus ángeles te cuiden*** *en todos tus caminos* [un dosel de ángeles alrededor de ti como una burbuja]. *Con sus propias manos te levantarán para que no tropieces con piedra alguna. Aplastarás al león* [la contraparte del León de Judá, el diablo que anda rodeándote y ruge] *y a la víbora; ¡****hollarás fieras y serpientes****! "Yo lo libraré, porque él se acoge a mí; lo protegeré, porque reconoce mi nombre. Él me invocará, y yo le responderé; estaré con él en momentos de angustia;* ***lo libraré*** *y lo llenaré de honores. Lo* ***colmaré*** *con muchos años de vida* [vida resucitada] *y* ***le haré gozar de mi salvación*** [liberación y victoria triunfante]".
>
> –Salmo 91

La preparación para el Movimiento del Ejército del Señor está teniendo lugar ahora

Washington para Jesús, 1996. El 20 de abril de 1996, John Giménez coordinó una concentración llamada Washington para Jesús. Asistieron aproximadamente doscientos cincuenta mil cristianos. La plataforma estaba sobre las escalinatas delanteras del Capitolio de los Estados Unidos. Aunque llovió la mayor parte del día, el propósito de Dios se cumplió. A las 08:30, Cindy Jacobs oró una oración de intercesión por Estados Unidos que se trasmitió por esos altoparlantes gigantescos. Yo di un decreto profético y una profecía a la nación respecto al propósito de Dios y su trato con EE. UU. Una declaración profética era que Dios se movería en su bondad, misericordia y avivamiento espiritual para llevar esta nación otra vez hacia Dios y su justicia. Sin embargo, si la Iglesia y los Estados Unidos no se volvían a Dios como Él quería para el año 2000, entonces iba a dejar de defenderlos. Esto haría que una gran calamidad y juicio viniera sobre los Estados Unidos. Si la Iglesia y la nación no se volvían por su bondad, entonces lo harían por su severidad.

Cada grupo que participó hizo una oración profética concerniente a alguna obra de injusticia en la Tierra. Aquellas declaraciones proféticas de *culpabilidad* con una declaración profética de destrucción fueron establecidas en los lugares celestiales, y serán ejecutadas en la Tierra cuando el Movimiento del Ejército del Señor barra la Tierra.

Nuevos reclutas son ahora llamados y entrenados, y los viejos soldados y generales son actualizados en las nuevas revelaciones de Dios de las armas de guerra proféticas y estrategias proféticas-apostólicas. El ejército de Dios no puede pelear con las mismas armas con que lo hicieron los movimientos pasados, como así tampoco Estados Unidos podría pelear y ganar la tercera guerra mundial que con las armas que usó en la Segunda Guerra Mundial. Muchos de los viejos generales apostólicos tendrán que tomarse un tiempo fuera para ser instruidos en las estrategias y armas avanzadas que se usarán en el Movimiento del Ejército del Señor. Cambiarán su cableado y serán actualizados sobre la última tecnología del Espíritu Santo, y se les pondrá nuevos chips en su viejo disco rígido. Serán purificados y probados para ver si lo han captado. Todo lo que puede ser sacudido está siendo sacudido, de modo que lo inconmovible permanezca (Hebreos 12:27).

Estos soldados serán como una maquinaria aceitada, donde todo funciona a la perfección.

Pruebas de manejo intensificadas se hacen para ver si podremos soportar la presión prolongada y la tensión de la carrera espiritual "Indianápolis 500" de Dios. Dios quiere que sus corredores sean ganadores. La carrera no la ganan los que comienzan rápido, sino aquellos que pueden mantener la velocidad, evitar abandonar y caerse o fracturarse, mientras avanzan para ganar la carrera y recibir el premio (Hebreos 12:1).

La Iglesia está siendo preparada, no para una escaramuza o una pequeña guerra, sino para la mayor batalla y contra el enemigo final. Ahora es equipada con la revelación y autoridad poderosa para ir en contra de la más formidable fortaleza y muralla que Satanás ha construido jamás. Jesús pagó el precio por la redención de nuestros cuerpos, y tomó las llaves de la muerte de manos del diablo, llevándolas al cielo cuando resucitó. Jesús ya ha provisto todo para la completa redención de nuestro espíritu, alma y cuerpo. Pero no hay registros en la historia de la Iglesia de siquiera un solo miembro del Cuerpo de Cristo que sea capaz de apropiarse de la victoria de Cristo sobre la muerte. Ninguno de los santos de Dios ha salido fuera de este mundo vivo en su cuerpo físico. Satanás está determinado a que ninguno se irá sin morir, pero Jesús tiene otros planes (1 Corintios 15:51-54; 2 Corintios 5:4; 1 Tesalonicenses 4:13-18; 2 Tesalonicenses 1:5-11; Salmo 102:18-20; Romanos 8:23).

En algún punto entre el Movimiento del Ejército del Señor y cerca del final del Movimiento de establecimiento del Reino, Jesús se levantará de su trono a la derecha del Padre. Saltará con su espada en su mano y dará un grito que resonará hasta los confines del universo y sobre todo el planeta Tierra. Gritará: "Diablo, se ha acabado, y tú, ángel de la muerte, tu poder sobre mi Iglesia está cancelado y destruido". Él hará que sus arcángeles suenen la trompeta del Señor mientras anuncia a su Iglesia: "Ya no se demorará ni un minuto más, porque es tiempo de tu redención final y tu victoria sobre la muerte".

Mientras esté gritando esto, descenderá del Cielo tan rápido como la velocidad de la luz. Traerá con Él a todos los santos que han perdido su cuerpo con la muerte. Cuando ingrese a la atmósfera, voceará otra vez, y en un momento y en un abrir y cerrar de ojos, todos los cuerpos de los santos ascenderán para encontrarse con el Señor y reunirse con su ser espiritual. Esos cuerpos serán eternamente indestructibles y nunca verán la muerte otra vez. Entonces esos santos que han luchado contra la muerte finalmente vencerán cuando Cristo repentinamente cambie sus cuerpos de mortales a inmortales. Cada célula de sus cuerpos será cambiada de corruptible a incorruptible. Encontrarán al Señor en el aire, se unirán a los santos de todas las épocas y recibirán sus estrategias para finalizar el propósito de Dios para los cielos y la Tierra.

El propósito de Dios para la resurrección-traslación de sus santos. Debemos comprender que la Resurrección-Traslación (R-T) de los santos no ocurre por causa de una situación negativa en la Tierra. Es un evento positivo el que toma lugar para cumplir el propósito de Dios en su tiempo.

La R-T no es Cristo viniendo como un helicóptero celestial para evacuar a los santos de la batalla antes de ser derrotados por el enemigo. No son los santos que son eyectados antes que el avión se estrelle. No es Jesús que regresa como un bombero celestial para rescatar a los santos en un mundo que arde. No es la Iglesia que escapa por la puerta trasera antes de que el diablo irrumpa por la puerta delantera. No es por causa de alguna bestia maligna o actividad espiritual de un anticristo. No es Jesús siendo motivado a tomar acción por causa de algo que el diablo o el sistema mundial hacen sobre la Tierra.

Jesús no estuvo motivado a activar la R-T para su Iglesia cuando millones eran martirizados durante los tres primeros siglos de la Iglesia. Él no regresó por su Iglesia cuando la gran caída tuvo lugar durante la Edad Oscura. Esas eran fuerzas negativas que tomaban el control contra y dentro de su Iglesia. Sin embargo, activó el período de la Gran Reforma. Activó a su Iglesia a ser un ejército militante que recuperara todo lo que se había perdido durante la Edad Oscura. Este ejército de restauración no solo continuará hasta que toda verdad sea restaurada, sino que se apropiará hasta de la última verdad que les impida vencer hasta el último enemigo.

El propósito positivo de la R-T es capacitar al ejército del Señor para finalizar la guerra contra el mal. El Ejército del Señor avanzará en la guerra hasta que hayan logrado todo lo que pueden en sus cuerpos mortales. La R-T es para el propósito de inmortalizar sus cuerpos. Esto removerá toda limitación terrenal, por lo tanto permitirá toda habilidad ilimitada en ellos. Serán capaces de viajar en las dimensiones del espacio celestial como Jesús y los ángeles lo hacen ahora. Podrán entrar y salir de todas las dimensiones de lo natural y espiritual, como Jesús lo hizo en su cuerpo resucitado de carne y huesos.

Hay un ministerio que manifestar y una batalla que ganar que solo puede ser ganada por la última generación de la Iglesia mortal. Está decretado que toda la humanidad morirá, pero las escrituras proféticas señalan que hay una generación de gente especial que quebrarán el yugo de la muerte (Salmo 102:18-20). Hay millones de santos redimidos que tienen un destino en el tiempo final de vencer la muerte, participando en la traslación de Cristo de sus santos. No es un cuento de hadas; ¡esto va a suceder de verdad! Sin embargo, no es solamente un acto soberano de Dios que no guarda relación con la revelación divina y la apropiación por fe de parte de sus santos. Hay dos ejemplos bíblicos de esta compañía del tiempo final que obtiene la victoria sobre el enemigo final: Enoc y Elías.

Elías tuvo una revelación de que iba a ser arrebatado al cielo sin pasar por la puerta de la muerte. Enoc tuvo una revelación de los tiempos finales cuando el Señor vendría con millares de santos para ejecutar la ira y el juicio de Dios sobre los malos. Esta revelación probablemente incluía el entendimiento de que el pueblo de Dios sería rescatado de la muerte. El texto declara: *"Por la fe Enoc fue trasladado sin ver la muerte"*. Esa no era una revelación de fe sin vivir las realidades, porque tenía este testimonio: que caminaba con Dios y le agradaba en todos sus caminos (Hebreos 11:5; Génesis 5:24).

La R-T es la quinta de las seis doctrinas de Cristo (Hebreos 6:1-2). Las primeras cuatro doctrinas requieren fe, obediencia y participación para apropiárselas. Las últimas dos requerirán lo mismo.

Dios nos ha salvado de su ira (Romanos 5:9). Él no nos ha designado para que recibamos su ira, sino para que colaboremos con Él en ejecutar su ira sobre los malignos de este mundo. Los santos victoriosos, vencedores del ejército del tiempo final cumplirán numerosas escrituras que declaran la caída de Satanás y toda maldad; la caída y destrucción de Babilonia; el sometimiento de todos los enemigos debajo de los pies de Jesús; etc.

Por favor recuerde que Jesús y su Iglesia son uno solo, coherederos y copartícipes en todo lo que Jesús hará tanto ahora como en la eternidad. Jesús fue reunido con su Iglesia en el día de Pentecostés, y los dos se volvieron un solo Cuerpo de Cristo. Jesús es la cabeza de ese Cuerpo que consiste de una multitud de santos. Todo lo que Dios ordenó eternamente para que Jesús sea, haga y cumpla, será hecho con su Iglesia. Todo lo que usted ve hacer a

Cristo en el Nuevo Testamento, incluyendo el libro de Apocalipsis, lo está haciendo con su Iglesia. Él personalmente cumplió todas las cosas en su cuerpo mortal y resucitado. Ahora su propósito, gozo y deleite es cumplir todas las cosas que faltan en, a través de, por y con su Iglesia. No se precisa nada desde la gloria de Cristo para que su Iglesia sea una con Él en todas las cosas. Jesús estableció a la Iglesia para *"alabanza de su gloria"* (Efesios 1:12). La Iglesia está destinada a ir *"de gloria en gloria"* hasta que se convierta en la personificación de su gloria; *"una Iglesia gloriosa"* (2 Corintios 3:18; Efesios 5:27). La Iglesia siempre será la principal manifestación de su gloria. *"A él sea la gloria en la iglesia de Cristo Jesús en todas las edades"* (Efesios 3:21). Su Iglesia es *"la gloria del conocimiento del Señor que llenará la tierra como las aguas cubren al mar"* (Isaías 11:9-10; Números 14:21; Salmo 72:19).

Hay un movimiento final de restauración de Dios que llenará la Tierra con la Iglesia del Dios viviente, y hará que todos los reinos de este mundo sean los reinos del Señor Jesús y su Iglesia ungida, coheredera y colaboradora (Apocalipsis 11:15).

Millones de cristianos llenos del Espíritu Santo creen que hay un ejército activo del Señor en la Iglesia hoy. Creen que este ejército tiene el destino de ser instrumental en la ejecución de los propósitos y juicios de Dios sobre la Tierra. Hay varias opiniones entre ellos respecto de cuándo, dónde y cómo esto sucederá. Pero no hay dudas de que esto está en los planes y propósito de Dios.

Ya sea que una persona esté a favor de la creencia del rapto en la pre, media, o pos-tribulación, aún creen que la Iglesia vencedora de Dios serán los guerreros que reinarán juntamente con Cristo, sometiendo y destruyendo toda maldad de esta Tierra.

Mi creencia personal y actitud es esta. Después de ministrar por casi medio siglo, me encantaría tomar un año sabático, de siete años, antes de pelear en la batalla final. Sino, me tomaría tres años... o cinco minutos... Pero si Él elige solo darme el tiempo de un pestañeo, entonces me quedaría con mi Jesús y seguiría a mi Poderoso Rey Guerrero hasta que todos sus enemigos estén debajo de sus pies y sean su estrado.

Ya sea que el proceso dure siete años, tres años y medio, cinco minutos o un segundo, eso no es lo relevante. El hecho sigue siendo que Jesús ha declarado que Él levantará un Ejército de la Iglesia que serán coherederos y colaboradores con Él en ejecutar sus juicios, hasta que todos sus enemigos estén debajo de sus pies donde se supone que deben estar. La mayoría de estas cosas serán activadas durante el Movimiento del Ejército del Señor, cuando los santos preparados entren en su ministerio de juicio eterno. Esto tomará lugar antes del juicio del gran trono blanco para sentenciar eternamente a los injustos y entregar las recompensas a los justos vencedores. Avancemos hacia la meta por el premio que viene al alcanzar y cumplir nuestro llamado supremo de Dios en Cristo Jesús (Filipenses 3:14). Los sufrimientos y batallas de esta vida presente no son dignos de ser comparados con la gloria que nos será revelada durante los últimos dos movimientos de restauración de la Iglesia mortal y hacia la eternidad (Romanos 8:18). Ahora avancemos al movimiento final de restauración de Dios, el cual activará los planes de Dios para establecer su Reino sobre toda la Tierra.

18

El Movimiento de establecimiento del Reino

Se han escrito muchos libros sobre el Reino de Dios. Hablan tanto del Reino espiritual de Dios que está en la Iglesia, como el Reino de Dios literal. El literal es llamado por algunos teólogos la Era del Reino, la cual sigue a la Era de la Iglesia y abarca el tiempo del reino milenial de Cristo en la Tierra por mil años. Mi propósito es descubrir qué es lo que activa la Era del Reino, además de la venida soberana de nuestro Señor Jesucristo. ¿Es su segunda venida solo un tiempo y fecha que Dios preestableció en la eternidad pasada y que tendrá lugar a pesar de lo que suceda en el Cielo, en Israel, en la Iglesia o en el mundo?

El Movimiento de establecimiento del Reino que viene. Jesús mencionó varias cosas en Mateo 24 que deben suceder antes de que venga el final del hombre mortal. El que directamente involucra a la Iglesia está en el versículo 14: "*Y este evangelio del reino se predicará en todo el mundo como testimonio a todas las naciones, y entonces vendrá el fin*". La descripción en el libro de los Hechos muestra que "predicar" es más que un predicador parado frente a un grupo de personas y hablando acerca de sus convicciones y lo que La Biblia dice. Ya sea que los ministros del Nuevo Testamento predicaban "el evangelio" o "el evangelio del Reino", este era confirmado con señales sobrenaturales y poder de milagros. Muchos predicadores han reducido la predicación al nivel de un político que da un discurso, o un vendedor que hace una presentación. A veces los oradores seculares ponen más fuego y vida en sus alocuciones que lo que los ministros históricos y modernos ponen en sus sermones.

La predicación bíblica es proclamar y demostrar a Jesucristo como el único Dios y Salvador para la humanidad, siendo demostrada con la unción sobrenatural y confirmada como verdad mediante hechos milagrosos. Esa es la razón por la que Pablo pudo decir que el EVANGELIO es poder de Dios para salvación. El Evangelio es proclamar el plan de redención de Dios a través de su muerte, sepultura y resurrección. Pero el Evangelio del Reino es más que Juan 3:16. La Biblia no dice que el Evangelio debe ser primero predicado a todos los pueblos y luego vendrá el fin. Según Las Escrituras, eso ya sucedió en la primera generación de la Iglesia. El Espíritu Santo inspiró a Pablo para declarar que el evangelio *"ha sido proclamado en toda la creación debajo del cielo"* (Colosenses 1:23). Eso incluiría a toda la humanidad de toda tribu y lengua sobre la Tierra.

Por lo tanto, la declaración de Jesús (de que el Evangelio del Reino sería predicado como testigo a todas las naciones antes de que el fin pudiera venir, Mateo 24:14) debe tener otro significado más que predicar El evangelio de salvación. La proclamación del Reino de Dios (el dominio del Rey Jesús sobre todas las cosas, incluyendo toda la Tierra) debe ser demostrada como testigo a todas las naciones del mundo, que Jesús tiene el derecho de gobierno, propiedad y señorío sobre todas las naciones de la Tierra.

El Movimiento de establecimiento del Reino hará que esto suceda al grado en que Dios se lo propuso originalmente cuando Jesús hizo esta proclamación profética. El movimiento no cesará hasta que toda rodilla se doble y toda lengua confiese que Jesús es el verdadero Señor Dios sobre toda la Tierra. Eso no implica que todo aquel que haga esta declaración será salvo. No obstante, habrá una demostración mundial del poder de Dios sobre los elementos, gente resucitada, control milagroso de catástrofes naturales, palabras proféticas milagrosas y manifestaciones sobrenaturales interminables, señales y maravillas, hasta que cada uno tenga que reconocer que no hay otro Dios como Jesucristo, el Dios de los dioses y Señor de los señores.

Un ejemplo bíblico: En los capítulos 3 y 4 de Daniel tenemos dos ejemplos en la vida de Nabucodonosor, que no solo era rey de una nación, sino el rey de todo el imperio babilónico que estaba compuesto por muchas naciones.

Los tres hebreos, Sadrac, Mesac y Abed-nego, fueron echados en el horno de fuego porque no reconocían a ningún otro Dios excepto a su Dios eterno e invisible, Jehová. El rey vio el poder de su Dios Altísimo cuando los guardó en medio del horno ardiente sin que ninguno de sus cabellos ni sus ropas fueran afectadas. Luego miró otra vez y vio a un cuarto hombre que se les había unido, uno que tenía la forma del Hijo del Hombre.

Esto dio como resultado que el rey tuviera que reconocer que su Dios era el Dios Altísimo, y ningún Dios podía librarlos al igual que Él. Entonces emitió un decreto diciendo que si alguno en todo el imperio babilónico decía algo negativo sobre el Dios de los tres hebreos, sería cortado en partes y todo lo que poseía sería quemado. ¡Hablando sobre demostrar el Reino de Dios! De tal modo aconteció que los gobernantes reconocieron que solo hay un Dios verdadero. ¿Puede imaginarse la puerta abierta que esto produjo para los hebreos que querían establecer sinagogas para su Dios en el imperio?

El segundo ejemplo es cuando Nabucodonosor tuvo un sueño que el profeta Daniel le interpretó. La aplicación profética declaró que el rey iba a ser humillado volviéndose una criatura que sería una combinación de ave, animal y hombre. Esto continuaría por siete años en los que rumiaría en los bosques, comiendo pasto como un buey. Cuando terminara el séptimo año, sería restaurado. Esto iba a ocurrirle *"para que todos los vivientes reconozcan que el Dios Altísimo es el soberano de todos los reinos humanos, y que se los entrega a quien él quiere…"* (Daniel 4:17b). Cuando el rey fue restaurado, escribió una larga carta, dirigiéndola a *"todos los pueblos y naciones que habitan en este mundo, y a toda lengua: ¡Paz y prosperidad para todos! Me es grato darles a conocer las señales y maravillas que el Dios Altísimo ha realizado en mi favor. ¡Cuán grandes son sus señales! ¡Cuán portentosas son sus maravillas! ¡Su reino es un reino eterno! ¡Su soberanía permanece de generación en generación!"* (Daniel 4:1-3).

Luego continúa hasta el final del capítulo 4. El profeta Daniel le dio la posibilidad de que esta horrible experiencia no suceda. Le dijo al rey: *"Renuncie usted a sus pecados y actúe con justicia; renuncie a su maldad y sea bondadoso con los oprimidos. Tal vez entonces su prosperidad vuelva a ser la de antes"* (Daniel 4:27).

Sin embargo, un año más tarde Nabucodonosor no había cambiado sino que se había enorgullecido aún más, tomándose toda la gloria por sus grandes logros. *"Doce meses después, mientras daba un paseo por la terraza del palacio real de Babilonia, exclamó: ¡Miren la gran Babilonia que* [YO] *he construido como capital del reino!* ¡[YO] *La he construido con mi gran poder, para mi propia honra!. No había terminado de hablar cuando, desde el cielo, se escuchó una voz...*" (Daniel 4:29-31). La voz repitió el juicio de los siete años de ser una criatura ave-hombre-bestia que come pasto como un buey, entonces lo que aprendió durante el proceso fue divulgado. Tales cosas les sucederán a muchos gobernantes de naciones durante el Movimiento de establecimiento del Reino. Expresarán las mismas cosas y las proclamarán a las naciones como este rey lo hizo. Los sistemas televisivos de comunicación instantánea funcionarán en este tiempo.

> *Pasado ese tiempo yo, Nabucodonosor, elevé los ojos al cielo, y recobré el juicio. Entonces alabé al Altísimo; honré y glorifiqué al que vive para siempre: Su dominio es eterno; su reino permanece para siempre. Ninguno de los pueblos de la tierra merece ser tomado en cuenta. Dios hace lo que quiere con los poderes celestiales y con los pueblos de la tierra. No hay quien se oponga a su poder ni quien le pida cuentas de sus actos.*
>
> –Daniel 4:34-35

Y concluye esta carta testimonial con estas declaraciones: *"Por eso yo, Nabucodonosor, alabo, exalto y glorifico al Rey del cielo, porque siempre procede con rectitud y justicia, y es capaz de humillar a los soberbios"* (Daniel 4:37). ¡Amén y amén!

Sería maravilloso leer y escuchar esa clase de testimonios de parte de muchos gobernantes, reyes y presidentes de las naciones del mundo. Esas son la clase de cosas que sucederán cuando los apóstoles y profetas de Dios y su ejército de santos proféticos y apostólicos profeticen y decreten tales cosas y cada detalle ocurra como fue declarado. El Reino de Dios será demostrado a cada nación y continuará siéndolo hasta que cada una de ellas haya respondido apropiadamente, y algunas se conviertan en naciones-oveja y otras se rebelen y se vuelvan naciones-cabra. Entonces Apocalipsis 11:15 será finalmente cumplido mientras los reinos de las naciones que permanecen sean los reinos de nuestro Señor Jesucristo y su Iglesia ungida que colabora con Él en traer a todos a sus propósitos predeterminados para que se cumplan.

Nuevas estrategias para ganar y someter a las naciones ante Jesucristo. ¿Será a través de evangelizar a la gente o de convertir a los líderes principales? Ambos serán usados, pero la unción del profeta y el apóstol para afectar al liderazgo de las naciones será ahora añadida. Los misioneros del pasado generalmente empezaban por la gente de más bajo estrato social, y gradualmente proseguían a afectar el liderazgo de la nación. El evangelismo ha alcanzado mayormente a la gente del país. Los profetas y apóstoles ahora comienzan por la parte superior y descienden hacia lo más bajo. Por causa de la escasez de tiempo que disponemos en la Dispensación o la Era del pacto de la Iglesia, las cosas deben acelerarse enormemente. Por ejemplo, si la Era de la Iglesia es un período de unos dos mil años, más del noventa y ocho por ciento del tiempo ya ha trascurrido. (La Era de la Iglesia comenzó en el año 30 d.C., más dos mil años es igual al año 2030). Si un período de dos mil años termina siendo el tiempo concedido para que la Iglesia mortal cumpla el propósito de su existencia, entonces menos del dos por ciento del cien por ciento original es lo que resta para finalizar todo.

Sin embargo, una cosa alentadora respecto a este tema es el hecho de que Jesús cumplió más profecías mesiánicas en sus últimas veinticuatro horas de vida que en sus treinta y cuatro años de existencia en la Tierra, desde su concepción hasta el comienzo de ese último día. Al igual que la Iglesia, Sansón comenzó victoriosamente, pero comenzó a coquetear con el mundo hasta que este se llevó su unción. Luego pasó un largo período de tiempo andando en círculos. Su restauración comenzó y continuó hasta que su cabello estuvo completamente restaurado, y entonces mató a más enemigos en su último acto sobrenatural, que los que había matado en toda su vida. Todas las cosas son posibles con Dios.

Evangelismo misionero o Profetas/Apóstoles a las naciones. Los misioneros y evangelistas y el Movimiento de los santos alcanzarán a millones de personas en las naciones del mundo. ¿Pero cómo traemos las naciones bajo el dominio del Reino de Dios?

Una ilustración para comparar. Buenos reportes llegan del Oriente de que la Iglesia subterránea en China está ganando veinte mil personas por día para el Señor. Eso suena maravilloso, pero a esa tasa de crecimiento, se necesitarán ciento treinta y cinco años para alcanzar a todos los chinos. Para testificarle a toda la población actual de mil millones en veinte años, cincuenta millones tendrían que ser alcanzados cada año. Eso es más de cuatro millones por mes, ciento treinta y siete mil por día, si la población actual permaneciera sin cambios en los próximos veinte años.

Sin embargo, si los apóstoles y profetas van a los "Nabucodonosores" del mundo y obtienen los mismos resultados que el profeta Daniel, entonces una nación entera se convertiría en una nación cristiana. La Iglesia tendría entonces que hacer el seguimiento con evangelismo personal y masivo para alcanzar a los individuos. "*¿Nacerá una nación en un día?*" (Isaías 66:8). La nación de la Iglesia nació en un solo día, pero también creo que una nación establecida puede volverse a Dios en un día.

El profeta Hageo declara proféticamente: "*Porque así dice Jehová de los ejércitos: De aquí a poco yo haré temblar los cielos y la tierra, el mar y la tierra seca; y haré temblar a todas las naciones, y vendrá el Deseado de todas las naciones; y llenaré de gloria esta casa, ha dicho Jehová de los ejércitos*" (Hageo 2:6-7, RVR60). Predicaremos y demostraremos milagrosamente a Jesucristo a todas las naciones para que puedan conocerlo y recibir al Deseado de todas las naciones que ha estado oculto. Esto irá en aumento con cada movimiento de restauración, el Apostólico, el de los Santos, el del Ejército del Señor, y finalmente, el Movimiento de establecimiento del Reino.

¿Dios ha preordenado que su Reino sea establecido en la Tierra y continúe para siempre? El profeta Daniel interpretó la visión del rey Nabucodonosor de la gran estatua como cuatro grandes imperios que regirían el mundo en diferentes épocas. El rey y su imperio babilónico eran la cabeza de oro. El resto de la interpretación fue demostrada al correr de los años que eran el imperio babilónico, el imperio medo-persa, el imperio romano, y luego de eso Dios establecería el imperio de su Iglesia-Reino.

> *En los días de estos reyes* ***el Dios del cielo establecerá un reino que jamás será destruido*** *ni entregado a otro pueblo, sino que* ***permanecerá para siempre*** *y* ***hará pedazos a todos estos reinos****. Tal es el sentido del sueño* ***donde la roca se desprendía de una montaña****; roca que, sin la intervención de nadie,* ***hizo añicos al hierro, al bronce, al barro, a la plata y al oro*** [y la piedra que derribó la estatua se convirtió en una gran montaña y llenó toda la tierra (v. 35)]. *El gran Dios le ha mostrado a Su Majestad lo que tendrá lugar en el futuro. El sueño es verdadero, y esta interpretación, digna de confianza.*
>
> –Daniel 2:44-45

La Iglesia es la roca que fue cortada de la montaña sin usar las manos. Tan cierto como que esos cuatro imperios se levantaron, tomaron al mundo y desaparecieron de la escena excepto en los libros de historia, así el Imperio del Reino de la Iglesia **se levantará, dominará a las naciones de la Tierra** y **nunca se acabará** porque **permanecerá para siempre**. *"Entonces se dará a los santos, que son el pueblo del Altísimo, la majestad y el poder y la grandeza de los reinos. Su reino será un reino eterno, y lo adorarán y obedecerán todos los gobernantes de la tierra"* (Daniel 7:27).

Cuando el Movimiento de establecimiento del Reino finalice todas las cosas que Dios se ha propuesto para su iglesia mortal, entonces la trompeta sonará y Jesús gritará a viva voz: "**¡Consumado es!**" Cuando lo dijo por primera vez, en la cruz, estaban diciendo que había finalizado la obra redentora para el nacimiento de su Iglesia. Dijo esas palabras en gran dolor y agonía con el último aliento de vida en su cuerpo. Pero ahora las dirá con una finalidad diferente. Las dirá con un cuerpo inmortal lleno de aliento eterno de Dios, y con gozo abundante y confianza de que Él y su Iglesia han acabado todo lo que Dios el Padre había ordenado para que hicieran durante la Era de la Iglesia Mortal. Cuando la última nota de la séptima trompeta sea tocada, todas las huestes del cielo comenzarán a gritar al unísono a viva vez: *"El reino del mundo ha pasado a ser de nuestro Señor y de su Cristo, y él reinará por los siglos de los siglos"* (Apocalipsis 11:15).

Que todo el cristianismo comience a orar lo que Jesús dijo que teníamos que orar. Oremos con gran entendimiento y fe. Jesús no dijo que oráramos que dejemos este mundo y vayamos a una ciudad espacial en alguna galaxia, sino que orásemos al Padre Dios: "***Venga tu reino****. Hágase tu voluntad* ***en la tierra*** *como en el cielo*" (Mateo 6:10). Hemos hecho esa oración con el propósito de que la vida de su Reino y sus atributos sean establecidos dentro de nuestras vidas personales. Ahora comencemos a orar para que el dominio pleno de su Reino literal sea establecido en toda realidad sobre las naciones y pueblos de la Tierra. El profeta Daniel discernió que era tiempo para que se acabaran los setenta años de la cautividad de Israel. Él comenzó a orar e interceder proféticamente para activar esa declaración profética y traerla a la realidad. Millones de cristianos alrededor del mundo pronto comenzarán a prevalecer en oración, declarando que este es el tiempo predestinado por Dios para que la cautividad de la Tierra bajo Satanás se termine. Orarán y declararán que es tiempo de que el Reino de Dios sea establecido sobre toda la Tierra por la autoridad delegada y el ministerio de la Iglesia de Cristo. El Dios poderoso declaró que el planeta Tierra sería lleno de su gloria, así como las aguas cubren el mar (Números 14:21).

Ahora estamos en el período de transición, como cuando Juan el Bautista y Jesús el Mesías ministraban en la Tierra. Sus ministerios cerraban la etapa de la Dispensación de la Ley. Ellos prepararon el camino y alistaron a un pueblo para liderar en la Era de la Iglesia. Los últimos hechos de Jesús sobre la Tierra resultaron en el comienzo de su Iglesia mortal.

El ministerio del profeta y apóstol está destinado a llevar a la Iglesia a través de este período de transición de treinta a cuarenta años en el que ahora nos encontramos. Estos movimientos finales de Dios cerrarán la etapa de la Era de la Iglesia mortal. El resultado final será el comienzo de la Iglesia Inmortal Resucitada-Trasladada y la restauración y establecimiento del Rey Jesús y su reina la Iglesia en dominio sobre toda la Tierra (Apocalipsis 5:10).

Gracias a Dios todavía estamos en el tiempo de gracia y salvación. Millones de millones todavía podrán venir a Cristo y convertirse en miembros del reino de su Iglesia, la Novia de Cristo. Lo último que se dice está en el libro de Apocalipsis, el último capítulo del último libro de La Biblia. Escuche las declaraciones proféticas finales de Jesús:

> *Yo Jesús he enviado mi ángel para daros testimonio de estas cosas en las iglesias. Yo soy la raíz y el linaje de David, la estrella resplandeciente de la mañana. Y el Espíritu y la Esposa* [Iglesia] *dicen: Ven. Y el que oye, diga: Ven. Y el que tiene sed, venga; y el que quiera, tome del agua de la vida gratuitamente. El que da testimonio de estas cosas dice: Ciertamente vengo en breve. Amén; sí, ven, Señor Jesús.*
>
> –Apocalipsis 22:16-17,20 (RVR60)

Explicación y definición de los términos proféticos y apostólicos de la verdad presente

ACTIVACIÓN

Desafiar al pueblo de Dios con la verdad para recibir y manifestar la gracia para hacer lo que La Biblia dice que pueden hacer. Es despertar, disparar, agitar y liberar las habilidades de Dios dentro de los santos. Los dones son dados por el Espíritu Santo, pero son activados por la fe del creyente. Es como el don de la vida eterna, el cual es dado gratuitamente, pero no es activado dentro del individuo hasta que cree en su corazón y confiesa con su boca al Señor Jesús.

ALABANZA PROFÉTICA - DANZAS Y CANTOS

Movimientos físicos que están inspirados y ungidos por el Espíritu Santo y muchas veces acompañados de canto profético (cantos del Señor; cantos espirituales). (Vea Éxodo 15:20-21 y 1 Samuel 21:11). Se usa en alabanza, adoración y loores a Dios, la cual puede en sí mismo liberar una unción profética (1 Samuel 18:6). Puede ser espontánea o coreografiada (planificada de antemano). A veces puede comunicar pensamientos, ideas y propósitos divinos, es una expresión visible de lo que Dios dice (Hechos 21:10-11; Job 42:5: *"De oídas había oído hablar de ti, pero ahora te veo con mis propios ojos")*.

ALABANZA Y ADORACIÓN PROFÉTICA DE GUERRA

Ellas son expresiones bíblicas de alabanza y adoración (cantar, aplaudir, danzar, alzar las manos, inclinarse, etc.) que están dirigidas a Dios, inspiradas y guiadas por el Espíritu Santo, y que salen del corazón del hombre. La adoración profética es cuando la voz de Dios es oída y su presencia sentida como si Cristo comenzara a cantar y expresar alabanza al Padre a través de su pueblo (Hebreos 2:12; Salmo 22:22; Apocalipsis 19:10). Estas altas alabanzas de Dios exaltan al Señor y hacen guerra espiritual en los Cielos (Salmo 149:6-9; Efesios 6:12; 2 Corintios 10:4-6). Es adoración expresada en obediencia a un impulso de Dios que produce una palabra profética, manto o unción que resulta en la manifestación del poder de Dios (2 Crónicas 20:14-22; 2 Reyes 3:15; 1 Samuel 10:5-6).

APÓSTOL

Uno de los cinco ministerios de Efesios 4:11. El apóstol es un ministerio que pone el fundamento (Efesios 2:20); lo vemos en el Nuevo Testamento estableciendo nuevas iglesias (los viajes misioneros de Pablo, por ejemplo); corrigiendo errores al establecer un orden y estructura apropiados (la primera Epístola a los Corintios); y actuando como un ministerio de supervisión que hace de padre de otros ministerios (1 Corintios 4:15; 2 Corintios 11:28). El apóstol del Nuevo Testamento tiene una unción de revelación (Efesios 3:5). Algunas de sus características principales son la gran paciencia y manifestación de señales, maravillas y milagros. Sabremos más y veremos mayores manifestaciones concernientes al apóstol durante el clímax del Movimiento apostólico.

ASAMBLEA INTERNACIONAL DE PROFETAS Y APÓSTOLES

Las conferencias proféticas internacionales son asambleas de profetas, apóstoles y otros ministros y gente profética-apostólica de todo el mundo. Christian International patrocinó la primera de esas conferencias conocida en los anales de la historia de la Iglesia en el otoño de 1987. Esos eventos están diseñados como un vehículo para ayudar a esparcir el ministerio profético-apostólico alrededor del mundo, y que millones puedan ser bendecidos y haya un consenso sobre lo que Cristo le habla a su Iglesia y cómo alcanzarlo y ponerlo en práctica. CI organiza una conferencia IGAP cada año en octubre (generalmente en la tercera semana) para traer madurez, unidad y el fruto del trabajo de restauración que Dios hace en la Tierra, especialmente lo que tiene que ver con la restauración de apóstoles y profetas.

CANTO PROFÉTICO

Una canción inspirada, ungida y dirigida por el Espíritu Santo a través de un individuo, generalmente es espontánea en naturaleza, la cual expresa la mente de Dios en forma musical. Es literalmente profecía hecha canción; en el Nuevo Testamento se refiere a ella como cántico espiritual. (Vea Colosenses 3:16 y Efesios 5:19). Esos cantos pueden ser dirigidos al hombre con el propósito de edificación, exhortación y consuelo, o dirigidos a Dios a medida que el Espíritu Santo nos ayuda a expresar nuestra profunda devoción que no podríamos expresar comúnmente por nosotros mismos (Hebreos 2:12; Romanos 8:27; Sofonías 3:17: *"porque el Señor tu Dios se alegrará por ti con* [o a través de] *cantos"*).

COMPAÑÍA DE PROFETAS

Este término en la actualidad se refiere a la multitud de profetas que Dios levanta alrededor del mundo en estos días postreros, para actuar en la segunda venida de Cristo. Esos profetas están siendo dados a luz para ser enseñados, entrenados y activados a su ministerio preestablecido de preparar el camino para el regreso de Jesús y el establecimiento de su Reino sobre la Tierra (Isaías 40:3,5), así como también preparar un pueblo para el regreso de Cristo. Trabajan para purificar la Iglesia en justicia y madurar a los santos para el ministerio, compromiso, colaboración y corregencia sobre el vasto dominio de Dios (Lucas 1:17; Efesios 4:11; 5:27).

CONFERENCIAS PROFÉTICAS REGIONALES

Son conferencias de profetas patrocinadas por CI que se llevan a cabo en diferentes regiones del país, para promocionar y propagar el ministerio profético en esa zona y ministrar a un gran número de santos.

CONSEJERÍA PROFÉTICO-APOSTÓLICA

La consejería profético-apostólica sirve para un propósito un poquito diferente del de ministerio del profeta, presbiterio profético o aconsejamiento general. Es un ministerio de uno-a-uno para ayudar con sabiduría bíblica y percepción a las personas, pero también con los dones del Espíritu Santo para descubrir la raíz de los problemas y ministrar liberación, sanidad interior, etc. La palabra de conocimiento y el discernimiento de espíritus son dos dones clave para moverse en esta dimensión de manera eficaz. Permite al consejero acortar horas de charla y mirar más allá del velo del razonamiento humano, para llegar directamente al corazón del asunto y traer solución. Es lo que hace de la consejería bíblica algo mucho más efectivo que los psicólogos y psiquiatras que usan solo sabiduría humana y psicología, porque ella trata con la raíz más que con el fruto.

ESCUELA DEL ESPÍRITU SANTO

Es un tiempo de entrenamiento en el cual los santos de Dios son hechos discípulos en un ambiente de invernadero o microclima para discernir el idioma del Espíritu Santo y manifestar los dones del Espíritu Santo con un correcto cuidado y supervisión. Es un tiempo y lugar para aprender a discernir entre el alma humana y la dimensión del Espíritu Santo (Hebreos 5:14). Es un lugar en donde los santos permiten que el Espíritu y La Palabra obren en ellos, y por lo tanto les hagan ejercitar sus sentidos espirituales y ejercitar sus dones espirituales. Pero son entrenados para aprender la diferencia entre la mente natural y el Espíritu Santo, para que no se muevan en la dimensión física de la percepción extrasensorial.

ESCUELA DE PROFETAS (Hijos de los profetas)

Diccionario Webster: "Entre los antiguos israelitas, una escuela o facultad en la que los jóvenes varones eran educados y entrenados para convertirse en maestros de la religión entre el pueblo. Esos estudiantes eran llamados 'hijos de los profetas'". Se refiere a un grupo de personas que tienen el llamado al ministerio profético y se han juntado en un lugar para ser enseñados en escuchar y reconocer la verdadera voz de Dios, y saber cómo ministrar correctamente y en tiempo esa palabra con gracia y sabiduría para la mayor gloria de Dios y beneficio de la humanidad. Samuel es reconocido como el fundador de la Escuela de los Profetas, la cual fue continuada por profetas como Elías y Eliseo. Basados en 1 Samuel 19:18, 24, respecto de Saúl, David y Samuel, la "escuela de los profetas" también sirve como una cobertura para la compañía davídica (el nuevo orden para el ministerio que Dios levanta) para nutrir y protegerlos de la persecución del viejo orden religioso (el de Saúl).

ESTILO DE VIDA APOSTÓLICO-PROFÉTICO

Esas son las personas que viven su vida según el *logos* y el *rhema* de Dios. El *logos* es su estándar general para vivir, y el *rhema* les provee dirección en áreas específicas de sus vidas. El fruto del Espíritu Santo es su motivación característica, y los dones del Espíritu son su manifestación para suplir las necesidades de la humanidad. Permiten que sus vidas se conviertan en una expresión profética de Gálatas 2:20: *"He sido crucificado con Cristo, y ya no vivo yo sino que Cristo vive en mí. Lo que ahora vivo en el cuerpo, lo vivo por la fe en el Hijo de Dios, quien me amó y dio su vida por mí"*.

EVANGELISMO PROFÉTICO-APOSTÓLICO

El evangelismo es el corazón de Dios. Cristo murió para salvar a los pecadores. Jesús vino a buscar y a salvar lo que se había perdido (Mateo 18:11). El evangelismo fue restaurado en el Movimiento Evangélico durante los años 1600, y ha cobrado nuevas dimensiones con cada movimiento adicional de Dios. El Movimiento profético-apostólico está del mismo modo añadiendo una nueva dimensión al evangelismo. Los santos son instruidos y activados en los dones sobrenaturales del Espíritu Santo. Son entrenados dentro de la iglesia, pero el objetivo es enviar equipos de evangelismo apostólico-profético a las carreteras y calles forzando a la gente a entrar en el Reino de Dios por medio de un ministerio espiritual sobrenatural. Después de que los profetas y apóstoles sean plenamente restaurados, habrá tres movimientos más de restauración, los cuales harán que más almas sean salvas de las que han sido salvas desde que comenzó la Iglesia. El último movimiento de Dios finalizará con el cumplimiento de todas las cosas que son necesarias para el regreso de Cristo y el establecimiento de su Reino sobre toda la Tierra.

EVANGELISTA

La visión tradicional del evangelista es un portador de *las buenas nuevas*, que proclama el Evangelio al mundo incrédulo. Esto es ejemplificado por los evangelistas modernos que predican el mensaje de salvación en cruzadas y eventos por el estilo. Sin embargo, Felipe el evangelista del Nuevo Testamento mencionado en Hechos 21:8, demostró una fuerte dimensión sobrenatural del ministerio evangelístico. Felipe predicó el evangelio a los perdidos (Hechos 8:5); se movió en milagros (8:6); liberó personas de los demonios (8:7); recibió instrucciones de un ángel (8:29) y fue trasladado sobrenaturalmente de Gaza a Azoto (8:26,40). Esperamos la restauración de este tipo de evangelista profético para el Cuerpo de Cristo.

GENTE PROFÉTICO-APOSTÓLICA

Son las personas de Dios que están llenas del Espíritu Santo y cumplen el mandato bíblico de "*desear los dones espirituales, sobre todo que profeticen*" (1 Corintios 12:31; 14:1-2,39). Creen, trasmiten y apoyan el ministerio de los profetas y apóstoles en la iglesia actual. Desean sinceramente los dones y ejercitan sus sentidos espirituales para ser completamente educados y activados en todos los dones del Espíritu Santo que Cristo ha ordenado para ellos, incluyendo pero no limitados al don de profecía y milagros. También están sujetos a autoridad y orden divino (Hebreos 5:14; 1 Corintios 12:1, 7,11; 15:16).

GRACIA

La gracia es la habilitación o el permiso inmerecido de Dios. Son las habilidades gratuitas de Dios (dones, talentos, etc.) demostradas a través de un vaso humano a pesar del pecado y la debilidad humana. Es tener la habilidad sobrenatural no ganada por mérito propio para hacer y ejecutar lo que Él ha dispuesto para los santos (Efesios 2:8-9).

IGLESIAS APOSTÓLICO-PROFÉTICAS

Este es el término usado para identificar las iglesias locales dentro de la Red de Ministerios Proféticos e Iglesias. Los que califican para reconocer y promocionar como una iglesia local profética habrán desarrollado los siguientes ministerios dentro de la iglesia: ministros proféticos calificados y santos capaces de formar presbiterios proféticos, equipos proféticos para sanidad, consejería profética, profecía y ministrar la gracia y liberación de los dones del Espíritu Santo. El pastor profético necesita suficiente experiencia y madurez para poder supervisar correctamente, proveer estructura, motivación y dirección con el objeto de mantener el control sin restringir el fluir del ministerio apostólico-profético.

LOGOS

Griego: *palabra*, la inmutable, inerrante, creativa e inspirada Palabra de Dios. (Vea Salmo 119:89: "Tu palabra [*logos*], Señor, es eterna, **y está firme en los cielos**".) *Logos* es toda La Palabra escrita de Dios, La Biblia. Es la completa revelación de Dios, su persona, carácter, plan y propósito eternos, como se aprecia en Las Escrituras.

MAESTRO

Un instructor de la verdad. *"Toda la Escritura es inspirada por Dios y útil para enseñar, para reprender, para corregir y para instruir en la justicia"* (2 Timoteo 3:16). Un maestro profético-apostólico del Nuevo Testamento es el que no solo enseña la letra de La Palabra, sino también ministra con vida divina y unción del Espíritu Santo (2 Corintios 3:6). Exhibe un discernimiento espiritual y visión divina en La palabra de Dios y su aplicación personal a los creyentes.

MINISTERIO APOSTÓLICO-PROFÉTICO

Eso incluye todos los métodos por los cuales el Espíritu Santo hace conocida la mente y el corazón de Cristo al pueblo. El ministerio profético incluye el ministerio del profeta, ministros proféticos y toda la gente profética. También incluye todo el ministerio y las manifestaciones del Espíritu Santo, y todas las formas bíblicas en las cuales Dios puede ser alabado.

Esto abarca adoración profética con cantos, alabanza, profecía, cántico nuevo, alabanza-danza, mimos y lenguaje de señas. De hecho, incluye toda expresión física dedicada que puede glorificar a Dios adecuadamente y edificar a la Iglesia. El ministerio apostólico se mueve en el ministerio sobrenatural con paciencia, mientras que mantienen una relación correcta con el Cuerpo de Cristo. Son aquellos que tienen una carga por la gran cosecha del tiempo final.

MINISTERIO DE LOS MIEMBROS

Son los miembros individuales del Cuerpo de Cristo que encuentran y manifiestan sus talentos, habilidades y llamados dados por Dios, de modo que cada "ligamento" suplirá según los planes y propósitos de Dios (Efesios 4:16; 1 Corintios 12:7-11; 14:26; 1 Pedro 4:10). Cada miembro en el Cuerpo de Cristo tiene un ministerio y necesita ser instruido y activado en él.

MINISTERIOS/MINISTROS QUÍNTUPLES

Esos son los cinco dones de la ascensión como están revelados en Efesios 4:11: apóstol, profeta, evangelista, pastor y maestro. No son dones del Espíritu Santo en sí, sino una extensión del ministerio de gobierno de Cristo hacia la Iglesia. Su ministerio y función primaria son entrenar, activar y madurar a los santos para la obra del ministerio (Efesios 4:12-13).

MINISTROS PROFÉTICO-APOSTÓLICOS

Los ministros profético-apostólicos son todos los otros ministros que no tienen el oficio de **profeta**, sino que tienen otro oficio de los ministerios quíntuples y creen que hay apóstoles y profetas en la Iglesia hoy. Pueden moverse en el ministerio profético con el don de profecía, o dando profecía personal junto a un presbiterio profético, dar consejos proféticos y ministrar con los dones del Espíritu Santo o ministrar en la adoración profética. Los cinco ministros del Nuevo Testamento en cualquier oficio deberían ser capaces de hablar una palabra ***rhema*** que revele la mente y el propósito de Dios para situaciones y personas específicas (2 Corintios 3:6; 1 Corintios 14:31). También deberían manifestar lo milagroso.

ORACIÓN PROFÉTICA

Básicamente, es una oración dirigida por el Espíritu. Orar con el entendimiento natural es pedirle ayuda a Dios sobre cuestiones de las cuales tenemos conocimiento natural. Orar proféticamente es profetizar con fraseología de oración. Es orar con el espíritu de uno en su lengua natural, fluyendo igual que cuando uno ora por el Espíritu en lenguas desconocidas. La oración es el objetivo y alcanza áreas específicas desconocidas en lo natural para el que ora y usa la motivación profética, palabra de conocimiento, discernimiento de espíritus, palabra de sabiduría, etc. La oración intercesora es mucho más efectiva cuando procede del ámbito de la oración profética. Al ministrar a personas en la iglesia que no entienden o promueven la profecía, el ministerio profético puede bendecirlas a través de la oración profética. En vez de profetizar "Así dice el Señor" o "El Señor me muestra que...", usted lo verbaliza diciendo: "Señor, oramos por esto..."; "Jesús, tú sabes por lo que él/ella ha pasado respecto a..."; o "cuán difícil ha sido todo en el área de..." o "vencer..." , etc.

PASTOR

"Griego: *poiment*, un pastor, uno que cuida de los rebaños o manadas (no uno que meramente las alimenta), es usado metafóricamente para los 'pastores' cristianos. *Episkopeo* (supervisor, obispo), es un supervisor, y *Pesbuteros* (anciano) es otro término para la misma persona que obispo o supervisor" (Vine). Normalmente le otorgan el título al ministro principal de la iglesia local, a pesar de su llamado quíntuple. Es un ministerio de pastoreo para alimentar y cuidar al rebaño. Las responsabilidades que aparecen conectadas al ministerio pastoral incluyen supervisar y cuidar de los santos, proveyéndoles comida para su desarrollo y crecimiento espiritual, liderazgo y dirección, y también consejo. Los pastores proféticos no solo hacen las cosas que normalmente están asociadas al pastorado, sino que también se mueven en las gracias y dones sobrenaturales de Dios (profetizar, dar palabra de conocimiento, sanar) y tienen la visión y disposición de desarrollar a los santos en sus dones y llamados.

PRESBITERIO PROFÉTICO

El presbiterio profético es cuando dos o más profetas y/o ministros proféticos imponen sus manos y le profetizan a individuos en un tiempo y lugar específicos. Los presbiterios proféticos se organizan por varias razones:

1. Para revelarle a un miembro de la iglesia su ministerio de membresía en el Cuerpo de Cristo.
2. Para ministrar una palabra profética *rhema* de Dios a los individuos.

3. Para impartición y activación de los dones, gracias y llamados divinamente ordenados.
4. Para la revelación clarificación y confirmación del ministerio del liderazgo en la iglesia local.
5. Para la "imposición de manos y profecía" sobre los llamados y adecuadamente preparados para ser ordenados como ministros quíntuples.

PROFECÍA

Griego *profeteia*, sustantivo que "significa declarar la mente y consejo de Dios. Es la declaración de lo que no puede ser sabido por medios naturales. Es la verbalización de la voluntad de Dios ya sea con referencia al pasado, presente o futuro" (Vine). La profecía del Nuevo Testamento funciona en tres ámbitos:

1. Jesús da testimonio inspirado y alabanza a través de uno de sus santos por medio de **declaraciones proféticas o cantos del Señor** (Hebreos 2:12; Apocalipsis 19:10).
2. Una de las manifestaciones del Espíritu Santo llamado el **don de profecía**, el cual produce edificación, exhortación y consuelo al Cuerpo de Cristo (1 Corintios 12:10; Romanos 12:6).
3. El **profeta habla por declaración profética** la mente y el consejo de Dios y da palabra ***rhema*** para edificar, dar dirección, corrección, confirmación e instrucción en justicia (1 Corintios 14:29; 2 Timoteo 3:16-17).

Una profecía divina y verdaderamente inspirada es el Espíritu Santo que expresa los pensamientos y deseos de Cristo a través de una voz humana.

PROFETA

Es un hombre de Dios a quien Cristo le ha dado el don de ascensión de un *profeta* (Efesios 4:11; 1 Corintios 12:28; 14:29; Hechos 11:27; 13:1). El profeta es uno de los cinco dones de la ascensión que son una extensión del ministerio de Cristo a la Iglesia. Es un ministro ungido que tiene la habilidad sobrenatural de percibir y hablar la mente de Cristo a individuos, iglesias, empresas y naciones. Del griego *profetes*, un predictor, un orador inspirado (Concordancia Strong, p. 62 del original en inglés; Concordancia Vine, p. 894 del original en inglés). Un proclamador de un mensaje divino, denotado entre los griegos como un interpretador de los oráculos de los dioses. En la Septuaginta es la traducción de la palabra *roeh*, un vidente, que indica que el profeta era uno que tenía relación inmediata con Dios (1 Samuel 9:9). También traduce la palabra *nahbi*, que significa tanto "uno a quien el mensaje de Dios le brota, o uno a quien algo le es secretamente comunicado" (Amós 3:7; Efesios 3:5).

PROFETISA

Griego: *profetis*, el femenino de profeta (gr. *profetes*). Una mujer de Dios a quien el Espíritu Santo le ha dado la habilidad divina de percibir y verbalizar la mente de Cristo en asuntos específicos a un pueblo en particular. Strong: "una predictora o mujer inspirada". Es una mujer especialmente llamada, que funciona como el profeta del Nuevo Testamento para ministrar al Cuerpo de Cristo con palabras inspiradas y declaraciones proféticas (Hechos 2:17; 21:9; Lucas 2:36; Isaías 8:3; 2 Crónicas 34:22; Judas 4; Éxodo 15:20). Profetisa es el título más apropiado para una mujer con este don de la ascensión y llamado. Profeta es el título adecuado para un hombre con este tipo de don de la ascensión y llamado.

RHEMA

Griego: *palabra*, deriva del verbo "hablar". (Vea Romanos 10:17: *"Así que la fe viene como resultado de oír el mensaje, y el mensaje que se oye es la palabra* [rhema] *de Cristo"*). Una palabra *rhema* es una ilustración que Dios nos habla directamente y se dirige a nuestra situación personal o particular. Es una palabra inspirada por Dios del **logos** que trae vida, poder y fe para llevarla a cabo y cumplirla. Su importancia está ejemplificada en el mandato de tomar la *"espada del Espíritu, que es la palabra* [***rhema***] *de Dios"* (Efesios 6:17). Puede recibirse a través de otros, como ser en una palabra profética, o una iluminación dada a uno directamente en su tiempo de meditación personal de La Biblia o en oración. El *logos* es la palabra fija de Dios —Las Escrituras—, mientras que el ***rhema*** es una porción particular alineada con el *logos* y traída por el Espíritu Santo para ser aplicada directamente a algo en nuestra experiencia personal.

R-T

Es una forma abreviada de la Resurrección-Traslación de los santos. Algunos se refieren a este hecho como el "Rapto" o primera resurrección de los santos.

SEMINARIOS DE APÓSTOLES Y PROFETAS

Estos seminarios son organizados para enseñar, entrenar y activar a los santos con respecto a los dones del Espíritu y el ministerio profético-apostólico, con el fin de levantar un pueblo profético-apostólico para el Señor. El énfasis de nuestro ministerio es ayudar a instruir y activar a los profetas y apóstoles en la función poderosa, correcta y pura en el Cuerpo a través de impartición de dones, presbiterio profético, enseñanza ungida y participación práctica mediante el entrenamiento. Hay instrucción práctica para pastores y otros ministros quíntuples para mejorar su funcionamiento y relación con el ministerio profético-apostólico. Además, todos los que asisten reciben un tiempo de presbiterio profético personal.

TRANSMITIR LA MENTE DE CRISTO

(Un pensamiento santificado): Es la habilidad de cada creyente de inspirarse en la presencia de Cristo y luego transmitirlo sin usar terminología religiosa ("Así dice el Señor", "Dios dice", o "Así dice el Espíritu", etc.). Es lo que el cristiano percibe de su espíritu redimido donde Cristo habita. Es la activación que prepara al creyente para determinar si él o ella tienen la habilidad de dar una profecía correcta. Está basada en 1 Corintios 2:16; Apocalipsis 19:10 y Romanos 12:6.

Índice onomástico

J

K

L

M

N

O

P

R

S

T

U

V

W

Z